血肉化するイノベーション

革新を実現する組織を創る

Built to Innovate　Essential Practices to Wire Innovation into Your Company's DNA　Ben M. Bensaou with Karl Weber

ベン・M・ベンサウ【著】

軽部　大／山田仁一郎【訳】

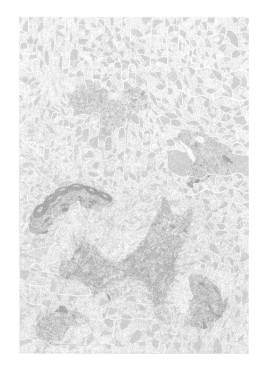

中央経済社

父に捧ぐ

BUILT TO INNOVATE:
Essential Practices to Wire Innovation into Your Company's DNA
by Ben M. Bensaou
Original edition copyright © 2022 by Ben M. Bensaou. All rights reserved.
Japanese edition copyright © 2025 by CHUOKEIZAI-SHA, INC. All rights reserved.
Japanese translation rights arranged with McGraw Hill LLC
through Japan UNI Agency, Inc., Tokyo

訳者まえがき

　本書は，米国マグロウヒル社から2021年に出版されたBuilt to Innovate: Essential Practices to Wire Innovation into Your Company's DNAの翻訳書である。著者のベン・M・ベンサウ氏はフランス フォンテンブローにある欧州有数のビジネススクールであるINSEADの教授である。同氏は，ブルー・オーシャン戦略やイノベーション・ケイパビリティを中心として，国際的な視点から研究する経営学者であり，世界中で多くの経営幹部教育に従事してきたエグゼクティブ教育の専門家でもある。マサチューセッツ工科大で博士号を取得する前には，一橋大学で修士号を取得しており，日本をよく知る親日家でもある。

　本書は，日々現場でイノベーションを実現するために，何をすべきかで悩んでいる実務家のために書かれた実践書である。イノベーションの実現のために必要となる活動が日々の活動として習慣化するためには何をすべきかについて，その具体的な方法論を提示した本である。あたかも組織のDNAとして習慣化するという点を強調するベンサウ教授の意図を踏まえ，日本語タイトルをやや刺激的ではあるが「血肉化するイノベーション」とした。DNAという英語表現を日本語表現とするよりはずっと著者の意図を汲み取った日本語表現だと信じている。

　イノベーションとは，我々の社会に「経済的価値をもたらす革新」である。イノベーションとは，起こる前には「ありえない」と思われるものが，起こった後には「当たり前」となる現象である。その実現には，科学的発見や発明のような新規のアイデアの創出だけではなく，そのアイデアを製品やサービス，そしてシステムや制度として具現化し，社会に経済的価値をもたらすことが必要である。ビジネスとは問題解決活動の束であり，問題解決の方法を既存のものからアップデートしたり，アップグレードしたり，既存の方法とは全く異なる方法で解決に資することで社会に変化をもたらすことがイノベーションであると考えることが出来る。課題解決そのものがビジネスであり，その方法の改善や革新こそがイノベーションなのである。

もっとも，ビジネスという言葉に馴染みがあっても，イノベーションという言葉に距離を感じることも少なくないはずである。なぜなら，イノベーションの実現には，壮大な目標や崇高な理念が必要であると我々は考える傾向にあるからである。そのことが我々のイノベーション実現への挑戦を踏みとどまらせる。しかし，本書はそのようなイノベーションの見方に真っ向から反対し，イノベーションの実現をもっと身近に考え，日々の挑戦を容易に可能とする実践論を提示してくれる。

本書は，イノベーションの実現で日々格闘される方に向けて書かれた実務書である。本書を通じて，課題解決のためにイノベーションを実現しようとする世界の多様な実務家がどのように障害を乗り越えてきたのかについて，詳細な実行過程をうかがい知ることができるはずである。他社の実践はそのまま読者の企業へ移植できないかもしれないが，それでもなお読者の企業の日々の業務を大きく変革するヒントが隠れているはずだと信じている。巻末のベンサウ先生による「日本の読者へのメッセージ」も併せて読んで欲しい。

本書は，ベンサウ先生の修士課程在籍時の指導教授が宮川公男先生（一橋大学名誉教授）であったというご縁で，我々が翻訳する機会をいただくこととなった。翻訳にあたっては，我々2人の他に，一橋大学大学院に在籍する于雷さん，橘樹さん，宮澤優輝さん，西川結翔さんにも大変お世話になった。本書の翻訳作業を進める上で，中央経済社の会議室で行われたある一日は思い出深いものである。最初は翻訳作業の確認という目的で始められた会議は，いつの間にかベンサウ先生を中心として，我々翻訳者と翻訳のお手伝いをしてくれた4名の大学院生とが，多様な観点から本書の主張を機軸にして，日本企業が現在直面する，あるいは当時直面してきた課題を議論するゼミのような場となっていた。実務的な目的で設定された会議は，丸一日の長時間にわたる議論を通じて結果的に若い研究者にも有意義な知の交換の場となったはずである。それは，常に若い研究者への優しいまなざしを持つベンサウ先生の配慮こそがなせる技である。また，初稿に目を通し，詳細かつ適切なコメントを下さった内田大輔さん（慶應義塾大学准教授），忙しい中編集作業をこなしながら細やかに配慮された会合の場を適宜設けてくださった編集担当の市田由紀子さんにも御礼申し上げたい。

超高速で高齢化が進展する日本は，その意味で「社会課題」の宝庫である。新結合の萌芽は，実は社会の様々なところに「社会課題」として眠っている。世の中は，不完全で障壁があって使いにくいモノやコトで溢れており，その流れをよくすれば世の中をもっとよい形に変えていくことが可能となるはずである。日本は課題先進地域であり，イノベーション実現の最前線である。眼前の課題解決に誰よりも主体的にしかも深く関与すること。それこそが，他者ではなしえないあなたが主役のイノベーション実現の最初の一手となるはずである。本書はその明確な道しるべとなるものである。灯台下暗し。イノベーション実現の鍵は，あなたの身のまわりにあるはずである。

　最後に，本書の装丁には藤岡桃花さんの素敵な作品を利用させていただいた。ご承諾いただいた藤岡さんとやまなみ工房施設長の山下完和さんには重ねて御礼を申し上げたい。彼女の地道で緻密な点描の作業から想像を大きく超える独創的な作品が生まれ，多くの見る人の心を揺さぶること自体がイノベーションである。当たり前の日常を大切にする同工房から独創的な作品が誕生するのもまた，日常業務にこそイノベーション実現の種があるとする本書の基本主張を地で行く事例である。

　2025年1月

翻訳者を代表して

軽部　大・山田仁一郎

本書の出版に寄せて

　本書は，組織のために働くすべての人々を動員する革新実現エンジンを創造したいと願うリーダーのための書である。本書は，大局的な概念的フレームワークと同時に，長年の学術研究と実践を通じて開発された実証済みの手法を提供している。興味深い事例が満載で，示唆に富んでいる。必読の書である。

　　　　　　　　—W. チャン・キム（INSEAD BCGチェア・プロフェッサー，
　　　　　　　　　　　　　　　　　Thinkers50で世界第1位の経営思想家）

　今日の世界では，イノベーションを実現できない企業が成功することはない。最高の組織では，経営幹部から工場現場に至るまで，誰もがイノベーションを実現することが可能で，奨励されている。幸いなことに，どのような業界でもイノベーションを刺激するためのツールやシステムは存在する。ベン・M・ベンサウの新著は，それを包括的かつ顕著に示している。

　　　　　　　　—ギュラー・サバンジュ（サバンジュ・ホールディング会長）

　イノベーションは，すべての指導者にとって核心的な課題である。日本一の産業集積地の知事として，世界有数の比類なきスタートアップのエコシステム形成を目指し，イノベーションの実現に注力している私にとって，本書は，なぜ，どのように，そして誰がイノベーションを起こすのかについて，洞察を与えてくれる書である。

　　　　　　　　—大村秀章（愛知県知事）

　バイエルのようなサイエンスを基盤とする企業にとって，イノベーションを可能にし，それを市場に投入することは極めて重要である。これは，従業員を奨励し，彼らの革新的な可能性を活用することによってのみ可能となる。ベン・M・ベンサウは，刺激的な本書の中で，有益な洞察のみならず，ハイパフォーマンス・ビジネスにおいてイノベーションと変革を同時に導く方法につ

いて明確な例を示している。

—ヴェルナー・バウマン（バイエルCEO）

イノベーションが当たり前の社会を作るにはどうすればいいのか？　本書は，イノベーションをシステム化することこそが，多くの国々で持続可能な繁栄を生み出すために必要なことなのだと教えてくれる。

—ルーシー・クイスト（モルガン・スタンレー，マネージング・ディレクター，エアテル・ガーナ前CEO，『The Bold New Normal』の著者）

多くの組織がイノベーションの実現で苦労しているのは，優れたアイデアがないからではなく，革新的なアイデアが花開くような温室を作る方法を知らないからである。本書は，そのような温室を作る方法を詳しく説明している。立ち止まることが遅れをとることを意味する世界において，ビジネスリーダーは，将来の未知の海域で適切な存在であり続けるために，ベンサウが提供する洞察力を必要としている。

—ヤン・R・カレンディ博士（ロンバード・インターナショナル取締役会メンバー，元アリアンツSE執行役員，アリアンツ・オブ・アメリカズCEO）

ハイテクが市場を支配する時代には，誰もがもっとイノベーションを実現せよとアドバイスする。しかし，その方法を教えてくれる人はいない。ベン・M・ベンサウは，イノベーションを真の組織的プロセスとして強化するための，非常に価値のある，ニュアンスに富んだ一連のアプローチを提供している。自社のイノベーション・エンジンを強化することを使命とするすべての人にとって必読の書である。

—トビー・スチュアート（カリフォルニア大学バークレー校ハース・スクール・オブ・ビジネス，レオ・ヘルゼル記念講座教授，渉外担当副学部長，ビジネス・イノベーション研究所ファカルティ・ディレクター）

イノベーション実現に向けた活動はすべての人の習慣であるべきだが，通常は選ばれた一部の人によって行われている。ベンサウのBTIフレームワークと

7つの実現プロセスは，将来的に収益性を高めるための道筋を切り開くために，誰もが組織の革新実現エンジンの活性化に参加できる方法を示している。

―N. ヴェンカット・ヴェンカトラマン（『デジタル・マトリックス』著者）

―デビッド・J・マクグラス・ジュニア（ボストン大学クエストロム・スクール・オブ・ビジネス経営学教授）

ベン・M・ベンサウは新鮮な目で，世界で最も革新的な企業の舞台裏を覗き，エレガントで独創的なコンセプトやツールの数々を明らかにする。彼の入念に練られたストーリーとよく研究された事例研究は，指導者たちにイノベーションを育む文化の創造方法を教え，イノベーションの科学と実践に興味を持つすべての人に報いることとなるだろう。

―ジョン・アーセン・チリンゲリアン博士（ブランダイス大学ヘラー校医療経営学教授，タフツ大学医学部MD/MBAおよびEMBA医師プログラムディレクター）

目　次

訳者まえがき　I
本書の出版に寄せて　V
イントロダクション　1

第1部　イノベーションを生み出す習慣

第1章　イノベーションを生み出す習慣
──創造性の実践を飛躍的に開始するには　　15

第2章　業務遂行と革新実現
──組織全員の力で動かすツインエンジン　　35

第3章　イノベーションを実現する視点
──供給者の視点 vs 顧客の視点　　57

第2部　イノベーション実現の主要プロセス

第4章　イノベーション実現の3つの主要プロセス
──創造，統合，視点の再構築　　77

第5章　誰でも，いつでも，どこでも
──イノベーションの実現はみんなの仕事　　97

第3部　イノベーション実現の3つの重要な役割

第6章　実践的に創造性を授ける
──現場のイノベーターを鼓舞し，力を与える方法　　117

第7章　イノベーションの実現をコーチングする
──中間管理職はいかにしてイノベーションを実現するシステムを育むか　　133

第8章　解決すべき課題を設定する
──上級幹部はどのように組織全体をイノベーションの実現に集中させることができるか　　149

第4部　イノベーションを実現するガバナンスと調整のための基盤

第9章　エンジンに点火する
──革新実現エンジンのためのガバナンスと調整構造を構築する　　167

第10章　ポンプでアイデアを吸い上げる
──革新的なアイデアを生み出すための7つのステップ　　189

第11章　エンジンのうなりを保つ
──イノベーション実現の習慣を育む　　215

付　録　225
謝　辞　226
注　231
日本の読者へのメッセージ　240
索　引　246
著者について　248

イントロダクション

——なぜ今，イノベーションについての本が必要なのか？

　政治的な激変から壊滅的なパンデミックまで，技術的，経済的，社会的な変化がますます急速かつ予測不可能になっている世界。予期せぬ競争圧力の源泉が絶えず生じている世界。複雑でグローバルな力が絶えず市場を再構築している世界。そして，成功した製品やサービスの有効寿命が着実に縮まっている世界。このような世界では，あらゆる部門や産業の組織リーダーが，イノベーションの秘訣を必死に探し求めている。「去年うまくいったことが，明日はうまくいかない」というのが彼らの嘆きである。「新しく，より良い方法を見つけなくては。しかも町中の，いや地球上のライバルより先に，今すぐ見つけなくては」。

　私たちは，変化が例外ではなく当たり前のルールとなっている時代に生きている。そしてこれは，組織（営利企業であれ，非営利組織であれ，政府機関であれ）が，2つのまったく異なる，さらには相反する活動を常に成功させなければならないことを意味する。その組織は，今日行っていること，つまり，顧客が期待する商品やサービスを提供し，それを最高の品質，効率性，利便性，手頃な価格，スタイルで行うことに，非常に優れていなければならない。これこそが業務遂行という課題であり，あらゆるタイプの組織のリーダーが生涯をかけて習得するものである。

　しかし，このようなリーダーたちは同時に，現在行っていることを再考し，再構築し，改善することにも秀でていなければならない。現在の製品やプロセスを改善する方法を見つけるだけでなく，まだ誰も思い描いていないような

まったく新しいものを考案するのだ。これが革新実現への挑戦である。

組織を駆動する双子のエンジン

このように，すべての組織は，業務遂行エンジンと革新実現エンジンの両方を通じて運営される必要がある。

もちろん，業務遂行は非常に重要である。ビジネススクール，コンサルタントやトレーナー，経営学者，ビジネス書の著者は，企画，調査，財務，製造，販売，マーケティング，物流，人事など，あらゆるタイプの組織で行われるあらゆる種類のプロセスについて，実行方法を研究し，分析し，教えることに多くの時間とエネルギーを割いている。これらのプロセスを実行するための，詳細で，実用的で，よく設計されたシステムが開発され，組織に採用され，無数の従業員がこれらのシステムを実行するための訓練を受けてきた。そして，組織の大半の従業員は，毎日毎日，ほとんどすべての時間をその業務遂行に費やしている。従業員を訓練し，指導し，管理し，インセンティブを与え，評価するための事実上すべてのシステムが，ほとんど業務遂行にのみ焦点を当てているのだから，それは理解できる。実際，もし典型的な会社員の頭の中を覗き，その人が日々何に思考を費やしているかを分析することができたとしたら，業務遂行だけがビジネスの存在意義なのだと結論づけることができるかもしれない。

本書は，もう1つの重要な組織エンジンである革新実現エンジン (innovating engine) について書かれたものである。イノベーション能力を定着させ，育成することで，組織の革新実現エンジンを構築する方法を説明していく。これは，本書で説明する本質的なプラクティスを通じて実行に移すことができる。

私が「イノベーション (innovation)」と「革新を実現する活動 (innovating)」という言葉を微妙に区別していることに注目してほしい。イノベーションとは，製品，技術，サービス，プロセスなど成果物を指す。成果物としてのイノベーションは，天才的な個人，研究開発のスペシャリスト，優れたデザイナー，あるいはビジネスモデルの創造者と結び付けられる傾向がある。

それとは対照的に，革新を実現する活動 (innovating) とはプロセスを指す。

私はそれを次のように定義している。つまり，革新を実現するとは，顧客と組織のために価値を生み出す新しいアイデアを体系的に探し，開発し，実行することである。

革新を実現するという概念には，いくつかの重要な意味が含まれていることに注意してほしい。

▶ 革新を実現する活動は，組織の誰もが実践することができる。

▶ 「体系的に」とは，継続的にシステムを使うこと，つまり構造化された方法であることを意味する。

▶ 革新を実現する活動は，アイデアを探すことから始まる。しかし，必ずしも見つかるとは限らない。結局のところ，探すという行為はコントロールできるが，見つけるという行為はコントロールできない。それゆえ，いつでもどこでも探し続けることを全員に奨励することが重要なのだ。

▶ 新しいアイデアとは，たとえそれが他の業界や企業ですでに存在していたとしても，自らの組織にとって新しいものを意味する。

▶ 顧客という用語は，可能な限り広く定義すべきである。製品やサービスの購入であれ，何らかの非金銭的な交換であれ，サービスを提供するすべての人を含むべきである。また，顧客は組織の内外に存在する。例えば，ある組織の人事部の顧客には，組織内のスタッフ，マネージャー，トップ・エグゼクティブが含まれる。

▶ 革新を実現する活動は，常に実践すべき習慣であり，すべての行動において実践することができる。

ほとんどの従業員は，革新実現エンジンにおける自分の役割について，考える時間やエネルギーをあまり割いていない。とはいえイノベーションという概念が，ビジネスに関わる人の間で無視されているというわけではない。実際，書店の棚には，組織をより創造的で活気に満ちた革新的なものにする「秘伝のレシピ」を提供することを約束するタイトルがずらりと並んでいる。これらの書籍の多くには，有用な見識や，アップル，アマゾン，3M，グーグル，フェイスブックといった企業がいかにしてイノベーション実現の苗床としての評判

を得てきたかを物語る色彩豊かな物語が書かれている。

　ハイテクやエンターテインメントといった「創造的」分野の企業がイノベーションの実現によって躍進するストーリーは，驚きに富み刺激的だ。しかし，概してそれだけでは，組織をより革新的にするために何をすればよいのか，ビジネスリーダーに具体的な指針を与えることはできない。革新実現エンジンの構築と運営の現実を具体的に扱った本はほとんどない。革新実現エンジンのためには，全従業員を含む組織全体が役割を果たさなくてはならないのだが，これまで刊行された多くの書籍ではその重要性が認識されていない。その結果，革新実現エンジンを活性化させるための体系的なプロセスは提供されていない。

　イノベーションの実現について私に助けを求めてきたビジネスリーダー達に勧められる書籍や論文などの文献を探したが，組織が最も必要としている以下のような要素を兼ね備えている本は見つからなかった。

▶ 明確でシンプルな革新実現プロセスで，企業が業務のあらゆる面で価値ある改善や変化を生み出すために活用できるもの。

▶ 企業が新製品のアイデアだけでなく，プロセスの改善，顧客サービスの向上，新しいビジネスモデルなどを生み出し，実行するのに役立つ革新を実現するための原則。

▶ 現場の従業員から中間管理職，経営幹部に至るまで，組織の全員がどのように革新実現に貢献できるのか，また貢献しなければならないのかを，それぞれのレベルのチームメンバーへの具体的なガイダンスを交えて説明するもの。

▶ 組織全体で革新実現の活動をスタートさせるための，イノベーション専任のスペシャリスト（私が「i（innovating）チーム」と呼んでいるもの）の役割について，成功した企業がどのようにそのようなチームを作り，組織化し，実践してきたかを含め，詳細かつ具体的に説明するもの。

▶ あらゆる業界に属する企業が，社内外の顧客に新たな価値をもたらす革新的なアイデアを生み出すために使用できる，実証済みのプロセスとツールのキットを備えた方法論。

▶ 特にハイテク，消費財，エンターテインメントなどの業界におけるイノ

ベーションのスーパースターだけでなく，イノベーションとは無縁の業界や世の中であまり知られていない企業からも，革新実現の実例や事例を紹介していること。

20年以上前，私はこの問題解決に着手した。それ以来，私は世界中の何十社もの企業との研究，コーチング，教育，コンサルティングの仕事を通じて，イノベーションの実現を成功させる方法に関する理解のギャップを埋めるために必要な洞察，観察，ストーリー，システムを会得してきた。一連の経験からイノベーションの実現を促進するためのツールやコンセプトを開発し，テストし，あらゆるレベルのマネージャーにこれらのツールの使い方をトレーニングし，得られた結果を研究し，それらの観察をもとに私の考えを改良してきた。その結果，組織の革新実現能力を高める上で特に強力な助けとなる，イノベーション実現へのアプローチが誕生した。本書で紹介する一連のアイデア，ツール，ストーリーは，あなたやあなたが属する組織にもきっと適用できるものと信じている。

現在，多くの組織が，新しいアイデアや製品・プロセスの改善を着実に生み出すために，合理的で段階的なイノベーション実現システムを意識的に開発し導入する必要性を理解している。本書は，こうした組織のいくつかを調査し，その実現に協力してきた私の経験を語るものである。その中には，BASF，アクゾノーベル，アリアンツ，バイエル，W.L.ゴア，コルドサ，エコセム，フィスカース，サムスン，リクルートホールディングス（リクルート），マーベル・スタジオ，ドミノ・ピザ，スターウッドといった，エレクトロニクス，化学，建材から保険，映画製作，ホスピタリティに至るまで，さまざまな業界で事業を展開する国際的な企業が含まれている。これらの企業は，イノベーション実現活動の習慣化を実現し，その習慣が市場におけるライバル企業に対する強力な競争優位を組織にもたらしている。そして，世界中の非営利団体や政府機関もまた，イノベーション実現に追随し，長い間変化に対応できないと見なされてきた分野にも革新的な卓越性をもたらしている。

この後の章では，現場の従業員から中間管理職，経営幹部まで，組織のあらゆるレベルの従業員がこのシステムを導入する上で果たすべき役割について詳

しく説明する。イノベーションの実現は，上層部からの命令による「トップダウン」のプロセスだけでなく，権限を与えられた各部門のリーダーによる「ボトムアップ」「ミドルアウト」のプロセスも必要であることを示す。イノベーションの実現を奨励し，最良の新しいアイデアを浮き彫りにし，そのアイデアを組織の中で最も成長できる部署へと導く「iチーム」のメンバーを，どのように社内の各部門に組み入れるかを説明する。そして，ビジネスのあらゆるレベルのリーダーが，私のイノベーション実現キットに含まれるさまざまなツールやプロセス方法論を使って，斬新な思考を刺激し，成長と繁栄に必要なアイデアを生み出す方法を紹介する。

イノベーション実現の３つの主要プロセス

多くの本が，クリエイティビティのためのツールやテクニックを提供している。時折，これらも参照したい。しかし，本書における主要な目的は，イノベーションを実現するための組織を設計し，継続的に育成するための指針となる概念的枠組みをリーダーに提供することである。このフレームワークは，組織における現場の従業員，中間管理職，上級管理職の役割や，これらグループの個々人が互いに影響し合う方法について，新しい考え方を示唆するものである。

企業の革新実現エンジンは，イノベーションを実現するための３つの重要なプロセス，つまり創造，統合，視点の再構築によって駆動される。既存の業務遂行エンジンと並行して稼動させる革新実現エンジンを構築するため，社内の全員が既存の業務遂行エンジンの役割に加えて，これら３つのプロセスに従事しなければならない。

創造とは，組織がイノベーション実現の原料である新しいアイデアを継続的に生み出すプロセスである。これらの新しいアイデアは，組織が行うあらゆる活動に実質的に関連する。例えば，顧客に好まれそうな新しい，または改良された商品やサービスに関するアイデア，新しい顧客や市場を特定し，サービスを提供するためのアイデア，製品製造やサービス提供のプロセスを，より速く，より効率的に，より安全に，より信頼できるものにするためのアイデア，従業

員が情報をより簡単に把握，処理，共有できるようにするためのアイデア，その他，組織の運営を改善する可能性のあるあらゆる種類のアイデアがこれに含まれる。革新実現エンジンをひとたび構築した組織は，テクノロジー，製品，サービス，そして経営プロセスや内部機能など，あらゆる面でイノベーションを実現することが可能となる。そしてそれは，組織のあらゆる部門や部署で，常に創造のプロセスが起きていることを意味する。

統合プロセスは，イノベーション実現システムにおける第2のプロセスである。これは，企業内に分散している革新実現能力と資源を，企業全体の革新実現能力へと統合するプロセスである。統合とは，現場の従業員や組織の他の階層から湧き出るすべてのアイデアの「点と点を結ぶ」プロセスと考えることができる。イノベーションの統合プロセスとは，人と人とをつなぎ，企業全体に存在する革新を担う人々を，イノベーション実現に特化した社会的ネットワークにつなげるプロセスである。このネットワークは，顧客，サプライヤー，スタートアップ企業，学術機関など，社外のイノベーション・パートナーを含め，組織の枠を超えて広がる可能性がある。

イノベーション実現に優れた企業では，その統合プロセスに，創造プロセスから生まれた最良のアイデアを評価し，選択し，支援し，活用するシステムが含まれている。イノベーションの実現を日常化するために，全社的なシステムを構築する方法についても追って説明していこう。

視点の再構築とは，イノベーション実現の第3のプロセスである。未来に備えるためには，どの組織も，既存の戦略を実行しながらも，それを疑い続けなければならない。受け入れられている独断的な教義（ドグマ），従来のオーソドックスな考え方，現在の実行領域での活動の根底にある前提に挑戦し続けることは，変化と進歩を可能にするために不可欠である。しかし，普段の日常生活の中でこれを行うのは非常に難しい。実行に没頭している時は，標準的な手順を可能な限り効率的にこなすことに集中し，その手順の弱点やギャップを見抜くのに必要な心理的距離をとることはほとんど不可能である。

視点の再構築プロセスは，この問題に解決策を提供してくれる。イノベーション実現の有効性を評価するための実行作業を一時中断したとき，あなたは突然，現在のプロセスの価値を測定するための新たな基準を手に入れることに

なる。古い考え方と新しい考え方を比較することで，世界や仕事に対する慣れ親しんだ見方が唯一の方法ではないという事実を認識しやすくなるはずである。

　視点の再構築とは，イノベーション実現によって初めて顕在化する潜在的価値を認識するために，メンタルのギアチェンジを行うことである。また，イノベーションを新たな現状の一部，つまり，あなたと顧客により多くの価値を生み出すより良い仕事のやり方とするために，あなたの事業に関する前提を変えることでもある。

　組織内のあらゆる階層の人々が，これら３つの革新実現プロセスのそれぞれに，独自の貢献をしている。革新実現エンジンの一部としての役割を説明する際，私は組織の３つの主要なレベルに合わせ現場のイノベーター，中間管理職，上級経営幹部と呼んでいる。

　イノベーション中心の企業がどのように運営されているかという私の研究は，図１.１に示す「BTIフレームワーク」（BTI：Built to Innovate）の開発に役立った[注1]。

［図１.１］BTIフレームワーク

いつでも，どこでも，誰でも実現できるイノベーション－イノベーション実現の３つのプロセスは，組織の３つのレベルでどのように行われるか

	現場のイノベーター	中間管理職	上級経営幹部
視点の再構築	当たり前の先を見る	イノベーション実現の許可を与える：公正なプロセスを作る	イノベーション実現を戦略の中核に据える：前提に挑戦することを許可する
統　合	革新的な手法や顧客に関する知識を共有する	連携プロセスを構築する：業務遂行エンジンと革新実現エンジンをつなぐ	イノベーション実現のためのガバナンス構造と言語を創造する
創　造	顧客や非顧客に耳を傾けてアイデアを生み出す	サポートを提供する：レビューを行い，アイデアを提供する	イノベーション実現のための規範,基準,インセンティブを設定する

図 1.1 が示すように，ほとんどの組織では，3 つの主要なレベルでそれぞれ 3 つのプロセス（創造，統合，再構築）が常時行われているはずである。3 つのレベルすべてが，3 つの革新実現プロセスのそれぞれにおいて重要な役割を担っているが，特定の状況においては，異なるグループが特定のプロセスの主導権を握る可能性が高い。

この図では，3 つの組織レベルを区切る線と，3 つのプロセスを互いに区切る線が，実線ではなく点線であることに注意してほしい。これは，現実の世界では，階層間の区別は硬直的で固定的なものではなく，変化を多面的に吸収する「多孔質」で移り変わることが多いという事実と，創造，統合，視点の再構築というイノベーション実現活動は密接に関連し合い，ある程度重なり合っているという事実を反映している。

また，BTI フレームワークは，イノベーション実現に対して伝統的なトップダウン・アプローチを想定していないことにも留意してほしい。その代わり，革新実現エンジンの構築はどこからでも始めることができる。アイデアを生み出し，実験し，プロトタイプを開発し，成功を披露する現場のイノベーターからでも始めることができる。このイノベーション・モデルの私のモットーは，「許可を求めるな，他人を嫉妬させろ！」だ。ある部門の現場のイノベーターが，ほんのひと握りのブレークスルーを成功させて道を示せば，企業全体がその真似をしたがるようになる。

イノベーション実現の活動は，障害を取り除き，イノベーションの実現につながる行動を奨励し，その実現が全員の仕事の一部であることを伝える上級経営幹部から始めることもできる。あるいは，中間管理職のコーチから始めることもできる。中間管理職のコーチは，最前線で働く従業員に対して，トレーニング，指導，サポート，社内の他の経営資源と人脈を提供することで，イノベーション実現のプロセスを開始することができる。

最終的な目標は，組織の各レベルに 3 つのプロセスすべてを組み込んだ完全な革新実現エンジンを構築することだ。しかし，それには時間がかかる。ただし，革新実現の果実を収穫するために，このプロセスが完了するまで待つ必要はない。企業のどこでどのようにイノベーション実現の活動が始まろうとも，ほとんどすぐにその恩恵を享受し始めることができるのだ。

イノベーションを生み出す組織の特徴

　イノベーションを実現する組織の第1の核となる特徴は，社員1人ひとりの創造性と自発性を引き出す能力である。本書では，バイエル，ゴア，そしてコルドサやスターウッドといった企業が，いかにしてこの能力を開発したかを説明し，彼らの組織やマネジメントの実践から一般的な教訓を引き出して，他の企業が彼らからどのように学ぶべきかを示唆する。

　イノベーションを実現する組織の2つ目の中核的特徴は，現場のイノベーターを有機的なコミュニティや組織学習の統合プロセスに結びつけることで，組織全体に分散しているイノベーション実現活動や個人の専門性を相互に結びつけ活用する能力である。フィスカース，アリアンツ，リクルートなど，世界中の企業から得た知見をもとに，皆がこの統合プロセスにどのように貢献しているかについて見ていこう。

　革新実現エンジンの概念モデルにおける3つ目の核となる特徴は，継続的に自らに疑問を投げかけ，ビジネスや顧客について共有しているいくつかの前提に挑戦する組織能力である。BASFやマーベル・スタジオなど，このような能力を開発してきた企業の例をいくつか紹介しよう。そして，変革のタスクを遂行するための実際の方法，ツール，プロセスが企業によって異なり，各企業の固有の状況に適するものであることは明らかであるが，これらの企業が達成した成果は他の企業でも達成可能であることも同様に明らかである。

　したがって，アップル，アマゾン，ピクサーなどの企業で広く賞賛されている「集団的天才」のようなものは，スティーブ・ジョブズやジェフ・ベゾスのような優秀な個人指導者が率いる組織に限定されるものではない[注2]。イノベーションの実現はまた，傑出した"天才"はいなくとも，組織全体の革新実現プロセスに有益に参加できる無数の個人の貢献を結集する体系的なプロセスを用いることによっても生まれるのである。

本書の構成

　本書は4部構成になっている。第1部「イノベーションを生み出す習慣」では，イノベーションの実現に対する私の全体的なアプローチを紹介し，イノベーションの実現に組織全員が参加すべきである理由を説明し，すべての組織が持つべき2つの「エンジン」，つまり業務遂行エンジンと革新実現エンジンの特性と特徴を概説する。そして，革新実現エンジンの最も重要な要素が，供給サイドの視点から顧客サイドの視点への転換である理由を説明する。

　第2部「イノベーション実現の主要プロセス」では，イノベーション実現の実践に不可欠な創造，統合，視点の再構築の各プロセスについて説明する。また，現場のイノベーター，中間管理職，上級経営幹部など，組織のあらゆるレベルの従業員が，これらすべてのプロセスに関与する必要があることも紹介する。

　第3部「イノベーション実現の3つの重要な役割」では，3つの組織レベルそれぞれをより深く掘り下げ，イノベーション実現の3つの重要なプロセスを遂行する上で，各レベルの従業員が果たすべき特定の役割について詳しく探っていく。

　最後に，第4部「イノベーションを実現するガバナンスと調整のための基盤」では，企業のイノベーションを実現させる能力を高める組織構造をデザインし，実践するためのアドバイスとガイダンスを提供する。第10章では，イノベーション実現に向けた活動を習慣化し，日常業務の一部として定着させるための具体的なプロセスを紹介している。

　本書を読んだ後，あなたの組織がイノベーションの実現を実践する組織に変わり，自分自身とサービスを提供する顧客のために，莫大な新しい価値を生み出す新しい製品やプロセスを継続的に創造することができるようになることを私は願っている。

　さあ，ページをめくって始めよう。

第 **1** 部

イノベーションを生み出す習慣

第1章

イノベーションを生み出す習慣

―創造性の実践を飛躍的に開始するには

　BASFは，ドイツに拠点を置く世界最大規模の多国籍化学企業である。同社は，80か国を超える拠点に117,000人以上の従業員を擁し，化学製品，プラスチック，農薬・農業関連資材，石油・ガス産業用部品および機器，バイオテクノロジーなど，幅広い事業を展開している。2019年時点のBASFの収益は，590億ユーロ（約9兆7,000億円）を超える。

　しかもBASFは，歴史的にもイノベーションを牽引してきた。同社の功績は，1913年に確立され世界の食糧増産に重要な役割を果たすこととなった肥料の大量生産技術であるハーバー・ボッシュ法の開発から，1935年の音楽カセットに使われるテープの発明にまで及んでいる[注1]。現在同社は，PVC配管からヨガマットにまで幅広く使用されている，より安全で環境に優しい可塑性促進剤，自動車外装用の改良塗料やコーティング，香水やローション，シャンプーに使用される革新的な香料，大豆・トウモロコシ・綿といった基礎作物の収穫量を大幅に増やす新しい交配種の技術革新などに取り組んでいる。例年BASFは，研究開発（R&D）に20億ドル以上を投資し，プロダクト・イノベーションに直接関わる約1万人の従業員を支援し，1,000件以上の新規特許を生み出している。これら一連の数字は，化学業界で最も革新的な企業の1社であり続けるという同社の一貫した取り組みを反映するものである。

　このような長期にわたる輝かしい実績を踏まえると，BASFがイノベーションへのアプローチを改善するために，専門の外部コンサルタントを利用しようと考えるのは，意外に思われるかもしれない。しかし，2000年代半ばにおいて

は，BASFが生み出した科学的成果は相変わらず強固ではあったものの，それが自動的に自社や顧客に価値をもたらすイノベーションの実現に資するわけではなかった。

　一方化学業界には，構造的な変化が巻き起こっていた。ヨーロッパやアメリカよりも技術力が高く，よく訓練された労働者を低コストで雇用したアジア企業との新たな競争が台頭し，その結果BASF社のような会社の製品に価格低下の圧力がかかるようになった。加えて，BASFが販売する多くの化学製品の主原料である石油の世界的な価格下落が，製品の価格圧力に拍車をかけた。このような状況下で，自社の従業員が新しい未来に向けてイノベーションを実現するために自身の考え方や，自身を取り巻く組織文化を自発的に変革しようとはBASFのリーダー達は思わなかった。同社は，研究開発に従事する科学者や専門家に依存した従来のイノベーション実現へのアプローチでは，もはや不十分であることを認識していた。むしろ，BASFは科学と研究開発における既存の強みを補うため，社内の科学者や専門家のみに依存しない，より広範な「革新を生み出す駆動力」を構築することを決めたのだ。

　多くの他社同様に，BASFはこの新しいアプローチを使って，イノベーションの実現を推進するために，イノベーションに特化した外部のコンサルタントにその支援を求めた。この試みは，従業員自身がイノベーションの実現を日常業務の一部にすることに必要な新たな方法の発見に役立ち，成熟しているかに見える産業における巨大成功企業の更なる成長機会の創出につながった。

　たしかにそれを実現することは容易な挑戦ではなかったが，同社はその後10年間にわたり，社内幹部のリーダーシップと外部のイノベーション専門家のアドバイスにより，組織のあらゆる階層と地域・市場単位の事業部門に影響を与える一連の変革を段階的に計画・実施した。それらは全く新しく，より主体的かつ協働を促すもので，既存の制約を取り払った新たなイノベーション手法を会社のDNAとして注入することを意図したものである。これらの取り組みは，BASFのイノベーション・プログラムを加速および活性化させ，結果として経済的・競争的圧力が絶えず高まる中でも，同社が世界最大の化学会社としての地位を維持することに寄与してきた。

　2009年に私は，BASFの注目すべきイノベーション・プログラムをその創設

と実施に貢献したコンサルタントの1人を通じて知った。彼は私に，初期にそのプログラムを牽引した重役であるアンドレス・ジャッフェを紹介してくれた。その後，ジャッフェは私を彼のチームに招き入れてくれた。それが私にとって10年以上にわたる学びの旅を始めるきっかけとなった(注2)。

老舗企業に対する新たな視点

BASFで働く数千人の化学者，技術者，生物学者，植物学者，その他の科学者や研究者は皆，イノベーションを着実に創出するために必要な才能を持っている。しかし，才能だけでは，顧客のニーズに応え，BASFと多様なステークホルダーの双方に価値を生み出すイノベーションを創出することはできない。才能と同等に不可欠なのは，顧客への深い理解と，アイデアを創出・開発・改良し，効率的かつ持続可能な方法でそのアイデアを実現する過程で顧客と協働する姿勢だ。このような姿勢を醸成するには，ある種の特殊な企業文化が求められる。しかしBASFのような企業では，そのような企業文化は自然の成り行きで育つものではない。

BASFが顧客のニーズや課題，そして顧客から得る洞察を積極的に受け入れることは，簡単なように思われるが実際にはきわめて困難であった。1865年に創立し長い歴史を持つBASFのように，過去に数々の成功を収めてきた多くの企業では，閉鎖的な組織文化が育まれる傾向がある。例えば，自らの専門分野で世界的にその地位を確立した社内のマネージャーや従業員達は，組織外の人間が自分たちに教えてくれることはない，と考えるようになる。競争が激しい業界に身を置くと，自分たちの大切な知的財産を守りたいという思いから，秘密主義に陥りがちで，会社の重要な利害関係者であったとしても，それらの外部の人との自由闊達な意見交換を敢えてしなくなる。

BASFも例外ではなかった。当時の関係者の言葉を借りれば，同社の成功は「内から外（from the inside out）」によって推進されたものだった。それは，「企業内部の研究の卓越性であり，研究に専念したラボを通じたイノベーションの推進，効率的な製造と製品ラインの最適化に焦点を当てたコア・プロセスの設計，完璧なロジスティクス，信頼できる配送などによって体現されたも

18　第1部　イノベーションを生み出す習慣

の」であった(注3)。

　こうした「内から外 (inside-out) へ」の強みはいずれも，かけがえのない重要なものである。しかし，BASFは，同社や従業員自身が顧客から学び，外部環境の変化に適応できるような新しい「外から内 (outside-in) へ」の能力を開発する必要があった。

　変革を主導するBASFの幹部は，取締役会の構成員に至るまで，この問題を認識していた。彼らは顧客との対話や交流を促進するために，同社に既にあった「マーケティング・セールス・アカデミー」の中に1つのプログラムを開始した。このプロジェクトは「顧客のさらなる成功に貢献しよう (HCS：Help Customers to be more Successful)」と名付けられた。それは，BASFの従業員が，結果に先入観を持たずに顧客から学び，BASF独自のソリューションやアプローチを即座に顧客に提案するのではなく，むしろいったん保留することを学ぶことを目指している。つまり，1つの型をすべての人や状況に適用する (one-size-fits-all) という考え方を顧客に押し付けるのではなく，顧客の多様性とそのニーズを大切にする方法を学ぶことを目標に据えているのだ。

　HCSプロジェクトの当初の成果は，BASFにとって期待に添うものとなった。というのも，マーケティングや営業だけでなく，製品開発，製造，物流，経理，カスタマーサービスなど，より幅広い部門の従業員をプロジェクトに巻き込むことが，より大きな価値を実現できることを示唆していたからだ。結果的にこのHCSプロジェクトは「パースペクティブズ」と呼ばれる全社的な組織文化変革の取り組みに発展した。この組織文化変革の全社的取り組みはその後，18億ドルの事業規模を誇るBASFポリウレタンの社長であるヤケス・デルモイティーズが主導し，彼の同僚であるアンドレス・ジャッフェに引き継がれた。その背景にある目標は，BASFの現在の顧客と，BASFにとっては未知の顧客の，満たされていない，あるいは顧客自身でさえ明言していないニーズを定義し，彼らのニーズを革新を通じて満たすことに狙いを定めた新たな取り組みを始めることにあった。ジャッフェのチームには，世界各地の事業代表者や，特定機能で専門性を有する専門家が含まれている。BASFの各部署がこの取り組みに新たに参加する際には，彼らは社内コンサルタントの役割を果たすことが期待されている。

組織全体のイノベーションを集中支援する社内組織として，このパースペクティブズは，BASFが独自のイノベーション創出のための駆動力を社内に体系的に構築する最初の取り組みとなった。その全体目標は，BASFのイノベーション実現能力を企業全体にわたって高めることにあった。パースペクティブズの取り組みはBASFの顧客との関係性を深く分析することから始まり，顧客のニーズや目標，彼らの要求する仕様に見合うように，どの事業部にも顧客と会って話し合う機能横断的なチームが作られた。

顧客との話し合いの結果を検討し，BASFに何千人といる顧客の共通点と相違点の両方を明らかにすることで，チームは6種類のタイプから成る分類スキームを使って顧客をマッピングした。それぞれの顧客タイプの違いに応じて，BASFは異なる顧客対応モデル（CIM：customer interaction model）を必要とする。

▶ **タイプ1**：標準仕様に見合った製品を要求し，通常価格が最も重要な意思決定要因となる顧客タイプ。このタイプの顧客に対し，BASFは一介の取引業者もしくは取引供給者としての役割を果たす。

▶ **タイプ2**：品質と信頼性が高く，時間通りの供給を求める顧客タイプ。この顧客タイプに対し，BASFは無駄のない，あるいは信頼できる定番供給業者としての役割を果たす。

▶ **タイプ3**：標準化された製品とサービスを自由に組み合わせて自分自身のパッケージを創作して購買したい顧客タイプ。彼らにとってBASFは標準パッケージ提供者としての役割を果たす。

▶ **タイプ4**：その分野における最新のイノベーションを反映した，より優れた製品機能を必要とする顧客タイプ。この顧客に対して，BASFは製品やプロセスのイノベーターとしての役割を果たす。

▶ **タイプ5**：特別な要求に仕様を合わせた解決策を求め，時にサプライヤーと共同で自らも開発に従事する顧客タイプ。こうした顧客に対し，BASFは顧客に応じた特定の解決策の提供者としての役割を果たす。

▶ **タイプ6**：既存の1つまたは複数の業務活動を受け持つサプライヤーと協力することで，既存の業務のコストと複雑さを軽減したいと考える顧

客タイプ。これらの顧客に対してBASFは，既存の業務活動を見直す業務統括者として機能する。

　このように，最も単純なものから最も複雑なものまで，6つの顧客タイプはそれぞれが非常に異なるニーズを持っている。BASFは，これらの6つのタイプの顧客すべてに対して，適切で唯一の顧客サービスモデルなどありえないことをすぐさま認識した。また，これらの6つの顧客タイプを，同社に馴染みのある伝統的で内向き思考の産物による既存の製造ラインの組織体制の中に，整然かつ一貫性のある形で配置することはできなかった。

　同社に必要とされる方法とは，これら6つの顧客タイプの違いに応じて，顧客と協力しながら個別の顧客ニーズに適応することであることは明白だった。これが，新たなパースペクティブズ・プログラムによってもたらされた最初の大きな啓示だった。それは，さらなる大きな挑戦につながった。つまり，「巨大な老舗企業であるBASFが，顧客からの新しく多様なニーズによりよく応えるために，プロセスや構造，システムをどのように再設計するのか」という挑戦である。

　BASFは，「パスファインダー」と名づけられた新しいプロセスで，それに応えた。このパスファインダー体制では，BASF社内の特定のビジネスユニットが職能横断的なチームを編成し，個別の顧客を深く理解するために注意深く設計・構造化された課題に取り組んだ。その課題とは，顧客自身のバリューチェーン，市場ニーズ，業界動向などについてであった。編成されたチームは，これらの課題を解決するために，顧客担当者と面会し，顧客の新たなニーズを満たす顧客対応のあり方を検討した。その結果として，顧客とサービスチームの間のやり取りは，もはや製品ライン全体で統一された画一的なプロセスによって規定されるものではなくなった。その代わりに，サービス対象となる特定の顧客タイプの特性に合わせて調整され，BASFが顧客の実際のニーズや好みによりよく応える結果となった。これこそが，組織イノベーションと呼ぶにふさわしい強固なプロセスであり，BASF社と顧客の双方にとって，製品イノベーションと同等の価値があることが明らかとなった。

　パスファインダーのプロセスを設計したBASFの幹部達は，パスファイン

ダーとこれを具体化する思考法を企業文化の深層に浸透させる必要性を認識した。最初の目標として，BASFの幹部達は，BASFのマーケティングとセールスの専門家の20％がパスファインダー・プログラムの「達人」になることで，「結果を残す変革者」になるという目標を設定した。

この長期的な組織文化変革プログラムを開始するにあたり，BASFの従業員達は一連のワークショップや学習活動を通じて，事業活動に対する新しいアプローチの導入に取り組んだ。この取り組みとは，以下の様なものである。

▶ 新たな価値のとらえ方や製品の導入など，顧客中心のイノベーションに関連する特定のトピックを深く掘り下げる「ディープ・ダイブ」
▶ 顧客理解などのスキルを集中的にコーチングする「ビジネスモデルラボ」
▶ 特定顧客への新規適応を試みる挑戦，特定ブランドの管理改善，そして新製品の発売などの課題に取り組む際に，BASFの社員が協力して取り組み，互いに学び合うことを支援する「部門横断的インパクトグループ」
▶ ヨーロッパ，アジア，アメリカ大陸各地で順次開催され，価値創造への新しく協力的なアプローチについて，BASFのチームメンバーが学ぶことを目的とする「インパクトイベント」

なお，注目すべきは，インパクトイベントには毎回１名以上の取締役が参加しており，このプロジェクトが全社的に最優先事項であることが社内で発信されていることである。

パースペクティブズの活動が勢いを増すにつれ，イノベーション実現のための新システムに対する認識と理解を確かなものとするため，追加的なプログラムが作られていった。例えば，パースペクティブズ・チームは，パースペクティブズ・キーコンセプト（PKC）と題するワークショップを企画し，プロフェッショナル採用の新入社員は，このワークショップへ全員参加することが義務づけられた。初年度には7,000人以上の社員がPKCワークショップに参加した。彼らはパースペクティブズの伝道者となり，顧客との新しい関わり方について，そのアイデアと方法を，所属する部署や機能分野の他の人々に広める

こととなった。特定の地域から多くのマーケティング，セールス，プロダクトマネージャーを集めたビジネスフォーラムが毎年開催されるようになり，ベストプラクティスを共有し，議論し，改善する場が提供された。

顧客の更なる成功に貢献する

BASFは，競争が激化し，変化の激しいビジネス市場に対応するため，全社的な取り組みとして，公式の企業戦略声明の中で次のように総括している。この声明は，4つの重要な柱を中心に構成されており，4つの柱はBASFのビジネスに対するアプローチの基本的な要素を反映して作られている。

▶ 資本コストを超えるプレミアムを獲得する。―BASFが長期的な生存と成功のための基本的な要件として認識する収益性を重視する。

▶ 業界最高のチームを結成する。―ビジネスの成功に不可欠な役割を果たす人間の才能を尊重する。

▶ 持続可能な開発を確かなものとする―社会との関わりや環境への配慮が必要であることを強調する。

▶ 顧客の成功に貢献する―B to Bパートナーとして，全く新しい自社の志向性の獲得を目指す。

この4つの柱のうち，4つ目はBASFにとって最大の挑戦となった。なぜなら，それはこれまでと異なる新たなレベルでの顧客との親密さ，エンゲージメント，そして「外から内へ」という志向性を要求していたからだ。パースペクティブズ・プログラムは，理念に偏りがちなコミットメントのあり方を，実用的で日々実現可能なものとすべく，BASFに固有の方法として発展してきたのである。

役員会の強い支持を受け，ジャッフェと彼のチームは，事業の隅々までパースペクティブズ・プログラムを普及させるために，社内の様々な資源を上手に動員した。プログラム開始から数年後経って振り返ったジャッフェは，「『パースペクティブズ・プログラムとは何か』と問う人さえいなくなった」と言う。

そしてBASF社内で始動したパースペクティブズ・プログラムは，顧客満足度，収益性，そして世界の名だたる化学企業の中で，革新者としてのBASFの評判を大きく向上させたのだった。

　BASFの経営手法の大きな変化の１つは，顧客との共創（co-creation）を重視するようになったことである。かつてのBASFでは，優秀な化学者が研究室で，彼らが実社会で役立つ可能性があると信じる新分子の開発・実験に取り組んでいた。科学者たちは，優れた用途がある製品を開発したと確信したら，マーケティング，販売，顧客サービスチームと協力し，そのイノベーションを市場に商品として投入するための計画を作り始める。この方法は時に上手くいくが，そうでない場合もある。このようにして開発された製品のすべてが，顧客が必要とする性能特性，価格，その他の特性の理想的な組み合わせを提供するわけではなかったからだ。どんな業界の企業とも同様に，BASFでもヒット商品と失敗作とが混在する結果になった。

　パースペクティブズ・チームによって持ち込まれた「外から内へ」という新たな志向性は，これまでのビジネスの進め方についての方程式を変えてしまった。現在，BASFの科学者は，マーケティング，販売，顧客サービス部門の同僚や，BASFの顧客企業の多岐にわたるチームと連携して仕事をすることがますます増えているのだ。

　それは，実用的な価値が期待される新しい分子の実験から始めるのではなく，表出した顧客ニーズから始め，プロセスを構成する実験，テスト，再設計というすべての段階において顧客と協力し，強力な市場訴求力を持つ製品を生み出すことに注力するというものである。

思いがけないところに価値を見出す
―BASFのブレークスルーの物語

　BASFの何千人もの科学者は，何世代にもわたってそうであったように，安定した科学的発見の潮流を生み出し続けている。彼らが変わった点は，現在は，顧客と協力し，両者にとって価値のある製品をともに創り出すという，より良い仕事をするようになったことである。BASFの化学者が発見した新しいポリ

24 第1部 イノベーションを生み出す習慣

ウレタンで，アディダスの共同開発により，高性能ランニングシューズの靴底
に使用される画期的な発泡体「BOOST（ブースト）」が生まれる背景には，そ
のようなストーリーがあった。

　いわゆる熱可塑性ポリウレタンは，電気ケーブルなどさまざまな用途に使わ
れてきた，BASF製品では馴染み深いものだった。しかしある日，ドイツのレ
ムフェルデにあるBASFの研究所の化学者，フランク・プリソックは，圧力と
熱を加えることでこの材料が膨張し，小さなエアポケットで満たされたフォー
ムに変わることに気がついた。それは「電子レンジにいれたポップコーンのよ
うだ」と同僚の1人は説明する。興味深い発見ではあったが，これにどのよう
な価値があるのか，化学者には思いつかなかった。

　幸いにも，彼は肩をすくめて放っておくことはなかった。かわりに，社内の
仲間に意見を求めることにした。E-TPUと名付けられた，この新しいフォーム
の特性を示す短いビデオを何本も撮影し，BASFの専門家たちの間で回覧した。
そのうちの1つが，靴底（ランニングシューズとは別に，BASFにとってはす
でに重要なマーケットであった）の素材を扱っていたマーケティングのプロ，
マーティン・ヴァロの目に留まった。彼は，大手ランニングシューズメーカー
の製品担当者にコンタクトを取った。

　他のプロジェクトですでにヴァロのことをよく知っていたアディダスのチー
ムメンバーが，この新しいフォームの可能性に一番夢中になった。彼らは長期
間の耐久性，柔軟性，幅広い温度条件下での有効性，そして何よりも優れた復
元力というユニークな性質を評価した。E-TPUは，競技走者にエネルギーを補
給するリバウンド効果を与え，歩幅（ストライド）ごとにパフォーマンスを向
上させる可能性を持っていた。アディダスは，E-TPUの完成に向けてBASFと
協力することに合意し，共創プロセスが本格的に動き出した。ヴァロは，その
経緯をこう語る。

　　「多くの技術者たちが，厳しいながらも対等な立場で議論を交わし
　　ている様子を想像してほしい。アディダスは，新素材のインソールが
　　持つべき性能，たとえば弾力性や耐熱性などについて，非常に明確な
　　考えをもっていた。また，このソールのために新たな道具や機械が必

要なのかといった，新規投資をはじめとする意を決するべき根本的な問題もあった。この製品は定期的にラボに戻され，あるパラメータを調整することで特定の特性をさらに向上させることができるかどうかが確認された。

　研究室でうまくいったからといって，それが大きな規模でうまくいくとは限らない…理想的なプロセスを見つけるのは簡単ではない。多くの微調整が必要とされるのだ。そのため我々は，化学者，プラスチックの専門家，エンジニア，プロジェクトの技術者など，異なるスキルを持つBASFの専門家を集めた」。

　BASFとの独占契約により，アディダスは2013年にE-TPUを「ブースト」というブランド名で市場投入した。それは，競技ランニングの世界に一大センセーションを巻き起こした。1年後には，ケニアのデニス・キメットが，ブーストのソールを使用したアディダスのシューズで，2時間2分57秒のマラソン世界新記録を樹立したのである。当初，BASFからの問い合わせを断った他の靴メーカーが，自社でブーストソールの靴を製造する権利を求めて訴訟を起こしたことさえある。

　数年後，市場に参入した各社から新しいランニングソール素材が発売される中，アディダスは2019年に登場した「ウルトラブースト19」や「パルスブーストHD」など，最新のイノベーションを含む新しい進化版ブーストを搭載したランニングシューズを大量に販売し続けている。ブーストは，非常に革新的な企業と，市場のニーズや欲求についての詳しい知識を持つ顧客との共創パートナーシップによって生み出された，長期的な成功の一例である。

　BASFにイノベーションをもたらす新しい文化がどの程度浸透しているかを示す，もう1つの分かりやすい例が，ありえないような製品で同社の最大の成功例となったスポンジ状のメラミン樹脂「バソテクトフォーム」のケースである。

　BASFは長年にわたり，バソテクトを建築や自動車産業で使用される防音・断熱材として販売していた。しかしある日，偶然にもバソテクトの新しい性質が発見された。日本の建設会社での訪問販売の際，BASFの担当者がテーブル

26 第1部 イノベーションを生み出す習慣

に広げていた設計図にコーヒーをこぼした。急いでこぼれたものを拭き取ろうと，一番近くにあった素材を手に取ったところ，たまたまそれがバソテクトのスラブであった。バソテクトで濡れた設計図を拭くと，こぼれたコーヒーだけでなく，インクも吸収された。バソテクトで触れた部分は，どこも図面が真っ白になったのだ。

　BASFの営業担当者は謝罪した後，自分が発見したことについて考えた。彼がその経験をオフィスで化学者たちと共有したところ，バソテクトは水と混ぜると，染料やシミを落とす強力な洗剤になることが分かったのである。

　昔であればこの発見は，BASF社内で単なる「変わった出来事」として却下されたかもしれない。優秀な科学者が特定の問題の研究に集中するエンジニア中心の文化の下では，一見無関係なデータポイントは無視されがちである。さらに，技術的，市場的に大きく異なる成長機会を追求する部門を複数持つ多くの大企業と同様に，BASF社内の業務体制は部門ごとにサイロ化（訳注：組織内の部門間の壁ができること。あるいは進行すること）が進んでおり，ある部門で浮上したアイデアや問題を，別の部門の視点で検討することが困難だった。もし，「通常通り」であれば，BASFの建設事業の営業担当者が偶然発見したものが，汚れを落とす可能性のある製品に興味を持つ人の目に触れることはなく，そのままなかったものとして葬り去られていただろう。

　しかし，組織的なイノベーションの重要性を新たに認識した企業では，そうはならなかった。その代わりにBASFは，新たに発見されたバソテクトの性質を有する物質を探しているであろう顧客を探し始めた。そして2年後には，プロクター＆ギャンブル（P&G）と研究開発提携を結び，バソテクトフォームを使った家庭用掃除道具を開発することになった。この商品は「MR.CLEANマジックイレイサー」のブランド名で2004年のベスト・インベンションの1つに選ばれ，P&Gの最も成長した製品ラインの1つとなった。2012年には，「マジックイレイサーエクストラパワー」「マジックイレイサーバススクラバー」「マジックイレイサーセレクトアサイズ」などの関連商品を次々と生み出し，販売個数も10億台を突破している。2020年現在，マジックイレイサーシリーズは，P&Gのグローバルな収益性の柱として健在である。

　ちなみに，BASFはバソテクトフォームの他の特性もおろそかにせず，断熱

性，防音性に優れた建材を販売し続けている。2017年，アーティストのダグ・ウィーラーは，ニューヨークのソロモン・R・グッゲンハイム美術館で，400個のピラミッドと600個のくさび状のバソテクトフォームを使って部屋を構成した。この没入型体験では，5番街の喧騒からほんの数フィート離れたところで，ほぼ完璧な静寂の環境が作り出される。そこでは，砂漠の風の音を録音したかすかな音が隠しスピーカーから静かに流れるだけだ。「PSAD Synthetic Desert III」と題されたこのアート・インスタレーションは，BASFの化学的才能が可能にした「半無響室」ならではの「静寂と沈黙の逃避行」に誘うようにデザインされている[注4]。これこそが，イノベーションの芸術を体現した事例ではないだろうか。

製品を超えて―ビジネスモデル・イノベーション

　ブーストやバソテクトフォームのような製品イノベーションは，BASFがこれからも業界の最前線に立ち続ける上で，常に大きな役割を果たすだろう。しかし，「外から内へ」志向や顧客との共創を重視する同社の新しい姿勢は，新製品を連続して市場投入することに留まらない新たなイノベーションの実現も可能にしている。BASFは，自社，顧客そしてすべての利害関係者のために，経済価値を生み出す関係性，プロセス，システム全体を見直し，再設計する方法を新たに見出すことで，新しいビジネスモデル・イノベーションの世界的な実現者ともなっているのである。

　パースペクティブズ・チームが主導した6つの異なる顧客タイプに適応していく作業は，BASFが優れたビジネスモデルの革新者として進化するための重要な出発点だった。顧客に応じて最適な方法を追求することは，BASFの社員がニーズや好みが大きく異なる顧客に対応する際の複雑さを理解するのに役立った。そして，高品質の製品を開発することは，革新的な仕事の始まりに過ぎないことを認識するようになった。それと同様に重要なのは，顧客やその他の利害関係者にとって決定的な価値を付加することとなる一連の業務活動を，具体的かつ高度に的を絞った方法で，明確に位置づけることであった。このビジネスモデルは，BASFが特定の市場でどのように利益を得るかを正確に定義

するものであり，すべての市場で通用する画一的なモデルは存在しないことを意味している。実際，特定の事業のビジネスモデルを選択し洗練させることは，チームワーク，深い顧客洞察力，柔軟性，創造的思考を必要とする，非常に複雑で厳しい革新的な仕事である。

　BASF社がビジネスモデル・イノベーションを自社の中核能力の1つに据えると，同社のリーダー達はこのようなイノベーションがいかに複雑なものであるかをすぐに理解することとなった。パースペクティブズ・プログラムの新しい責任者であるウーヴェ・ハートヴィッヒ博士・上級副社長は，この仕事を推進する上で中心的な役割を果たした。BASFのイノベーション専門家は，スイスのザンクトガレン大学技術経営研究所のビジネスアナリストと協力して，ビジネスモデルを印刷したカード一式を実際に作成した。これらのビジネスモデルは，さまざまな種類のビジネスに理論的に適用できると思われた。

　その一例が「製品・効果パッケージ」モデルである。このモデルでは「企業は製品を生産するだけでなく，製品に付随する価値を提供・販売する」と定義されている。「このようにエンドユーザーへの付加価値提案を改善することで，商品とそれに付随する価値から成るパッケージ全体に対する顧客の支払い意欲を高めることにつながる。業界によっては，このビジネスモデルの中心的な仕事に，科学的なテストや効果の検証，規制当局とのやり取りが含まれる」。

　もう1つの事例が，「顧客がベンダーの製品やサービスの世界に閉じ込められる」という「ロックイン」モデルである。「このロックインは，技術的なメカニズム，あるいは製品やサービスの実質的な相互依存関係によって発生する」。そして3つ目が「インテグレーター」と呼ばれる，「価値を創り出す一連の全体過程を指揮する立場にある企業」である。それはつまり，「価値創造に関するすべてのリソースと能力をコントロールする企業」である[注5]。

　このカードで定義されたビジネスモデルを顧客との接点として，BASFのパースペクティブズ・チームは，企業内ですでに実践されている既存のビジネスモデルの範囲を分析することに着手した。かつて数十年にわたり，BASFではさまざまな部門や部署が半ば自律的に製品開発，マーケティング，販売の業務に携わり，自分たちを取り巻く課題や機会に基づいて，さまざまなビジネスモデルを適応させてきたのだ。

BASFの戦略アナリストがこれらのモデルを定義し体系的に整理したところ，彼らが定義した45のビジネスモデルのうち，30もの異なるモデルが組織内で使用されていることが明らかとなった。これは注目に値する数字だった。実際，BASFのイノベーション・スペシャリストは，同社がこれからも，世界のどの企業よりも多くの異なるビジネスモデルを使って積極的に事業展開できる可能性がある，と確信している。

このように，さまざまなビジネスモデルを定義することは，最初の一歩に過ぎない。世界中のBASFの事業所で行われている次のステップは，現在のモデルがBASFとその顧客のために価値創造を最適化しているかどうかを検討することである。これは，創造的な「もし〜であれば」思考を必要とする作業である。一連の作業によって，結果として市場で使われている既存のビジネスモデルを変革する必要があるという結論に至ることもある。それは，挑戦的な変革プロセスでもある。

BASFの事業部門は，しばしばビジネスモデルの転換を迫られることがある。ビジネスモデル変革の出発点として，売上高や収益性が長期的に低下している部門が考えられる。この場合，ビジネスモデルの転換がなければ，その部門全体が最終的には終焉を迎えることになりかねない。

また，特定の顧客もしくは複数の顧客から，ビジネスのやり方を変えることを検討するよう求められる場合もある。例えば，新しいサービスを提供したり，サプライヤーとの分業体制の変更といった場合である。このような場合には，新しいビジネスモデルが，顧客とサプライヤーとの共創プロセスを通じて形成されるかもしれない。

BASFのイノベーション・エクセレンス担当ディレクター，ミヒャエル・ゲオルク・シュミットが説明するように，同社の顧客適応モデルは，単に6つの「バケツ」に顧客を単純に振り分けるものではない。「顧客のニーズは常に変化しており，それにあわせて顧客との関係も変えていくものである。そのため，システム内の経時的な変化を常に注視することが必要となる」。

ビジネスモデルの革新は単純な問題ではない。かつてハートヴィッヒ博士は，長い間定着したビジネスモデルを変えるには平均8〜10年かかると試算していた。イノベーションは通常，新しい活動が徐々に導入され，古い活動が変更ま

たは廃止されながら，段階的に行われる。そのすべてのプロセスにBASFの従業員と顧客チームの密接な協力が必要となる。

例えば，自動車メーカーに塗料やコーティング剤を提供するBASFのビジネスモデルが，長年にわたってどのように進化してきたかについて考えてみよう。かつてBASFは，単に塗料を製造し，完成品を自動車メーカーに販売していた。このようなビジネスのやり方は，BASFにとって収益という点で魅力的ではなかった。というのも，この部門は，同じような（といっても必ずしも同じように良いとは限らないが）塗料を少し安い価格で提供する可能性のある競合企業からの価格圧力に常に晒されていたからである。しかも，自動車メーカーが享受する結果もまた最適とは言いがたいものであった。なぜなら，メーカーの工場チームは，最適なコーティングの種類を正確に特定したり，無駄を最小限に抑えて可能な限り高い品質でコーティングを施したりするために必要な専門知識を必ずしも持ち合わせていなかったからである。

メルセデス・ベンツとの取引を皮切りに，BASFは顧客である自動車メーカーと協力することで，より満足度の高いビジネスモデルの開発を開始した。具体的には，BASFの専門家が自動車工場に常駐し，塗装工程に関するコンサルタントやアドバイザーの役割を果たすようになったのである。自動車の設計・製造チームは，BASFの化学者と密接に協力し，自動車メーカーのニーズにより細かく対応した塗料やコーティング製品を開発し始めた。イノベーション活動を共創活動へと主体的に変化させることで，同社と顧客の間に存在していた組織とプロセスの境界は崩れていったのである。

現在，BASFは「自動車塗装工程の統合プロセス」と呼ぶものを提供している。このサービスの下では，BASFの塗装部門の従業員が，顧客の工場で直接自動車の仕上げを担当する。BASFのマネージャー，ジョン・ファトゥーラは，次のように説明する。「私たちは，OEMパートナーと協力し，運用コストや環境基準の面で彼らの要求を満たしながら，新旧両方の設備において，持続可能な自動車塗装工程のうち，どのようなものが最も効果的であるかについて判断したいと考えている」。効率化による経費節減は，結果として自動車メーカーのコスト削減になると同時に，BASFの利益も増加させ，真のwin-win関係となるのだ。

BASFはその後もビジネスモデル・イノベーションを，建設や鉱業，パーソナルケア製品に至るまで，さまざまな分野で応用してきた。ビジネスモデル・イノベーションは従来の製品イノベーションほど広く認知されてはいない。しかし，BASFが気づいたように，それは事業成長のために，より強力なツールとなり得るのである。

私は企業コンサルタント，コーチ，トレーナーとして働く中で，今日ますます多くの企業が，競争力強化に不可欠な要素として，ビジネスモデル・イノベーションに注目していることを実感している。技術的，社会的，文化的，人口統計学的な変化が絶えず市場を揺るがし，新たな機会と競争上の脅威の両方が創造される現在の世界において，長年実践してきた慣れ親しんだビジネスのやり方が，将来も同じように通用すると想定するのは誤っている。

組織のイノベーション実現力の活性化に取り組む際には，現在のビジネスモデルが顧客のニーズにどのように応えているか，あるいは応えられていないかについて，チームメンバーが常に検証しているかをまず確認する必要がある。そうすることによって，BASF同様，日々変化するニーズに対応するには，革新的な製品やサービスを生み出すだけでなく，顧客と全く新しい関わり方を考える必要があることに気づくかもしれない。

無限の機会—BASFのイノベーション・ストーリー

2017年，BASFのパースペクティブズ・プログラムは終わりを告げた。BASFが全社レベルで新たなイノベーションの方法をスタートさせるという課題は，結果として成功裏に達成されたのである。BASFの約15,000人の管理職のうち，12,000人がイノベーションのためのパースペクティブズ・アプローチに関する研修を受講し，BASFの製品部門の90％がパスファインダー・プロセスを通じて顧客ニーズの理解を深めたのである。

現在，パースペクティブズ・プロジェクトのこれまでの一連の成果は，いくつかの継続的な革新プログラムを通して社内で受け継がれている。例えばBASFの新入社員は，ツール・スキル・実践の新人研修で，パースペクティブズの基礎概念について学ぶこととなっている。そして，マーケティング＆セー

ルス・アカデミーと呼ばれる別の部門は，革新的な技術に関する会社の知識を保持し，BASFの従業員や管理職にその使い方を教育している。パースペクティブズを通したイノベーションは，このような一連の社内プログラムを通じて，同社のDNAとなっている。

同社のイノベーション文化の熱心な支持者であるシュミットは，会社が享受している幅広く創造的な可能性と，これらの多様な選択肢が生み出す革新的な挑戦について，次のように生き生きと語っている。

> 「化学産業が非常にエキサイティングな点は，すべてのバリューチェーンや生活の分野に顧客接点があることだと思う。だって，台所のテーブルやスマートフォン，ペン，バッグに入っている化粧品といった，あらゆるところに化学は存在するだろう？　つまり，イノベーションを実現するチャンスは無限にあるということなんだ。大きな問題は，どの機会が最も有望で，どの機会に焦点を当てるか見極めること。この焦点を当てる作業こそが，私たちにとって最も重要な挑戦なんだよ」。

2021年現在，BASFはいくつかの特定分野において，全く新しい革新的なビジネスモデルを構築すべく，未解決の問題に集中して取り組んでいる。それは，デジタルやサービスを基盤としたビジネスモデルの開発や，BASFと顧客の環境持続可能性を高めるプロセスの設計および実施などである。現在，人口増加によって限られた資源への圧力が高まっていると専門家は指摘している。BASFが目的としているのは，そのような現状を変えるために必要な，新たな循環型経済の一翼を担う準備をすることにある。

イノベーションに対するBASFのアプローチは，あらゆる企業のリーダーが自らの組織の革新的能力を高めるために利用できる重要な洞察を示している。誰もがいつでもどこでもあらゆる人，時，場所でイノベーションを実現することを目標にすれば，組織を真の革新実現エンジンに変えることができるのだ。

第1章　イノベーションを生み出す習慣　33

第1章のキーポイント

✓どんなに成功している組織であっても，行き当たりばったりではない
体系的な革新へのアプローチを開発する必要がある。

✓イノベーションは，研究開発部門やその他の専門部署に追いやるので
はなく，組織のあらゆる部分に組み込まれなければならない。

✓実績のあるツールとテクニックで武装した革新実現チームは，革新の
手法と文化を組織全体に広める上で重要な役割を果たすことができる。

✓組織の企業文化は，顧客との共同創造といった革新的なアプローチに
開かれたものでなければならない。

✓製品開発活動は重要であるが，イノベーションの実現活動はそれ以上
のものである。ビジネスモデル・イノベーションのような，より複雑
な形態のイノベーションは，顧客にとっても顧客にサービスを提供す
る企業にとっても，より大きな価値を創造する強力な方法となりうる。

第 **2** 章

業務遂行と革新実現

――組織全員の力で動かすツインエンジン

　素材メーカーであるW.L.ゴア社は，破天荒なエンジニアのウィルバート・ゴアとその妻ジュヌヴィエーヴによって1958年に設立された。2人はビルとヴィエーヴ（Bill and Vieve）の名で知られている。

　ビル・ゴアは，当時ほとんど知られていなかったポリテトラフルオロエチレン（PTFE）という物質の革新的な可能性に魅了されていた。数年後，PTFEはテフロンというブランド名を持ち，調理器具のコーティング材料として有名になる。しかしその一方で，ビル・ゴアと息子のボブは，研究室でPTFEを「延伸」し，70％が空気の微多孔構造を形成できることを発見していた。

　ゴア夫妻は，その後PTFEをGORE-TEX（ゴアテックス）として商品化した。ゴアテックスは，防水性と通気性を併せ持ち，全天候型の衣服を作るのに理想的な高分子分離膜素材である。この素材は今日に至るまで，アウトドアウェアの金字塔とされている。ゴアテックスの用途はほかにも数多く見つかっており，メッシュや縫合糸などの医療器具から，中世の壊れやすい装飾写本を保存するためのラミネートまで多様に存在する。

　当時から数えること数十年にわたり，ゴアは素材の創造的な新用途を発見することで成長してきた。ゴアテックスだけでなく，近代的な化学的手法で作られた他の素材に至るまで，その種類は広がり続けている。イノベーションの成功という輝かしい実績は，創業者であるゴア夫妻が掲げた理念や実践に根ざしたものであり，それは今日に至るまで同社に息づいている。

　ビル・ゴアのリーダーシップのもとで開拓された実践の1つが，会社の全ア

ソシエイト（同社では従業員のことをアソシエイトと呼ぶ）に対し，魅力的な
プロジェクトに「手を出す」ことに自分の時間の10パーセントを費やすよう奨
励することだった。やがて，ゴアのこの「ダブル・タイム」（倍テンポ）シス
テムは，「エンタープライズ」（同社では自社をエンタープライズと好んでそう
呼ぶ）が享受するいくつかの事業上の大成功を生み出した。

　ゴアの輝かしい歴史における最も有名な革新的ブレークスルーのいくつかは，
個々のアソシエイトが立ち上げたダブル・タイム・プロジェクトに端を発して
いる。例えば，1990年代初頭，ゴアのメディカル部門のアソシエイトであり，
熱心なバイカーでもあったエンジニアのデイブ・マイヤーズは，マウンテンバ
イクのケーブルにPTFEコーティングすると，油や砂埃に特別な耐性を持つこ
とに気づいた。好奇心を刺激された彼は，同じコンセプトでギターの弦の音を
保護し，強化できないかと考えた。そこから，マイヤーズと志を同じくする同
僚たちによる，３年間にわたるテストと実験の日々が始まった。最終的に研究
チームは，当時の標準よりも３倍長く音色を保つギター弦を開発した。今日，
ゴアのELIXIRブランドのギター弦は，業界のベストセラーとなっている。

２つのエンジンと２つの異なる操作モード

　マイヤーズのダブル・タイムの制度を利用した研究が，W.L.ゴアにまったく
新しい事業機会をもたらしたというストーリーは，組織においてイノベーショ
ン能力を高めるために必要となる最初の条件を明らかにしている。それは，す
べての組織において，業務遂行エンジンと革新実現エンジンという２つの異な
るエンジンを同時に稼働させる必要があるという条件だ。

　業務遂行エンジンとは，現在の仕事をできるだけ巧みに，効率的に，そして
完璧にこなすためのものである。業務遂行エンジンは，製品の製造方法やサー
ビスの提供方法，売上をどのように上げ，その他の日常活動がどのように完了
されるかに関係する。

　一方，革新実現エンジンは，一見すると何もしていないように感じられるか
もしれない。革新実現エンジンとは，新製品や新サービスを想像したり，新し
い仕事のやり方やプロセスを設計したり，新たなテクノロジーを試してみたり，

新市場について学んだり，さもなくばこれまで取り組んだことのない顧客（および非顧客）のニーズや欲求を調査するといった，新たなアイデアを発見するためのものである。

多くの組織は，業務遂行エンジンと革新実現エンジンの両方の必要性を理解している。しかし，多くの場合，両者を分けてその実現に必要となるスタッフの配置，組織化，そして日々の運営をすべきだと勘違いをしている。伝統的な科学者やエンジニアで構成された研究開発部門のチームが，組織が必要とするすべてのイノベーションを生み出すことができる，と考える人もいる。

実際，会社の従業員は，例外なく全員が両方のエンジンで動いており，時間とエネルギーの一部を業務遂行エンジンに，そして残りの時間とエネルギーを革新実現エンジンに捧げているはずだ。しかし，これまでとは全く異なる考え方に則って，利用可能な時間とエネルギーを両エンジン間で再配分する必要性に気がつかなければならない。

これは，未来を見据えた革新を実現する活動であると同時に，日々の業務活動を同時に実現する，「両利きの組織」と一般的に呼ばれる代替的なアプローチであることに留意してほしい[注1]。両利き組織という伝統的な概念は，異なるチームが2つの対照的なタスクに分業して集中することを前提としている。しかし，私はこの「両利き（という特性）」を，個々の従業員に始まって，組織の各部門，各階層にまで組み込むことを推奨しているのである。

業務遂行エンジンの背景にある基本的な考え方とは，懐疑的かつ論理的で，多大な努力を要し，厳密であることを尊ぶ志向性である。業務遂行エンジンを組織化し管理するにあたって，最優先の目標は効率性の追求である。それゆえ，業務遂行エンジンによって遂行されるタスクと，それらのタスクがどのように処理されるかについて正確に定義することで，はじめてビジネスの成功を定義するために使用される多くの財務指標（投資利益率（ROI），株主資本利益率（ROE），利払及び税金控除前利益率（EBIT），ベリー比など）は，上手く活用されることとなるだろう。業務遂行エンジンと称される活動はすべて，顧客や組織にとっての価値への貢献として正当化されなければならない。つまり，これに当てはまらなければ，情け容赦なく改善，合理化，廃止されなければならないのだ。

38　第1部　イノベーションを生み出す習慣

　革新実現エンジンと称する活動を管理することは，これとはまったく対照的である。革新実現エンジン活動の基本的な考え方とは，オープンマインドで想像力に富み，受け入れやすく，柔軟性がある志向性である。革新実現エンジン活動によって思いついた新たなアイデアや可能性は，少なくとも一時的には，実用性の有無や実現方法，収益を上げるためにどのように使われるか，どのような利幅をもたらすか…といったことを事前に気にすることなく受け入れられる。組織のメンバーから十分に強い反応が得られれば，業務遂行エンジンによって実行される前に，論理的原則とコスト・ベネフィット分析に従ってそのアイデアを評価し，テストする時間は十分にある。

　表2.1は，業務遂行エンジンと革新実現エンジンの体系的な違いを示している。本書の各章を読み進めていくうちに，この表で強調されているいくつかの対比がより明確になっていくのが分かるだろう。

　組織の長期的な成功には，業務遂行エンジンと革新実現エンジンの両方が不可欠である。しかし，多くの組織では，革新実現エンジンはその重要性に見合うほど注目されてはいない。それは理解しがたいことである。結局のところ，業務遂行エンジンこそが組織を日々動かしているのだ。もしそれが完全に停止したり，効率的には動かなくなったりすれば，顧客はいなくなり，収入も利益も枯渇し，ビジネスはあっという間に死んでしまうからである。

　それとは対照的に，革新実現エンジンが生み出す価値はそれほど明白ではなく，結実するまでに時間もかかる。短期的には，組織はイノベーションを起こさなくても，いつもと同じことをやるだけで何とかなる。イノベーションの失敗が組織に打撃を与えるまでには，時間がかかる。それは，市場の変化，顧客ニーズの進化や新たな競争上の脅威が，古いやり方を徐々に時代遅れにしていくときに初めて失敗となって顕在化するのである。ダメージが無視できないほど大きくなったとき，企業のリーダーはようやく，革新実現エンジンにもっと注意を払うべきだったことに気づくのだが，実際にはそれでは遅すぎるのである。

　優秀なビジネスリーダーは，そのような事態を招かない。彼らは，組織の革新実現エンジンの働きを創造し，正当化し，保護し，そしてこれが最も重要なことだが，体系化する必要があることを理解している。変化する時代の中で企

第2章 業務遂行と革新実現　39

［表2.1］業務遂行エンジンと革新実現エンジン

	業務遂行エンジン	革新実現エンジン
戦略的志向性		
戦略的目的	上手く勝つ	既存の産業を破壊する
組織的視点	供給者側の見方：競争に勝つこと，業界で一番になること，既存顧客に良い価値を提供すること	顧客側の見方：組織の内外に関わらず顧客・非顧客に優れた価値を提供することに注力
構造的志向性		
主たる目的	現在の戦略を実行する	未来の戦略を探索する
組織構造	階層的で，官僚的で，複数階層を持ち，トップダウンで，サイロ化し，経営トップ，中間管理職，現場従業員という各階層の人々により構成される	フラットでネットワーク化され，チーム，もしくは部門あるいは階層間で協働し，柔軟でインフォーマルで，同時並行を重んじる（ i 委員会， i コーディネーター， i コーチはすべてその類いである）
心理的・物理的スペース	実行スペース（現実の部屋）	探索とイノベーションのための空間（夢を見る部屋，イノベーションラボ，ガレージ）
プロセス志向性		
前提となる鍵プロセス	計画，予算，集約，報告，販売・マーケティング，生産過程	創造，統合，視点の再構築過程
支配的な認識プロセス	問題解決：手持ちの問題の唯一の最適な解決策に収斂させる過程	問題発見：顧客と非顧客の新たな課題を発見することに重きをおいた発散させる過程
支配的な統制，インセンティブ，測定モデル	成果ベースの統制，インセンティブと評価のモデル	行動ベースの統制，インセンティブと評価のモデル
典型的な働き方	定期的な計画と厳密な統制への配慮	試行錯誤と実験
	失敗回避	早めの失敗と事後学習の奨励
	厳密な分析	厳密なテスト
	実績でのみ行為が正当化	探索の精神に基づく行為
	顧客と手の届く範囲の関係性	顧客に染まる
	定期的なレビュー（振り返り）	継続的なレビュー（振り返り）
	実行と規律ある推進	実験や探索
	最適化	学習
	最大化（網羅的な仮説検証）	最小化（迅速な実験やプロトタイプ化に基づく仮説）
文化的志向性		
典型的な態度や行動	集中し，訓練された，厳密さ	開かれた考え方，柔軟で，思考を拡張することを好む
	緊急性と結果の文化	共感と耐性
	線形的，論理，理由に基づく思考	信頼と自らの気持ち，最初の印象に問いかける
	正確で目に見えるデータに基づく合理的なチェックとテスト	「ぶっ飛んだ」「常識外れ」の考え方に寛容で，オープンである

業が生き残り，繁栄していくためには，革新実現エンジンを維持し，稼働させ続けなければならない。そして組織全体，各部門，そして3つの業務レベル（現場のイノベーター，中間管理職，上級経営幹部）に属するすべての人々の創造的な努力を引き出さなければならない。

　これは困難だが，魅力的な挑戦である。組織の全メンバーが業務遂行エンジンと革新実現エンジンの双方の活動に従事すべきなのだが，現実にそれを実現するとなると話は別だ。そもそも1人の人間の中に，業務遂行エンジンと革新実現エンジンという2つの異なるマインドセットを同時に持つことは可能だろうか。あるいは，1つの組織の中で異なる対照的な文化を共存させ，組織のどのメンバーもが2つの異なる活動に並行して従事することは可能だろうか。

　W.L.ゴアのような非常に革新的な企業の一風変わった経営手法を検証することは，こうした疑問に答える一助となるだろう。

ダブル・タイムを超えて
―W.L.ゴアはいかにして組織全体にイノベーションを浸透させたか？

　W.L.ゴアが革新実現エンジンの活動を誘発するために開発した秘訣の1つが「ダブル・タイム」というコンセプトであることはすでに述べた。

　ダブル・タイムは，同社の従業員が，自分の時間の10%を実験に費やす神聖な時間として確保することを奨励するもので，見返りを約束させられたり求められたりはしない。その他の非常に革新的な組織も，従業員の創造的なエネルギーを育むために同様のシステムを導入してきた。例えば，3Mは「15%ルール」で有名だが，これはエンジニアや科学者が自分の時間の最大15%を「実験的落書き」に費やし，思いがけないチャンスにつながるかもしれない，既成概念にとらわれないアイデアで遊ぶことを義務付けるものだ。

　ポストイットノートからブルートゥース・テクノロジーを搭載した初の電子聴診器まで，画期的な製品が15%ルールの結果として誕生した[注2]。グーグル，ヒューレット・パッカード，ソフトウェア会社のマドック・ダグラスなどもまた，投資に対する見返りを期待・要求されることのない考えるためだけの自由な時間を社員に与える，という習慣を積極的に取り入れる企業である。

これらの企業のように，社員に自由な時間を与える方針を策定・周知し，広く公表することは，従業員が毎週，意識的に業務遂行マインドセットから革新実現マインドセットに切り替えるのを促し，革新実現エンジンが駆動するために必要なアイデアという燃料を確保するための強力な第一歩となる。

しかし，ダブル・タイムは，W.L.ゴアの高性能な革新実現エンジンを構築するための1つの要素にすぎない。会社が人をどのように扱うのかを定義するような，一連の核となる信条と経営原則がより不可欠なのである。そこで目標となるのは，誰もがイノベーションを実現することを奨励し，後押しする環境を形成することである。

その中核となる信条とは，次のようなものである。

▶ 個人の力を信じること。つまり，会社の成長と成功に貢献する社員1人ひとりのポテンシャルを信じること。

▶ 小さなチームの力を信じること。つまり，従業員自身が適切な決断を下し，質の高い仕事を生み出すことができると信じること。

▶ 「我々は皆同じ船に乗っている」と信じること。つまり，社員は会社の成功に利害関係があり，それに従って意思決定を行うべきであること。

▶ 従業員が行うすべての意思決定の指針となるような長期的な視点を信じること。

従業員が仕事において従うべき指針は，自由，公正，コミットメント，ウォーターライン（満載喫水線）である。最後のウォーターラインとは，船体の水中沈下が許される最大限度を示す喫水線である。喫水線の下に穴が空くことで「船が沈む」可能性があるような決定を避けなければならない。それを守ってこそ，会社の幸福が守られるのである。ゴア夫妻の時代にW.L.ゴアを導き，現在も組織を活気づけているこれらの信条と原則が，同社の革新実現エンジンを育み，すべての従業員に積極的な役割を果たすよう促す，重要な役割を果たしていることは明らかだ[注3]。

W.L.ゴアの企業文化を支えるもう1つの要素は，組織構造の中に強固な革新実現エンジンを維持すべく並外れた努力を注いでいることにある。同社は，多

くの企業に見られる，従業員を統制し，従業員ができることを制限し，従業員同士のコミュニケーション方法や従業員自身が考えることさえも制限する階層的な拘束から可能な限り自由であろうと努めている。その代わりに，同社のいわゆる格子構造は，小規模なチームの形成，自由なコミュニケーション，命令や支配ではなくコーチングや影響力によるリーダーシップの発揮を奨励している。この経営哲学は，「権威主義者はコミットメントを課すことはできない，できるのは命令だけである」という言葉を好んだ創業者のビル・ゴアに遡ることができる。ビルは，純粋に仕事に打ち込む人々が多く在籍する会社を望んでいたため，社員は「ボス」に押しつけられるのではなく，仲間と仕事の割り振りや責任について交渉することが許される，いや，自身の決定こそ義務づけられるべきだと主張したのである。

　伝統的な経営手法に慣れ親しんだ新入社員が，ゴアの格子構造を理解するには時間がかかるかもしれない。あるゴア社の新人は，自分が何を求められているのか理解できず，同僚に「私のボスは誰ですか？」と尋ね続けていた。しまいには，「いつでもボスを探すのはやめなさい」と言われてしまった。やがてこの新人は，自分に期待されているのは自身の仕事を明確にし，自分が興味深く魅力的だと思うプロジェクトのチームに加わることだと理解した。最終的にこの新人は，「カテゴリー・チャンピオン」と呼ばれる最優秀社員となったのである[注4]。

　この新人にとって，自分が既存の業務を遂行するだけでなく，新たな革新をも社内で起こさなければならないという考えを理解し，その考えを受け入れるまでには時間がかかった。これは当然理解できる。なぜなら，業務遂行と革新実現の両方が必要とされるという考え方は，ほとんどの企業では一般的に理解されていないし，奨励もされていないからだ。このことは，なぜ多くの企業がイノベーションを実現するのに苦労しているのかを説明するのに役立つはずである。

　W.L.ゴアが開拓した非階層的で自主管理的な（self-guided）経営スタイルを，オープンアロケーションと呼ぶ経営理論家もいる。同様のシステムは，ビデオゲーム開発で成功を収めたバルブ・コーポレーションをはじめ，本書で後述するその他の多くの企業でも採用されている。読者の想像の通り，特に企業規模

が大きく，かつ複雑になればなるほど，それを実行に移すのは難しいかもしれない。これは，ゴアが『フィナンシャル・タイムズ』紙の2019年のプロフィールの中で，「他社が真似しようとして失敗する会社」と表された理由を説明するのに役立つだろう[注5]。

予想に反して，ゴアは成長と多角化を遂げながら，その型破りな経営スタイルを維持することに成功してきた。1958年に設立されて以来数十年の間に，同社は従業員１万人以上，年間売上高37億ドル（2019年）を誇る多部門企業に成長した。このような大規模で複雑な組織の中で革新的な流れを維持するために，社員が自身の組織の役割を自由に選択し，自分の時間を管理しながらも，顧客と企業の両方に真の価値を生み出す可能性のあるプロジェクトにエネルギーを集中できるように多くのシステムが開発された。これらのシステムは，経済的，技術的，環境的な変化に応じて進化し変容し続けてきたが，その一方で，基本的には創設時の中核的な信念と経営原理には忠実であり続けた。その１つが，革新的なコンセプトを確立されたビジネス・プロジェクトに発展させるシステムである。初期の段階では，社員が生み出すアイデアは，経済性やその他の実行可能性をテストされることなく，自由に発想し提案する機会が与えられていた。ビジネスの可能性があると思われるアイデアは，徐々にテストされ，選別され，最高のアイデアを確実に実現するための「イノベーション・ファネル」システムを通じて推進される。このイノベーションとして結実するための新規アイデアの選別を行うファネル（じょうご：口の狭い容器に液体を移す際に用いる器具）の１つが，「本物（Real）で，勝てるもの（Win）で，価値あるもの（Worth）」と呼ばれる３段階から成る審査・選別プロセスである。

このプロセスでは部門横断的なチームがコンセプトを検討し，３つの重要な質問をする。

▶ **本物であること（Real）**：このアイデアは，本物のビジネスチャンスなのだろうか？

▶ **勝てるものであること（Win）**：このアイデアに従って新しい市場に進出した場合，その市場で勝てる可能性があるのだろうか？

▶ **価値あるものであること（Worth）**：潜在的な金銭的報酬は，会社の時

間，資金，その他の資源の投資に見合うだけの価値があるのか？

　この３つの質問に対する答えがすべて「イエス」であった場合，そのアイデアはプロジェクトチームに引き継がれ，そのプロジェクトチームにはアイデアをさらに研究・開発するために必要な資金が与えられる。このように，「本物（Real）で，勝てるもの（Win）で，価値あるもの（Worth）」という３段階から成る審査・選別プロセスは，革新実現エンジンと業務遂行エンジンをつなぐ一連の活動のリンクの１つにすぎない。

　ゴアのイノベーション・ファネルシステムは，多くの企業で見られる従来型の研究開発プロセスとは異なる。その１つは言うまでもなく，研究開発部門のひと握りのイノベーション・スペシャリストだけでなく，組織内の全員が革新的なアイデアの潜在的な供給源であるという違いである。

　しかし，おそらく最も大きな違いは，アイデアの発芽段階がオープンエンド（無制限）であること，そしてその間社員に忍耐を強いていることだろう。前述したように，マイヤーズはPTFEでギターの弦をコーティングするアイデアを３年間実験し，社内の従業員からもその協力を募った。しかも，正式なビジネスとしてその立ち上げの承認を得る前に，である。正式な認可を得て初めて，マイヤーズのアイデアは，市場性，収益性，その他の業績指標といった通常の社内テストの対象となったのである。

　自社の革新実現エンジンを可能な限り創造的で生産的なものにしたいのであれば，通常の管理職が期待するような制限や制約から真に自由であり続けることが必要である。厳しい市場で生き残りと成功を競う利益重視のビジネスでこれを実行するためには，巧妙なバランスを取る舵取りが必要となる。これまでのところ，ゴアは，他の組織リーダーが選択するよりもっと平等主義的で非構造的なイノベーション・システムを用いて，それを成功させている。

　今日，ゴアの革新的な能力は，同社の看板であるアウトドア・アドベンチャー用ギアをはるかに超える，素晴らしい製品ラインアップを生み出していることに見てとることができる。デンタルフロスの人気ブランド「Glide」や，NASAの宇宙飛行士が着用する防護服に使用される様々なPTFE繊維製品，スマートフォンやパソコンの音響通気孔，世界中で4,000万人以上のインプラン

ト患者に使用されている医療用ステント内挿型人工血管まで，その種類は多岐にわたる。

このようなゴアの革新実現エンジンの勢いは，同社を成功企業として異例の地位にまで押し上げた。そしてこのエネルギーが，世界中から才能あるクリエイティブな人々を惹きつけている。実際，ゴアは1998年から『フォーチュン』誌が発表している「働きがいのある会社（Best Companies to Work For）」リストに毎年ランクインしている数少ない企業の１つであり，2017年には同誌の「Great Place to Work Legends」（働きがいのある会社殿堂リスト）にランクインしている。

自由にイノベーションを実現できる組織内の環境醸成は，激化し続ける人材獲得競争に打ち勝つための素晴らしい方法となるのである。

バリューテスト
―革新的なアイデアが生み出す価値を評価する

ゴア社の「本物（Real）で，勝てるもの（Win）で，価値あるもの（Worth）」を重視するプロセスは，同社がさらなる発展のために革新的なアイデアを選択するシステムの一部である。健全な革新実現エンジンを持つ組織には，このようなシステムが必要である。アイデアを生み出すシステムに組み込んでおきたいシンプルなツールの１つが，私が「バリューテスト（価値検証）」と呼んでいるものである。バリューテストとは，経営学のアダム・ブランデンバーガー教授とハーボーン・スチュアート教授が説明したアプローチに基づくと，マネージャーが革新的なアイデアを評価するために利用可能な「メンタルの規律化」に相当するものである。必要なのは，革新的なアイデアを提案するチームメンバーに，特定の質問を特定の順番で投げかけることだけである。これらの質問に対する答えは，そのアイデアが生み出す価値について有益な洞察を生み出すだろう[注6]。

図2.1に示されるように，バリューテストでは，組織を自社の仕入れ先から資源を獲得し，それを製品やサービスまたはプロセスに変換し，顧客に提供または販売するサプライヤーとして扱う。

[図2.1] バリューテスト

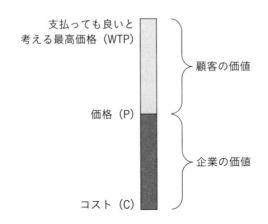

　この交換プロセスでは，顧客は問題や欲求を抱えており，サプライヤーはそれを解決する，あるいはそれに合致すると主張し，顧客はそれに対して一定の金額を支払うことを望んでいる。支払い意思額（WTP）は，顧客が提供された財を受け取るために交換する用意がある最大額として定義される。価格（P）は，供給者（サプライヤー）が財に対して実際に請求する価格として定義され，コスト（C）は，財を生産するために費やされる金銭，犠牲，または努力の量として定義される。

　これら3つの要素の相互作用が，顧客と企業のために生み出される価値を定義する。顧客にとっての価値は，「WTPマイナスP」という式で定義される。つまり，顧客が自社の製品に対して支払っても良いと考える最高価格（WTP）から価格（P）を差し引いたものが顧客余剰であり，顧客側が把握し，知覚した価値の大きさを表している。学生やクライアントと仕事をするとき，私はこのことを，顧客価値（customer value），顧客歓喜（customer delight），あるいは顧客幸福（customer happiness）などと表現する。その一方で，企業にとっての価値は，「PマイナスC」という式で定義される。顧客から受け取った価格から，製品やサービスを生産するための総コストを差し引いたものが，企業が獲得した価値の大きさとなる。

　読者の想像通り，新しい製品やサービスの価格戦略を設計する必要がある場

合，支払っても良いと考える最高価格（WTP）と供給者のコスト（C）を測定することが，業務遂行エンジンにとって重要である。しかし，革新実現モードで仕事をしているときは，必ずしもこれらの要素を正確に評価する必要はない。バリューテスト・フレームワークの利点は，曖昧になりがちな心理的な内面構造を明確化し，規律付けしてくれる点にある。それは思考を具体的な方向で導き，革新的なアイデアにさらに探求する価値があるかどうかをテストする際に，質問を提示してくれるものである。

　最初の質問は，「このアイデアは，顧客の製品やサービスに対する支払い意欲を高めるだろうか？」というものである。そして，２番目の質問は，「このアイデアは，その製品やサービスを生産する上で，企業のコスト削減に繋がるか？（例えば，効率性の向上など）」というものである。これらの質問に対する答えは，より包括的な質問に答える助けとなるはずである。「これは，さらに検討する価値のある良いアイデアなのだろうか？」と。

　このエクササイズを行う際には，実際には図2.1のような図解も，バリューテストという名称さえも使う必要がない。革新的なアイデアが提示されるたびに，一貫してこれらの質問をするだけで，チームメンバーの考え方に影響を与えることができる。やがて彼らは，ほとんど自動的にこの質問を自問自答するようになり，その結果，革新的なアイデアの可能性を追求し，より高度に熟練した評価者となる訓練を積むことになる。

実現プロセスこそがヒーロー
―サムスンの革新実現エンジン

　ゴアのダブル・タイムのように，企業の革新実現エンジンを飛躍させる方法は，個々のチームメンバーが自分のアイデアに自由に手を加えられるようにすることだけではない。非常に革新的な組織の中には，創造性を可能にする自由闊達な精神を受け入れる余地を残しつつも，より形式的で規律正しい他のやり方を採用しているところもある。その一例が韓国の大手電機メーカーであるサムスンである。

　1938年に複合事業を展開する商社として設立されたサムスンは，1960年代後

半にエレクトロニクス業界に参入した。その後20年間同社は，ソニーやパナソニックといった有名な革新的企業のデザインや機能を模倣した「追従型（便乗型）の製品導入」を行う有力企業としてよく知られていた。1970年代から1980年代にかけて，サムスンは製造効率とマーケティングに関する手法を開発し，価格競争力をつけた。そして，しだいに家電市場で小さいながらも着実にシェアを拡大していったのである。

　サムスンの幹部たちは，長い目で見れば，グローバル・ビジネスの舞台において卓越した製造技術だけではマイクロソフトやIBM，アップルに対抗できないことを理解していた。また同社の初期のイノベーションへの取り組みは，失敗に終わることが多かった。サムスンは1999年，世界初のMP3音楽プレーヤーの１つを発表したものの，その２年後にはアップルがiPodを発表し，iTunesというソフトウエアとウェブサイトを組み合わせ，膨大な数の音楽を即座に購入できることを可能にした。この革新的な組み合わせは，サムスンを含む競合他社を圧倒した。当時のユン・ジョンヨン最高経営責任者（CEO）は，サムスンは「良い会社」になったとしながらも，「偉大な会社になるには，まだやるべきことがたくさんある」と付け加えた[注7]。

　それから数年，状況は変わった。サムスンは，スクリーン技術，チップ設計，スマートフォンのソフトおよびハードウェア，タブレット，その他のカテゴリーにおけるイノベーターとして，しだいに世界のリーダーへと上り詰めた。2009年以来，同社のGalaxyスマートフォンの製品ラインは，没入感のあるスクリーン体験，Sペンというスタイラスの直感的な入力ツール，生体認証のような最先端のセキュリティ・ツール，ワイヤレス充電技術といった画期的な進歩を実現し，イノベーションのリーダーであり続けてきた。

　もちろん，サムスンの技術革新の才能が注目されてこなかったわけではない。2019年，ニューヨークを拠点とするコンサルティング企業Brand Keysが毎年実施している「最も革新的なテックブランド」調査で同社は世界第４位にランクされ，６年連続でトップ５に入った。同年，ボストン・コンサルティング・グループが選ぶ世界のイノベーション企業ランキングでも５位にランクインした。

　一時は懐疑的だった人々も，サムスンの新たな創造性に魅了されている。

第2章　業務遂行と革新実現　49

2019年末，長年アップル愛好家を自称するテクノロジージャーナリストのジェレミー・ホーウィッツは，アップルとサムスン双方の製品発表会に出席した後，しぶしぶこう書いた。「（両社の発表から）サムスンが注目すべき家電製品のイノベーターとして確固たる地位を築いたことを認めざるを得ない」(注8)。

サムスンは，問題解決の方法や新技術を構想する方法，そしてこのような技術的アイデアを，幅広い市場に訴求する実用的な製品に変換する方法について，チームメンバーを集中的に訓練することに重点を置き，革新実現エンジンを構築する苦心に満ちた数十年のプロセスを経て，ようやくイノベーションを卓越したレベルに到達させたのである。サムスンは，イノベーション実現のための明確に定義されたプロセスを持つことは，従業員が独力であれこれ創造力をめぐらせることを奨励するよりも重要だと考えており，このアプローチを用いてイノベーション実現という形で素晴らしい実績を築いてきたのである。

サムスンがエレクトロニクスのイノベーターとして台頭した鍵の1つに，TRIZを採用したことが挙げられる。TRIZとは，1940年代に，なんとロシアの発明家でSF作家のゲンリヒ・アルトシュラーが開発した問題解決のためのシステムである。TRIZシステムは，イノベーターとなるべき人々に，現在の技術に内在する矛盾や失敗を分析し，その発見を足がかりとして，より優れた新しい解決策を構想することを促すシステムである。

TRIZシステムを1年間用いた結果，サムスンは50件の新しい特許を生み出したと報告している。TRIZの成果を目の当たりにして興奮したサムスンのリーダーたちは，2003年，数千人の従業員に対してTRIZのトレーニングを開始した。これには，TRIZの概念を韓国語に翻訳したサムスン幹部，キム・ヒョジュンの教科書が使われた(注9)。モバイル・ディスプレイ部門のマネージング・ディレクターであり，TRIZの熱心な信奉者であるセホ・チョンは，「TRIZシステムの使用は，創造的でない人々を創造的に変えることができる」と述べた(注10)。

本書の後半で述べるように，イノベーション実現のための方法論は長年にわたって数多く開発されてきた。TRIZはその1つである。これらの方法論は，ビジネス上の課題を検討したり，既存の製品やプロセスについてさらなる疑問を呈したり，市場を分析したり，顧客のニーズや嗜好を理解するためのさまざ

まな方法を提供したりしている。これらのシステムには多くの共通点があるが，それぞれに特徴があるので，自らの組織に合ったある1つの方法論だけに惹かれるかもしれない。

　しかし，革新的な方法論に関しては，私はやや逆説的な立場を取っている。文字通り，私は1つのシステムを選ぶことに関しては，基本的に不可知論者である。私の経験と観察によれば，どの方法論も革新的な技術や良い結果を出す唯一の答えとはなり得ない。革新的なアイデアを生み出し，テストし，実行に移すには，さまざまなツールセットや実践がそれぞれに役に立つからである。実際，いろんな革新的方法論を試したり，時にはあるシステムから別のシステムへと意図的に移行することは，組織にとって役に立つことが多いと思われる。ニーズや目標の進化に合わせて様々な方法論を活用すれば，社員の革新実現に向けた習慣は，新しい考え方で繰り返しリフレッシュされ，多くの場合新たな創造性の爆発につながるはずである。

　私の考えでは，サムスンにとってのTRIZの価値は，TRIZの方法論そのものの特性よりも，むしろ，同社がイノベーションを実現するための体系的なプロセスを採用し，普及させたことにある。サムスンはイノベーション実現に果たすべき使命を緊急のものと考え，何千人もの従業員に何日もかけてそのプロセスを研究させ，同社が直面する現代的な事業課題に適用するように求めた。そのことこそが，同社の革新実現エンジンに強力なエネルギーを与えたのである。それはサムスンの全社員に向けた「現在の仕事を遂行することは重要だ。しかし，同じくらい重要なのは，未来を革新することだ。一緒に取り組んでいこう！」という明確なメッセージとなったのである。

　サムスンがイノベーションの頂点に立つこととなったもう1つのステップが，バリュー・イノベーション・プログラム（VIP）センターの設立だった。ソウルの20マイル南にあるサムスンの工場団地の近くに位置するこの施設は，1998年の開設当初，工程の合理化と品質改善に重点を置いていた。しかし2004年にその目的は見直され，世の中の基礎となるイノベーションに重点が置かれるようになった。今では，エンジニア，プログラマー，デザイナー，マーケティング・マネージャーが集まり，全く新しい製品のアイデアを構想し，それを現実のものにするための計画を練る場となっている。

第2章　業務遂行と革新実現　51

　24時間オープンのVIPセンターには，プロジェクトルーム，寝室，キッチン，レクリエーション施設，そして伝統的な日本式の風呂まで完備されている。重要なのは，センターのプロジェクトチームに配属されるのは，研究開発の専門家集団ではないということだ。彼らはさまざまなスキルや経歴，業務機能を担う一般のサムスン社員であり，会社の業務遂行エンジンを動かすことにほとんどの時間を費やしている。しかし，定期的に，日常的な仕事から離れて革新実現エンジンの一部となり，全力を傾けるに値するとりわけ困難な課題に取り組むことが求められる。

　討議を手助けする「バリュー・イノベーション・スペシャリスト」と呼ばれるチームの指導を受けながら，彼らは数週間にわたってセンターで共同生活を送る。顧客調査データを分析し，ライバルメーカーの製品を研究し，競合他社に打ち勝つ方法をブレインストーミングする。彼らはそこで，市場を最大化する完璧なイノベーションとなるようなスイートスポットを探し求めて新製品の候補を設計・再設計し，機能を追加・変更・削除することに時間を費やす。それは魅力的だが時には過酷な仕事であり，甚大な時間，エネルギー，資源を費やす必要がある。実際，参加者が属する各部門のリーダーは，革新的なプロジェクトが成功するまで，通常の仕事から離れてセンターに留まらせることに同意する誓約書に署名するよう求められる(注12)。

　サムスンは，本来従業員が持つブレインパワーを新しいアイデアを練り上げることに集中させることで，驚くべきレベルのイノベーションを生み出すことができることを発見した。それは，VIPセンターで働くエンジニア，科学者，デザイナー，経営陣の誰かが特別に優秀で才能に恵まれているからではない。むしろ重要なのは，多様な人々が組織的に集中して，革新の体系的なプロセスに従事することである。その結果，新しいアイデアを生み出し，それを繰り返し改善・改良していく革新実現エンジンが生まれる。真の意味で，その実現プロセスそのものがヒーローなのである。

　この素晴らしいイノベーション能力を強化・拡大するため，サムスンはカリフォルニア州シリコンバレーのサンノゼに10億ドルを投じたセンターのほか，スタンフォード大学に隣接するメンローパーク，ニューヨーク，テルアビブ，そしてパリなど世界各地に，イノベーション・ハブを開設した。

52　第1部　イノベーションを生み出す習慣

　今日，イノベーションの精神は製品デザインの領域を超え，サムスンの他の部門にも影響を与えている。例えば，ブランド管理の指導者（グル）でもあるエマニュエル・マラードの指導の下，サムスンは世界で最も革新的なマーケティング組織を有する企業の1つとなっている。2010年にサムスンの消費者・市場インサイトマネージャーに就任して以来，マラードは年間150件以上の市場調査を実施する調査部門を構築し，進化する消費者の関心，嗜好，ニーズについて独自の深い洞察を導き出している。

　例えば，サムスンのスマートフォンを購入した顧客は，30日後およびその後さまざまな間隔で企業によるインタビュー対象者となり，サムスンのアナリストは顧客の製品体験がどのように変化しているかを追跡することができる。また，新しいマーケティング手法を試したい時には，革新的な手法を使ってリアルタイムでその結果を測定・分析することが可能である。ヨーロッパを拠点とするマーケティングチームが，パリのコンコルド広場に韓国語のメッセージを表示する広告板を設置しようと決めた時，韓国の一部のマネージャーは懐疑的だった。しかし，マラードが率いる調査部門は，タブレット端末を装備したアナリスト・チームを配備し，消費者の反応をその場で測定することで具体的なデータを提供し，数時間以内に広告掲示板のメッセージを調整・強化することを可能にしたのである[注13]。

　サムスンの幹部達が1990年代後半に構築開始を決定した革新実現エンジンは，組織全体で広範な参加者を巻き込んだ創造的な活動を生み出し，好調に推移しているようだ。とはいえ，サムスンの革新能力の向上への探求が終わったわけではない。ある外部者によれば，サムスンは製品イノベーターである以上に，プロセス・エンジニアリングのイノベーターとして長けているという。言い換えれば，彼らの特別な才能は，全く新しい製品コンセプトをイメージしそれを実現することよりも，既存の製品をより速く，良く，安くつくることにある[注14]。

　また，同社の革新実現エンジンは効果的ではあるが，持続可能なものではないかもしれないと言う人もいる。一部の社員は，厳しいイノベーションの目標と締め切りが設定され，強制されるVIPセンターでは，自由奔放な実験の精神というより，過度な強制力が創造的思考のプロセスに加えられていると感じている。このような理由もあってか，サムスンは若手社員の離職率が高いことが

伝えられている。

　サムスンが，こうした潜在的な問題の改善に取り組んでいることを示唆する兆候も確かに見られる。2021年初頭，同社はCEOが3人いるという異例の経営体制をとっており，年代的にも事業展望的にも比較的若い幹部たちが働いている。サムスンはまた，北米やインドのパートナーとともに国際的な研究開発活動を拡大し，社外から人材を取り入れる努力を強化している。

　このように，サムスンはすでに強力な革新実現エンジンを再設計し，今後の挑戦に向けてさらに強力なものにしようとしているようだ。このことは株主にとっては朗報だが，競合他社にとってはそうではないだろう。

革新実現エンジンには様々な形があり時間とともに進化する

　サムスンにおけるVIPセンターのように，革新実現エンジンのための物理的な「家」を作ることもできる。ウォルト・ディズニー・カンパニーは長い間，世界で最もクリエイティブな組織として賞賛されてきた。よく知られているのは，ドリーム・ルーム，クリティシズム・ルーム，リアリティ・ルームという3つの物理的な空間を行き来することで，新しいアイデアを生み出し，テストし，実行に移すために必要な思考と集中の転換を促進するイノベーションのシステムだ[注15]。会社のオフィスや研究室，ワークショップの一部を創造的な活動に充てることは，イノベーション実現へのコミットメントを示し，チームメンバーをそれに参加させる効果的な方法である。

　一方，イノベーションを特定の物理的な場所に置くのではなく，ゴアのように，イノベーションのために個人的な時間とエネルギーを確保することを従業員に奨励することもできる。実際，この2つのアプローチは互いに排他的なものではない。次章で説明するように，ゴアも独自のイノベーション・センターを運営しているが，そのアプローチや目的はサムスンのVIPセンターとは異なっている。イノベーションを24時間365日実践している専用施設で同僚と働く時間を定期的に持ちながら，自由奔放なイノベーション思考を日々のルーチンに取り入れることができない理由はない。

54　第1部　イノベーションを生み出す習慣

　加えて，現在では多くの企業が，インターネットや社内のデジタル・ネットワークを通じてアクセス可能な仮想空間に，全体的または部分的に革新実現エンジンを実現する機能を置いている。例えば，ドイツに本社を置く世界的な製薬・生命科学企業であるバイエルでは，WeSolvcと呼ばれるデジタル・プラットフォームを通じて，強力な革新実現エンジンにつながる機能や機能を支える活動を担保している。バイエルの全従業員が参加できるこのオンライン・スペースでは，誰もが自分が抱えている問題についての情報を投稿し，誰からでも意見やアイデア，可能性のある解決策を募ることができる。WeSolveサイトには常時，大小200もの課題が掲載されており，世界中のバイエル社員がその解決に参加している。

　第9章では，バイエルの革新実現エンジンについてより詳しく説明し，同社のデジタル・プラットフォームであるWeSolveがどのようにして誕生したかを説明する。しかしその第一歩としてまずは，WeSolveのようなバーチャルなイノベーション・スペースを作ることが，いかに多くの利点をもたらすかに注目してほしい。

- ▶ バーチャルなイノベーション空間は包括的である─社内イントラネットにアクセスできる人なら誰でも，どこでも，イノベーションの実現プロセスに貢献できる。WeSolveでは，ドイツの研究室にいる技術者が投稿した課題をきっかけに，アメリカの科学者やイタリアのマーケティング・マネージャー，もしくは日本の物流専門家やブラジルのエンジニアから，もしくは4人全員から有益な回答が返ってくるかもしれない。

- ▶ 常にアクティブである─バイエルの社員なら誰でも，数分あればWeSolveにログインし，現在掲載されている課題を閲覧し，貢献できそうな課題に取り組むことができる。

- ▶ 経済的である─時間と費用のかかる出張を必要とするワークショップや会議を開催するコストや不便さを感じることなく，組織全体や世界中のプロフェッショナルが即座に交流することができる。

- ▶ 安全である─2020年のCOVID-19パンデミックのような健康上の課題が，対面での会議を複雑で危険なものにしかねない世界において，バー

チャル空間での共同作業は安心・安全である。

　もちろん，すべてのイノベーション実現活動がバーチャルで実施できるわけではない。時には，何時間あるいは何日，何週間も一緒に過ごし，複雑な課題をともに解決していくような，強烈な個人的関わりに代わるものはない。製品サンプルを回したり，プロトタイプを組み立てたり，スケッチを描いては直すといった対面の活動や，リアルタイムの実験は，バーチャルな空間では難しいか，あるいはそもそも不可能かもしれない。そのため，ほとんどの組織は，可能な限り対面式の集まりでオンライン革新プログラムを補うことを望むだろう。
　しかし，イノベーションを生み出すスペースが物理的なものであれバーチャルなものであれ，あるいはその両方の組み合わせであれ，イノベーションを生み出すエンジンを，業務遂行のマインドセットから一線を画した神聖なものにする必要がある。さらには，誰もが利用できるようにすることが大切である。どの従業員も日常業務から離れ，イノベーション活動に従事することが定期的に奨励され，そのような活動が期待されなければならない。イノベーション実現に向けた活動は，各従業員の職務記述書に責任として記載され，年次業績評価時の会話の一部として話し合われる必要があるのだ。
　ただし，業績評価の際に，イノベーションの実現に失敗したことを理由に，現場の従業員にペナルティを課すことはお勧めしない。経験上，イノベーションのアイデアは命令されて生まれるものではないし，それを生み出さないからといって人を罰するのは間違っている。その代わりに，現場の従業員にイノベーション実現に向けた活動を奨励することで，彼らが自由に力を発揮できると感じるようにし，自由にできることのポジティブな面を強調するのだ。
　組織全員に送りたいメッセージはシンプルである。つまり，現在の仕事をうまくこなすことも重要だが，組織の明日を想像し，その実現に貢献することも同じくらい重要だということだ。社内で革新実現エンジンをフル稼働させるには，チームのメンバー全員の創造的エネルギーが必要なのだ。

第2章のキーポイント

✓すべての組織は，2つの異なる能力を開発する必要がある。その2つの能力とは，現在の仕事を完璧にこなす力（業務遂行エンジン）と，まったく新しい製品やプロセスを想像する力（革新実現エンジン）である。

✓ここで注意が必要なのは，革新実現エンジンを駆動させる活動を，事業部門ごとに分離し，研究開発の専門家のみの担当業務とさせないことである。日々の仕事は両方のエンジンをもってはじめて進めることができ，2つの異なるエンジンの双方が常に必要となるという考え方を，各部門のすべての従業員に浸透させる必要がある。

✓個人，もしくは所属する組織の革新実現エンジンの働きを高める，あるいは新たに導入するためには，多様な方法を用いることができる。もっとも，具体的にどのような手法を選ぶかが大事なのではなく，全員がイノベーションに集中できるような体系的な実現プロセスを社内に準備することの方が重要である。

✓革新実現エンジンは，あなた自身の中にあるかもしれないし，別の物理的スペースに存在するかもしれない。しかし，どこにどのような形で存在するにせよ，働くすべての人が，会社の中に何らかの形で存在する革新実現エンジンに，アクセスできなければならない。

✓イノベーション実現活動への参加を全員に奨励することは，最も創造的で，熱心で，活力に満ちた人材を自社に引きつけることにつながる。

第3章

イノベーションを実現する視点

——供給者の視点 vs 顧客の視点

　イノベーションの実現に関しては，大きな政府の評判はあまり良くない。これは，郵便局から米国教育省まで，考えられるどんな米国政府の機関にも当てはまる。その中には，人類史上最大の政府活動である米軍も含まれている。

　米国国防総省は年間7,000億ドル近くを費やし，インターネットの基礎となる技術の開発に至るまで，歴史的に信じられないほど重要なイノベーションの一翼を担ってきた。しかし，有用で小規模なイノベーションを着実に生み出すことには，しばしば失敗している。例えば，米軍はその膨大な資源にもかかわらず，粗末な道路脇爆弾である即席爆発装置（IED）のような，手作りの武器で武装した敵を倒すのに何年も苦労した。中東ではその爆弾により，何千人もの米兵が負傷した。

　この問題の原因のいくつかは政府特有のもので，米国国防総省の巨大な官僚機構が，納税者の資金保護を目的とした超複雑な調達規則を抱えていることなどが挙げられる。しかし，最大の課題は，世界で最も人を寄せ付けない場所で軍隊が生き残り，戦闘に勝利するために必要な装備を開発することが高度に複雑であることだ。

　アフガニスタンや朝鮮非武装地帯のような場所にいる米兵は，カリフォルニアやオハイオの研究所や工場にいるエンジニアや製品設計者には想像もつかないような状況で任務に従事している。顧客と供給者側との間の大きな隔たりが，軍用技術のイノベーション実現をとりわけ難しくする主な理由の1つだ。今日，米国国防総省はこのギャップを縮めるための措置を講じている。その戦略の1

58　第1部　イノベーションを生み出す習慣

つが，新兵器やその他の装備をまだ実験的な段階でテストするために，実際の状況をシミュレートする軍事演習である。

テック・ウォリアー・エンタープライズはもともと，空軍研究所が毎年実施している演習として発足し，2018年にはライト州立大学の国立医療準備センターが運営する通年プログラムに拡張された。国立医療準備センターは，オハイオ州フェアボーンにある52エーカーの"戦術訓練場"を運営する機関で，カラミティビルという名で知られている。

あらゆる種類の危険な出来事や環境をシミュレートできるこの場では，新興企業で働く民間のエンジニアや科学者が，実際の兵士と戦場を共有することができる。その目的は，ビジネスリーダーたちが，いつか自分たちの顧客となるであろう人々，つまり，想像しうる限り最も危険な状況下で生き残るために革新的な装備に頼っているアメリカの戦闘部隊にとって，世界がどのように見えているかを直接知ることである。

テック・ウォリアー・エンタープライズは年間を通じてコネクトイベントを開催し，米国国防総省のサプライヤーである中小企業にマンツーマンの支援を提供している。年間最大のイベントは「オペレーション・テック・ウォリアー」で毎年秋に開催され，経営者，科学者，エンジニアが一堂に会して集中的な学習体験をする。彼らは2週間の訓練を受けた後，経験豊富なインストラクターに率いられて飛行隊を編成し，一連の作戦シナリオを遂行する。それによって彼らは，自分たちが開発している装備がどの程度機能するのか，あるいはしないのかを知ることとなる。

テック・ウォリアーの演習で厳しく試される新種の装備には，夜間通信用の赤外線マーカー，屋内や地下トンネルでもGPS測位が可能な人体動作追跡装置，兵士の防護服に組み込むように設計された微気候冷却システムなどのツールがある。これらはすべて，極限状態での使用を目的とした製品であり，その有効性が意を決した敵と戦う軍隊の勝敗を分けるかもしれない。

通年イベントであるオペレーション・テック・ウォリアーの実行ディレクターであるクリステン・バレラの説明によれば，こうした現場の状況を再現した実験活動は，ビジネスパーソンが顧客の真のニーズを理解するためのものだという。「これは戦場で戦う兵士たちがどのように考えているのか，彼らに

知ってもらうためのものなのです」と彼女は言う。企業は「本当にクールなものを作っているが，もし（発明品を）ほんの少し違ったデザインにすれば，（現場で）もっと役に立つ…イベント中に目にするものはすべて，本物の軍事機器です。戦士たちは本物の武器を持つのです」[注1]。

チームメンバーを派遣する企業は，このユニークな戦争ゲームを貴重な機会だと考えている。マーク・ティアニーは，オハイオ州を拠点とするエクリン・システムズ社の重役である。同社は，オリンピックに出場する世界トップクラスのアスリートや，中東の砂漠で活動するアメリカ人兵士など，ストレス下にある人々の脱水レベルを監視するための，ウェアラブルで非侵襲的な電子機器の開発に取り組んできた。エクリン・システムズの社員は，米国国防総省の専門家と緊密に連携して機器の設計に取り組んでいたが，毎年2回開催されるテック・ウォリアーのイベントに参加することで，より多くのことを学んだという。「年間イベントであるテック・ウォリアーは，我々のような小さな会社にとって，オフィスでは再現できないような状況下でエンドユーザーからのフィードバックを得ることができる素晴らしい機会だ」とティアニーは言う。「ここで生き残ることができれば，現実の世界でも生き残ることができる」[注2]。

このオペレーション・テック・ウォリアーの事例は，企業の業務遂行エンジンと革新実現エンジンの重要な違いの1つを示している。従業員が業務遂行エンジンのために働いている場合，彼らは一般的に供給者側の視点で仕事を見る。製品を製造し，サービスを設計し，顧客に商品を提供する際に生じる問題を解決することに焦点を当てる。彼らは，サプライヤーとしての自らの視点から，市場や競合他社がもたらす課題を検証するのだ。

これとは対照的に，従業員が革新実現エンジンのために働く時には，自分たちの仕事を顧客側から見る必要がある。つまり，顧客の問題を解決し，顧客の欲求を満たし，顧客の想像力をかき立てる方法として，潜在的な製品やサービスを顧客の目線で見ようとしなければならないのである。

また，現時点では非顧客である人々にも視野を広げなければならない。これには，現在はひいきにしていないが，将来その組織が提供するかもしれない新製品やサービスに興味を持つかもしれない人々を含む，さまざまなカテゴリーの幅広い人々が含まれる。つまり，有益な経験や見識を提供してくれそうな他

業界の人々，卸売業者や流通業者，商品やサービスの供給業者，規制機関や業界団体のメンバー，事業政策に関心を持つ社会・環境活動家，学識経験者や研究者といった，市場や顧客のニーズについてユニークで貴重な知識を持ちうる多くの人たちである。これらの異なるタイプの非顧客はすべて，既存顧客，新規顧客，そして組織にとって大きな新しい価値の流れを作り出すことができるような革新的なアイデアを生み出す上で，重要な役割を果たすことができる。

供給者の見方から脱却し，顧客，非顧客，潜在顧客の立場で考えることを学ぶことで，革新的な発想がより容易になる。だからこそ，組織の誰もがこの知覚状態をマスターすることが重要なのだ。

顧客の声を聞き，耳を傾ける—言うは易く行うは難し

顧客のニーズに注意を払うという考えは，当たり前のことのように思えるかもしれない。確かに，顧客へのエンゲージメント，顧客中心主義，顧客親密性といった概念を教える書籍や記事，セミナー，ワークショップ，研修プログラムには事欠かない。しかし，実際に顧客の視点に立った革新実現プログラムを構築するのは意外に難しい。その結果，あまりに多くの組織が，顧客との距離を縮めるというリップサービスに終始し，その達成が難しい多くの障壁を克服するのに必要な作業を怠っている。その障壁とは以下のようなものである。

▶ **顧客との絶縁**：たいていの組織では，管理職の地位が上がれば上がるほど，顧客と直接接する機会は少なくなる。かくして，企業の方針に影響を与えたり革新実現に向けたプログラムを構築するのに最も大きな力を持つ人々は，顧客のニーズや嗜好に関する現在の理解度が最も低い人々であることが多い。

▶ **成功体験に基づく惰性**：例えば，何年にもわたって増収増益を続けているような実績のある企業は，その業績に対して分かりやすい自負心を抱く傾向がある。往々にして，このような自負心が自己満足へと変質し，企業のリーダーは過去に達成した成功が将来も自動的に続くと思い込んでしまう。

第3章　イノベーションを実現する視点　61

- ▶ NIH症候群とも呼ばれる「自前主義」：多くのビジネスリーダーは，外部からのアイデアを受け入れることに消極的である。その理由の1つは，自分自身がその業界について他人よりも詳しいという思い込みである。それは正しいかもしれない。ただ，技術的な知識もそこそこの部外者が，内部の人間には思いつかないような強力な製品やサービスのコンセプトを思いつくこともある，ということを忘れている。

- ▶ 顧客の沈黙：企業が現在の顧客を調査するときは，通常顧客は既存の商品やサービスについて好きなことや嫌いなことを述べることができる。しかし，現在は存在しないが，もし提供されれば熱心に受け入れるであろう商品やサービスの種類を説明することはほとんどできない。そのような商品やサービスを想像することさえできないであろう。顧客が十分に理解していないニーズを明確にする手助けをすることは，難しい技術であり，それをマスターしている企業はほとんどない。

- ▶ 非顧客への配慮の欠如：たいていの組織は，既存顧客に十分なサービスを提供するために膨大な時間とエネルギーを費やしているし，そうすべきであると考えている。しかし，その過程で，現在の顧客ではない未だ出会っていない無数の人々を見失っている。さまざまな種類の非顧客を発見しそこから学ぶには想像力の飛躍が必要だが，残念ながらほとんどのビジネスパーソンはそれを試みることはない。

- ▶ カニバリゼーション（共食い）への恐れ：ビジネスリーダーは，顧客が好みそうな新製品や新サービスを発見したり知ったりしても，既存の製品から売上や利益が奪われることを恐れて，開発に消極的になることが多い。これは特に，提案された新製品やサービスが既存の商品よりも安いもしくは効率的であり，ビジネスにとっての利益率が低くなる場合によく見られる。自らのビジネスのカニバリゼーションを恐れるリーダーは，顧客のニーズに耳を貸さない誘惑に駆られる。

　顧客の声を聞き，注意を払うことに対する障害や障壁は，多くの企業が真に顧客中心のイノベーションを一貫して実現できない理由を説明する一助となる。ほとんどのビジネスパーソンにとって，顧客の声に注意を払うよりも，無視し

62 第1部 イノベーションを生み出す習慣

たり，否定したり，歪曲したりすることのほうが抵抗の少ない道である。だからこそ，顧客と密接にコンタクトを取り続け，顧客から送られてくるメッセージから学ばざるを得ないような慣行や方針を採用することが重要なのだ。

イノベーションへの障壁を乗り越える
―エコセムは顧客と非顧客からどのように学ぶか

　顧客側の視点を取り入れる上での障壁とそれらの障壁を克服する方法のいくつかは，比較的知名度の低い業界にあって，非常に革新的な企業であるエコセムの実践事例を使って説明することができる[注3]。

　コンクリートは，人類が知る限り最も古く，最も重要な建築材料の1つである。中東，エジプト，ギリシャ，ローマ，マヤ・メキシコの古代文明においてもコンクリートで壮大な建造物がつくられ，そのいくつかは今日まで残っている。一般論として，コンクリートの製法はシンプルだ。コンクリートは骨材（砂，砂利，砕石を含むさまざまな材料の混合物）と水とセメントを混ぜ合わせた，時間の経過とともに固まる流動性のある混合物として作られる。コンクリート混合物は，混ぜ合わせた当初は簡単に流し込んで成形することができるが，固まった後は石のように頑丈で耐久性がある。

　セメントは，コンクリートを作るための重要な材料である。キルンと呼ばれる巨大な炉で作られるセメントは，石灰岩，粘土，頁岩，石膏などさまざまな材料の混合物で，加熱されて，水と混ぜることができるよう粉砕される。今日のセメント産業は，道路，ダム，橋，空港滑走路からオフィスビルや集合住宅に至るまで，事実上あらゆる大型インフラプロジェクトに関わり，世界中の建設事業の重要な構成要素となっている。また，セメントは一般的にコモディティ製品であり，メーカーによってほとんど差がないため，セメント業界は，規模の経済を利用して価格を安定させ，市場を支配するひと握りの巨大企業によって支配されるようになっていった。

　このようなセメント業界の寡占的な特徴は，イノベーションの実現を妨げる。結局のところ，業界で安定した大きなシェアを持つひと握りの企業が敢えて変化を起こして，現状の望ましい事態を台無しにするだろうか？　何世紀もの間，

第3章　イノベーションを実現する視点　63

成功を収めてきたのと同じ製品を作り続けるだけで，顧客からの注文と利益は自動的に転がり込んでくるのだ。

　しかし，今日のセメント業界における技術革新の必要性は明白である。その大きな理由の１つが，気候変動という迫り来る課題である。セメント製造技術は，石灰岩からCO_2を放出するものであり，非常にエネルギー集約型であるため，世界の温室効果ガス排出量の８％を占めると推定されている。この巨大なカーボンフットプリント（訳注：原材料調達から廃棄・リサイクルに至るまでのライフサイクル全体を通して排出される温室効果ガスの排出量をCO_2に換算したもの）は，セメントメーカーが排出量を削減し，気候変動と闘う世界的な努力に貢献すべく新しい材料と方法の開発を推進するように強く求められていることを意味している。

　残念なことに，成功を収めている大企業は，環境トレンドがもたらす圧力に必ずしも迅速に対応できるわけではない。世界の巨大セメントメーカーはその一例だ。彼らは19世紀半ば以降，ポルトランドセメントと呼ばれる最も一般的なセメントの販売から収入と利益の大半を得てきた。ポルトランドセメントとは，イギリスの製造業者によって開発され，その後数十年の間に完成された最も一般的なセメントの１つである。

　このセメントは汎用性が高く，非常に扱いやすい製品であるため，セメントメーカーにとって非常に利用しやすく，手放しづらいものなのだ。そのため，セメント業界のリーダーたちは，成功した事業を妨害するような新しい製法やプロセスを模索するよりも，気候変動問題への対応を遅らせることを選択した。いつの日か，炭素回収・貯留のような長期的な解決策に何十億ドルも投資しなければならなくなることを，彼らは総じて想定しており，これは政府の措置によって業界全体に課される可能性が高い。しかし，その一方で，彼らはできるだけ長く清算の日を先延ばしにしたいだけなのだ。

　見てのとおり，セメント業界は，企業が事業の顧客側の視点を持つことを妨げる障壁のいくつかを鮮明に示している。セメントの顧客である建設会社，インフラ整備を担当する政府機関，不動産開発会社などは皆，最終的には炭素排出問題の解決策を見出さなければならないことを認識している。しかしその一方で，セメントメーカーにとっては，そのメッセージを無視する方が簡単で，

しかも利益も大きいのである。

　だがエコセムは違う道を歩んでいる。アイルランドの企業家であるドーナル・オライアインが設立し率いるこの会社は，小規模ながら急速に成長しているセメントメーカーで，業界では未使用の技術革新を基礎としている。その技術革新とは，鉄鋼製造の副産物である高炉スラグを配合したセメントを製造することで実現される，新しい代替材料の実現である。エコセムの製造過程では，高炉水砕スラグ（GGBS）と呼ばれる，二酸化炭素排出量がはるかに少ない高品質のセメント代替材を使用する。GGBSの製造は有害汚染物質をほとんど排出せず，GGBSを使用したコンクリートは特に強度と耐久性に優れている。現在，エコセムはヨーロッパ3カ国でGGBSを生産しており，特にフランスでは，ルクセンブルクに本社を置く鉄鋼会社アルセロール・ミタルとの提携により，最新かつ最大の製造施設が2019年に稼働を開始した。

　今日のエコセムが存在するのは，企業家であるオライアインが，セメント業界の企業が敢えて無視してきた顧客の声を聞いたからである。主力製品が提供する環境面やその他の利点は，同社を軌道に乗せるのに十分なものだった。しかし，業界の壁により，オライアインが望むようなエコセムの急速な発展は難しかった。業界を支配している既存の大企業がこぞって新商品を酷評するような場合，たとえ顧客自身がよく知っている問題の解決を約束した商品であっても，見慣れない新商品を顧客に買ってもらうのは難しいのである。

　もう1つの障壁が，建設業界の厳しい規制だ。建物，道路，橋，その他のインフラプロジェクトの強度と安全性は生死にかかわる問題なのだから，それは理解できる。しかし，厳しい規制の結果，業界の規則，規範，慣行は硬直化し，変更が難しくなる傾向にある。そしてもちろん，セメント業界の寡占的な主要メンバーである，巨大で強力な業界プレーヤーに反対されれば，変化を起こすのはとりわけ難しい。

　このような障壁に直面したエコセムは，セメントに関連した環境問題についての顧客のメッセージに応えつつ，収益性の高い成長事業を構築するには，さらなる革新的な段階に踏み出すことが必要であることに気づいた。その1つが，重要かつ影響力のある非顧客グループである業界規制当局の意見に耳を傾けることを学び，彼らと協力する方法を見つけることだった。

この挑戦に対して，オライアインと彼のビジネスチームはいくつかの面で行動を起こした。彼らは，業界の規範を確立する委員会や理事会のメンバーとのコミュニケーションに時間を費やし，メンバーに対してGGBSセメントの価値を理解し，その使用を支持する専門家をグループに加えるよう促した。このような部外者の声は，次第に規制委員会のメンバーの耳にも届くようになった。オライアインが「壮絶な戦い」と表現する4年間を経て，建設製品の規則を管理するフランスの規制委員会は，GGBSセメントを幅広い建築用途でポルトランドセメントの高品質な代替品として承認した。これによって，エコセムは市場の重要な一角を切り拓くことができた。

それと同時にオライアインは，エコセムが顧客のニーズを可能な限り満たすためには，顧客との距離をさらに縮める必要があることに気づいた。彼は，セメントの顧客が温室効果ガス問題を気にかけていることは知っていたが，その顧客にGGBSセメントが解決策の一部なのだと納得してもらうには何が必要なのか，まだ分かっていなかった。

この課題に対応するため，オライアインはエコセム社内に，顧客の声に耳を傾け，彼らのニーズを理解し，同社の製品とサービスをさらに魅力的で有用なものにする方法を開発するための革新実現に向けたチームを作り始めた。2012年，ローラン・フルーアンという気鋭のクリエイティブな素材専門家を雇い，彼がこの革新実現に向けたチームを率いることになった。そしてエコセムは，材料科学研究を牽引していたフランスの2つの大学と協定を結び，選ばれた学生に博士課程での研究資金を提供することにした。博士号を取得した後，これらの若い科学者達はフルーアン率いる革新実現に向けたチームの一員となった。それから8年後，フルーアンの研究チームには，セメント業界の中で最も優秀で創造的な材料科学の専門家12人が所属するようになった。

恐らく最も重要なことは，この科学者チームがエコセムの顧客の声に普段とは違う形でアクセスできるよう，オライアインが措置を講じたことだろう。彼は，エコセムの営業担当者と協力して，顧客や顧客になる可能性のある非顧客を訪問するため，革新実現に向けたチームのメンバーを「路上」に派遣し始めた。彼らはともに顧客のニーズについて話し合い，顧客が最も役に立つと思うような製品やサービスの種類を探ったのである。

66 第1部 イノベーションを生み出す習慣

　営業マンと科学者の協働がうまくいくのか，当初は懐疑的な見方もあった。しかし，それはすぐにかけがえのないものであることが分かる。顧客たちは，材料科学界の第一人者と会う機会を得たことに驚き，喜び，エコセムが提供する製品の利点をもっと知りたいと思った。営業担当者は，エコセムが開発している高度な技術力を誇らしげにアピールした。エコセムの革新実現チームの科学者たちは，研究室では決して出会うことのなかった顧客のニーズや嗜好についての洞察を得ることができた。

　営業担当者とテクノロジーの専門家がチームを組むことは，顧客のニーズを理解しようとする際に多くの企業が直面する大きな障壁の1つを克服する上でも大いに役立つ，Win/Win/Winのソリューションだった。その障壁とは，ビジネス・イノベーターとなるべき人々が，サービスを提供しようとする顧客から孤立してしまうという障壁である。

　エコセムの顧客と革新実現に向けた専門家たちとの深く広がり続けるつながりのおかげで，エコセムは顧客にとって莫大な価値を生み出す新しいソリューションを開発し，同時に会社とその製品にとって新しい市場を開拓してきた。その一例を紹介しよう。

　スウェーデンのイェブレ市の貨物港のインフラ再開発を任されている政府機関が，ある問題を抱えてエコセムに相談にきた。浚渫工事の際，港の下の堆積物が，工業化以前に堆積した危険なカドミウムやその他の重金属でひどく汚染されていることが判明したのだ。エコセムは，この土壌を埋め立てて安全に利用する方法を見つけることができただろうか？

　エコセムの科学者たちは，地元の専門家たちとともにこの問題に取り組むために，4年の歳月と約60万ユーロ（70万ドル以上に相当）を費やした。彼らは最終的に，エコセムのGGBS技術を使って重金属を捕捉・安定化させ，再開発された港湾への汚染物質の流出を防ぐことが可能となった。プロジェクトから得られた利益は，エコセムが研究に費やした費用の総額を超え黒字化し，今では同様の重金属関連の解決策を応用できる事例が続々と生まれている。このプロジェクトがなければ，エコセムと取引することはなかったかもしれない顧客に，サービスを提供する新たなニッチ市場が今誕生しているのである。

　エコセムの科学者，営業担当者，そして顧客による創造的なパートナーシッ

プは，すべての人に資するものとなった。企業が顧客の声を聞き，耳を傾けようと努力することで何が起こりうるかを示す好例である。それが伝統に縛られ，時に革新の障壁となる業界であっても，である。

顧客や他のステークホルダーとの協働

事業において顧客の視点を発展させ，深める最善の方法の1つは，顧客と主要な非顧客，そして社外の人々とパートナーシップを組んで仕事をするための空間と一連の過程を作ることである。米国国防総省の年間イベントであるオペレーション・テック・ウォリアーはその一例であるし，第2章で紹介した繊維業界の革新企業であるゴアが運営するシリコンバレーのイノベーション・センターもその一例である。

先に述べたように，ゴアのイノベーションの才能は，主にダブル・タイム・ポリシーによって育まれている。ダブル・タイム・ポリシーとは，ビジネス全体で従業員が新しいアイデアを創造し，探求するために時間とエネルギーを費やすことを奨励するものである。しかし，多くの企業は，自分たちのビジネスを成長させ，進化させ続けるためには，自分たちで生み出したアイデアに頼るのでは不十分だと感じている。2017年に設立されたイノベーション・センターは，顧客，学術研究者，スタートアップの企業家，企業サプライヤーなど，幅広い組織のイノベーターと提携し，自社だけでは思いつかなかったような価値を創造するコンセプトを開発するためのゴア社独自の方法である。

イノベーション・センターは11,000平方フィートの施設で，レーザーカッターや3Dプリンターから顕微鏡や湿式化学用の高度な機械までが揃った試作ラボを備えている。ここでは，社内のエンジニアと科学者が，外部の専門家と互いに手を取り合って，新製品のアイデアを開発・テストしている。同スペースは「ハッカソン」や「メイク・ア・ソン（訳注：Make（つくる）とMarathon（マラソン）を掛け合わせた造語）」と呼ばれる特別イベントにも使用され，外部のゲストを招いて，既存製品の新しい用途のアイデアで遊んでもらう。このような新しい用途を見つけ，それを軸にしたビジネスを立ち上げることは，ゴア社にとって最も重要なイノベーションの1つであり，大きな成長の源でもあ

68　第1部　イノベーションを生み出す習慣

る。

　イノベーション・センターでの取り組みは，無作為に行われるものではなく，ゴアが将来の成長にとって特に重要だと判断した特定の技術分野に重点を置いている。例えば，2020年から2021年にかけて，同センターではバイオエレクトロニクス，持続可能な繊維，神経刺激（麻痺や感覚喪失に苦しむ患者の機能回復に使用できる医療技術）などの技術を中心に研究が行われた。これらの技術分野それぞれについて，ゴアは顧客，サプライヤー，その他の利害関係者と協力し，その材料に関する専門知識を問題解決に応用する新たな方法を見出している。イノベーション・センターの運営に携わるポール・キャンベルは，ゴアが顧客と共創するための集中的なプロセスについてこう説明する。

　　「それは，両社のエンジニア，デザイナー，その他の専門家の間で行われる，顧客の目標，制約，満たされていないニーズについて事前の制約なく探求するための深く掘り下げた会話から始まる。その後，顧客ニーズを満たす可能性のある製品が社内にあるかどうかを判断するために，先進のソフトウェア・ツールが導入される。
　　　というのは，ゴアが提供する素材，繊維，センサー，その他のテクノロジーのカタログはあまりにも膨大で，1人の人間がそのすべてを把握することはできないからである。その課題を回避するために，ソフトウェア開発者は特定の顧客のニーズを分析し，利用可能な最良の選択肢を発見し提示するために，ゴア製品のデータベースをスキャンし，特定のニーズに合った解決策を推奨することができるAIツールを構築した。ひとたび必要な情報が提供されれば，顧客はゴアのエンジニアやデザイナーに直接働きかけ，AIツールが選択した製品が特定の用途に適しているか，理にかなっているかを確認することができる」(注4)。

　既存のゴア製品ラインに，顧客のニーズにぴったり合う素材がないことが判明した場合，両社の科学者が協力して，顧客の問題を解決できる新しい製品バリエーションを開発することができる。そしてそれがゴア社にとって重要な新

第3章 イノベーションを実現する視点 69

市場を創出することにつながるかもしれないのだ。

イノベーション・センターが，ゴアが顧客から学ぶことをどのように支援している かを示す一例として，モレイ・メディカルとの継続的な協力関係がある。モレイ・メディカルは，いわゆる経カテーテル僧帽弁形成術を改善するロボット工学技術を持っており，この技術は心臓弁が損傷した患者に対する，危険で侵襲的な開心術に代替して用いることができる。モレイ・メディカルは，患者，医師，技術専門家といった自社のヘルスケア分野の顧客と密接なつながりを持ち，ゴアの素材専門家と協力して，ゴアだけでは決して考案できなかった治療技術を開発している。このように，このセンターは，ゴアの顧客，そしてその顧客の顧客から学ぶことを促進・強化する場であり，すべての関係者の利益に資する場となっている。

イノベーション・センターで育まれている共創活動は，科学者とエンジニアによって生み出される革新的なアイデアを顧客のニーズと確実に合致させようと，ゴアが努めている一例である。その他にも同社では，顧客の施設で行われる「イノベーション・デイ」や，市場担当の専門家と研究開発チームのメンバーが一堂に会するワーキング・セッションも頻繁に行われている。このような活動は，ゴアの第一線で活躍するイノベーターと，彼らが奉仕しようとする外の世界との間に，緊密で継続的なつながりを生み出すものである。

コンサルタントやトレーナーとして企業の革新実現エンジンの強化を支援してきた私は，いくつかの重要で希望に満ちた傾向を観察している。その1つが，革新実現に向けたプロジェクトで，他の企業と緊密に協力しようという企業の意欲が高まっていることだ。ゴアがイノベーション・センターで提携している顧客や，BASFが提携しているアディダスやP&Gのように，イノベーションを実現するパートナーが顧客である場合もある。

また，企業が外部のスタートアップ企業やサプライヤーと提携し，顧客や自社のために価値を創造する新しい方法を開発することで，革新的なエコシステムを構築するケースもある。この種のプログラムの成功例の1つが，オランダに本社を置くアクゾノーベル（様々な種類の塗料やパフォーマンス・コーティングを専門とする企業）が創設したイニシアチブである「ペイント・ザ・フューチャー」である。私は2009年にアクゾノーベルで，私にとって初となる

トレーニング・プログラムを実施した。それは，7つの事業部門にまたがる合計150人の従業員が参加する6つのプログラムへとつながり，それ以来私はこの会社の発展を興味深く見守ってきた。

同社のイニシアチブである「ペイント・ザ・フューチャー」は，最高技術責任者（CTO）であるクラース・クルイトホフと彼のサポートチームが定義した事業課題に取り組むために，スタートアップを含む外部の企業を招待するオープン・イノベーション・プラットフォームである。最も魅力的な20のコンセプトがまず選ばれ，その後さらなる開発が行われるのだが，それにはアクゾノーベルでの1週間のワークショップや，アクゾノーベルの様々な専門家からスタートアップ企業のメンバーに対して行なわれるアイデア改善のためのアドバイスやコーチングが含まれる。その後，3人から5人の受賞者が選ばれ，アクゾノーベルとのコラボレーションが実現する。「ペイント・ザ・フューチャー」の目標は，価値ある革新的なアイデアを生み出すだけでなく，有望なスタートアップ企業を，アクゾノーベルの広範なビジネス・エコシステムの中で長期的に重要なパートナーとなりうる成功企業として育てることにある[注5]。

今日のビジネス課題の多くは，一企業が単独で解決するには複雑すぎる。ビジネス・エコシステムにおける他社との共創は，真に強力なイノベーションを生み出すために必要なアイデア，スキル，人脈，その他のリソースを結集する効果的な方法となりうる。

顧客（および非顧客）にはさまざまな形態がある
―革新的な非営利団体はいかにして寄付者との強い絆を築いているか

本書の冒頭で述べたように，イノベーションに関しては，顧客という言葉は可能な限り広い意味で理解されるべきである。組織には，内外を問わず顧客が存在する。例えば，人事部の社員は，キャリアカウンセリングや研修プログラムの提供先となる同僚社員，新しい後継者育成システムの提供先となる上級管理職を含む社内顧客に対して価値を創造する。イノベーションとは，これらの顧客のいずれに対しても，新たな価値を創造するためのアイデアを求めることである。

第3章　イノベーションを実現する視点　71

　顧客（および非顧客）を広く定義することは，あらゆる種類の組織にとって
重要なイノベーション戦略である。ウォーター・エイド（以下ウォーター）と
いう慈善団体について考えてみよう。これは，世界中の人々に清潔で安全な飲
料水を提供することを目的とした非営利団体である。ウォーターのサービス提
供先は，飲料水へのアクセスを同団体に依存している農村の家族である。しか
し同団体にとって重要なのは，あまり目立たないもう一方の人々，つまり，こ
の非営利団体に資金を提供し，その活動を可能にしている寄付者たちである。
　ウォーターのような非営利団体への寄付者は，顧客のように製品やサービス
を購入するわけではないので，正確に言えば顧客ではない。しかし，彼らは別
の種類の「商品」と引き換えに，この団体に寄付をしている。それは，自分た
ちの寄付が，同団体が支援する人々の生活を向上させるのに役立ったという満
足感と誇りである。その心理的・感情的な利益が，強力で説得力のある方法で
提供されれば，寄付者は寄付を続けようと考える。そうでなければ資金は枯渇
し，ウォーターは活動停止を余儀なくされるかもしれない。このように，これ
らの非顧客とウォーターとの関係は，顧客とサプライヤーとの関係と共通点が
多く，少なくとも同じくらい重要であることは間違いない。
　この重要な非顧客グループに，より良いサービスを提供するため，非営利団
体であるウォーターは，多くの革新的な方法でドナー・エンゲージメント・プ
ログラムを強化している。例えば，同団体のダラーズトゥプロジェクト・プロ
グラムでは，写真，結果のデータ，GPS座標，さらにはアフリカの村やラテン
アメリカの農場からのライブ映像などを含む，資金援助したプロジェクトごと
の「完了報告書」を寄付者に提供している。そのゴールは，寄付者と彼らが支
援する組織との結びつきを強めかつ深めるために，寄付の影響を直接目にする
「感動体験」を提供することにある。
　もう1つのイノベーションは，間接費を直接的なプログラム費用から分離す
る，2系統の資金調達メカニズムを構築したことにある。スタッフの給与，オ
フィススペース，資金調達費などの諸経費は，「ザ・ウェル」と呼ばれる少数
の裕福な寄付者グループによって賄われている。ウォーターの創設者であるス
コット・ハリソンが，熱心にネットワークを構築してきたシリコンバレーの慈
善コミュニティから集められた133人のザ・ウェルのメンバーは，それぞれ

72　第1部　イノベーションを生み出す習慣

6万ドルから100万ドルを寄付している。これにより，小口寄付者に対して，寄付金はすべてプログラム費用に直接充てられると伝えることができる。これは，普通の寄付者に対して活動の魅力を高める募金モデルである[訳注1]。同じ2系統の資金調達方法は，エピスコパル・チャリティーズ・オブ・ニューヨークをはじめとして，他の多くの非営利団体でも採用されている。

　ザ・ウェルの会員は，より緊密なドナー・エンゲージメント・プログラムの恩恵を受けることができる。会員の多くは，創設者のハリソンとともにアフリカに招待され，そこで彼らの寄付が可能にした活動を直接目にすることになる。「ゾクゾクするし，最高の気分になる」と，2019年のエチオピア訪問を終えたある幹部は語っている。「実際のコミュニティに水を供給することがどのようなことなのか，この目で見ることに勝るものはない」という人もいる[注6]。

　これに加えて，ウォーターは，資金援助者と異例なほど広範な情報を共有することで，寄付者の体験を向上させている。非営利団体を評価する250万もの情報サービスを通じて，各団体の活動や財務，さらには過去に犯した過ちに関する情報提供を行う非営利団体であるCandid（キャンディド）は，ウォーターの取り組みに対して非営利団体の関係者の間で垂涎の的となる「透明性のプラチナ・シール」を授与している。

　寄付者という顧客の視点を深く理解することで，ウォーターのチームは寄付者とより強く長期的な絆を築くことができ，同団体の人命救助活動をより持続可能なものにしているのである。2019年現在，同団体は3億7,000万ドル以上を集め，支援された井戸によって1,000万人以上に清潔な飲料水を提供しているという。スコット・ハリソンは来たる数年間に向け，野心的な成長計画を立てている。寄付者である顧客と有効な関係を築くイノベーターであり続けることが，彼の目標達成につながるかもしれない。

　この章の教訓は明確であり，あらゆる種類の組織に当てはまるものである。革新実現エンジンの回転数を維持するためには，組織全員が，支配的な事業に対する供給側からの見方から，定期的に自分の考え方や心理的枠組みを移動させ，顧客側からの見方を採用するように訓練されなければならない。

第3章　イノベーションを実現する視点　73

第3章のキーポイント

✓ 業務遂行エンジンを動かしている時，従業員は通常，自分たちの仕事を供給者側から見ている。それとは逆に，革新実現エンジンを動かすためには，顧客側の見方に立脚することが必要となる。

✓ すべての従業員は，自身が取り組む事業を顧客側の視点から理解することを学ぶ必要がある。その中には，顧客化する可能性のある非顧客の視点や，市場やその市場にサービスを提供する最善の方法について独自の見識を持つ他者の視点も含まれる。

✓ 顧客からの声を聞き，耳を傾けることを学ぶのは容易ではない。数多くの心理的，そして組織的な障壁が，リーダーが顧客の視点を真に理解し，顧客の見地に立って行動することを難しくしている。こうした障壁に注意を向け，それを打破するためのプロセスを開発する必要性を認識する必要がある。

✓ 「顧客」と「非顧客」をできるだけ広く定義するべきだ。顧客には，通常想定される社内外の顧客のみならず，その仕事によって恩恵を受けるすべての人を含める必要がある。このように顧客をより広く定義することで，革新がもたらす恩恵をより広く捉えることが可能となるはずである。

［訳注］

1　非営利団体の専門家の中には，このメッセージが若干誤解を招くと考える者もいるが，実際には他の非営利団体がウォーター・エイドよりも効率が悪いことを示唆している。

第**2**部

イノベーション実現の
主要プロセス

第**4**章

イノベーション実現の
３つの主要プロセス

───創造，統合，視点の再構築

　本書ではこれまで，組織が業務遂行エンジンと革新実現エンジンという２つの方法で同時に運営される必要性を説明してきた。業務実行エンジンが，既存顧客に対して現在のニーズを可能な限り満たす製品やサービスを提供する。一方で，革新実現エンジンは，そうした顧客の新たなニーズや，まだ見ぬ顧客のニーズに応えるための準備となる。

　業務遂行エンジンは，会社の現在に関わるものであり，革新実現エンジンは，イノベーションの実現を通じた会社の未来に関わるものである。そして，この２つのエンジンは，異なることを異なる方法で行うが，互いに無関係な別々のチームで構成されるべきではない。組織全員が両方のエンジンの仕事に貢献すべきである。それこそ，業務遂行エンジンと革新実現エンジンの双方で，組織が提供しうる最高の才能，アイデア，エネルギー，その他のリソースを利用できる最善の方法となる。

　さらに，業務遂行エンジンと革新実現エンジンの重要な違いの１つとして，それぞれの視点に特徴があることを示した。ほとんどの組織では，業務遂行エンジンは「内から外へ」，つまり企業中心の視点に立脚する傾向があり，社内プロセスを可能な限り効率的，正確，かつ効率的に管理することにその重点を置いている。

　その一方で革新実現エンジンの推進は，「外から内へ」という顧客中心主義という異なる視点に意図的に立脚すべきである。顧客の関心，ニーズ，不満，希望を深く理解することによってのみ，顧客（現在の，そして未知の）と組織

78 第2部 イノベーション実現の主要プロセス

にとって，新たな価値を生み出すようなイノベーションを想像することができるのだ。

　これまでの議論を踏まえ，イノベーションの実現についてどのように考えるべきかを理解するための土台を築いたところで，優れた革新実現エンジンを構築し，それを可能な限り強力かつ生産的に稼働させるための実践的なステップについて，さらに深く掘り下げてみよう。

　本書の冒頭で述べたように，企業の革新実現エンジンは，創造，統合，視点の再構築という3つの重要なプロセスによって牽引される。（図4.1参照）

［図4.1］革新実現のための3つの鍵プロセス

視点の再構築	・事業についての現状の前提や信念を問い直す ・組織にとって新しい論点を設定し，挑戦目標を立てる ・将来に向けた目的，大志，コミットメントを創り出す
統合	・組織内の多様なアイデアを結びつける ・組織レベルで革新を実現するために人と経営資源を結びつける ・業務執行エンジンと革新実現エンジンの橋渡しをする
創造	・全員が新しいアイデアや成長機会を絶えず探す ・組織で出会うすべてのことに新しいアイデアを見いだす ・全員が定期的に，しかも自主的に革新実現のための活動に参加する

　創造とは，組織が継続的に新しいアイデアを生み出すプロセスである。イノベーションの実現といえば新製品を思い浮かべるのが一般的だが，企業が生き残り繁栄するために必要な新しいアイデアは，製品設計だけでなく，顧客サービス，物流と関連する発送・返品・交換業務，財務管理，人的資源開発，情報技術など，企業活動すべてに関わるものだ。例えば，BASFが単に新しい製品やサービスを発明するだけでなく，それらの製品やサービスを顧客に販売する方法を変更したり，さらには顧客とBASFの双方に新たな価値の流れを生み出す新しいビジネスモデルを採用することによって，イノベーション能力を開発した事例を考えてみてほしい。

つまり，創造のプロセスは，組織のあらゆる部門，あらゆるレベルで継続的に行われる可能性があり，また行われるべきなのである。しかし，多くの企業では，現場の従業員が新しいアイデアを直接生み出す最も重要な役割を果たしている。

なぜなら，ほとんどの組織では，第一線で働く従業員が顧客（および非顧客）と最も直接的に接しており，したがって顧客中心の視点を採用するのが最も簡単だからである。また，最前線の従業員は，製造から顧客サービスに至るまで，組織の主要なプロセスと最も実践的で日常的な関わりを持っている。したがって，組織の全員が新しいアイデアを生み出すよう奨励されるべきではあるが，そのようなアイデアを最も多く生み出す源泉となるのが第一線の現場で働く従業員であることが多い。そのため，私は彼らを「現場のイノベーター」と呼んでいる。

革新実現エンジンを動かす2つ目のプロセスは，統合プロセスである。従業員から革新的なアイデアが次々と出てくるだけでは十分ではない。それらの新たなアイデアは，評価され，選択され，支援され，開発され，導入され，さらに業務遂行エンジンによって具体化され形にする必要がある。W.L.ゴア社では，ダブル・タイムで社員が生み出したアイデアを，「本物（Real）で，勝てるもの（Win）で，価値あるもの（Worth）」という3段階の審査プロセスによって検証している。このプロセスを経て承認を得たアイデアは，ゴア社に新たな顧客を惹きつけ，組織の長期的な成長を支える新規事業の基礎となるかもしれない。

統合のプロセスは，革新実現エンジンの回転を維持するために，組織のバラバラな部分を1つにまとめるプロセスでもある。現実的な理由から，業務遂行エンジンはサイロ化された形で運営される傾向があり，さまざまな部門が互いに全く別々に異なるタスクを処理する傾向にある。

イノベーションの実現が最もうまく機能するのは，サイロが取り払われ，多様な経歴，スキル，視点を持つ人々の間でアイデアが自由に行き交うようになった時である。イノベーションに秀でた企業は，組織全体にまたがる専門横断的なネットワークを形成する方法を生み出し，組織外の人々やグループをも巻き込む。これもまた，統合プロセスの一要素である。

80 第2部 イノベーション実現の主要プロセス

　他の2つのイノベーション実現プロセスと同様に，統合プロセスには組織の
トップからボトムまで全メンバーが関与する。しかし，中間管理職は，その統
合において特に重要な役割を担っている。中間管理職は，現場の従業員と直接
仕事をし，彼らの仕事を指導し，評価するため，現場のイノベーターがどの程
度イノベーションを奨励され，報奨を受けるかに大きな影響力を持つのである。

　また，中間管理職は，他部署のマネージャーとつながりを持つ機会もあり，
イノベーション実現を支える組織的ネットワークの形成を促進することができ
る。このような中間管理職は，自身が監督する社員のイノベーションを促し，
指揮する役割を担っているため，私はしばしば彼らをミッドレベル・コーチと
呼んでいる。

　イノベーション実現の第3のプロセスは，視点の再構築プロセスである。こ
れは，組織とそのミッション，顧客基盤，特徴的な活動，強みと弱み，競争戦
略を見直すプロセスである。それを明らかにするには，組織を定義するこれら
すべての特性について，徹底的に次のような質問を投げかける必要がある。な
ぜそのような選択をしたのか？　その選択は，私たちや顧客に役立っているの
か？　ビジネス環境の変化は，これらの選択の価値にどのような影響を与えて
いるのか？　発展する世界により大きな価値を提供するために，どのようなイ
ノベーションの実現を検討すべきか？

　このような質問を投げかけることは，業務遂行エンジンに期待される役割か
らは外れている。業務遂行モードで働いている時，私たちの職務は組織の既存
の仕事を可能な限り上手く遂行することにあり，その仕事を定義する決定にそ
もそも異議を唱えたり疑問を投げかけたりすることではない。しかし，革新実
現エンジンを推進するには，徹底的な問いかけが欠かせない。導き出された答
えによって，組織の将来計画や組織自身の基本的な存在意義さえも根本的に見
直すことになるかもしれない。そしてその場合，組織そのものが再構築される
ことになるかもしれないのである。

　視点の再構築は，全社員が参加するべき価値のある活動であるが，特にトッ
プマネジメントが中核としてその役割を果たすべき仕事である。上層経営幹部
達は，常に地平線を見渡し，企業が対応する必要がありそうな世界の変化を予
測するよう努めなければならない。そして，トップマネジメントは，革新実現

第4章　イノベーション実現の３つの主要プロセス　81

エンジンの回転を維持し，未来に立ち向かう準備ができるよう，組織全体の従業員に力を与え，励ますべき存在でなければならない。

低成長の日用品事業でイノベーション実現の引き金を引く

　イノベーション実現のための３つのプロセスがどのように機能し，相互作用するのかをより理解するために，実際の事例を見てみよう。

　私が長年一緒に仕事をしてきた企業の１つに，トルコの巨大コングロマリット，サバンジュ・グループのコルドサ社がある。「トルコのビジネス・スーパーウーマン」と呼ばれ，世界で最もパワフルな女性リーダーの１人に挙げられるギュラー・サバンジュは，この帝国の会長兼マネージング・ディレクターである。

　彼女の要請で，私はコルドサを含む８つのサバンジュグループの管理職をトレーニングすることになった。4,500人の従業員を擁し，インドネシアやタイ，ブラジル，アメリカにわたり12の工場を持つコルドサは，タイヤやその他の工業製品に使用される糸や織物の世界最大のメーカーである[注1]。

　コルドサが直面したイノベーションの課題は，多くの企業にとって身近なものだった。当時，同社のCEOだったメフメット・ペカルンの言葉を借りれば，「私たちは，主に自動車タイヤに使用される繊維という，製品の基本的特性が数十年間ほとんど変わっていない業界で，成熟したビジネスを展開していた。そのため，組織内の多くの人が『なぜわざわざイノベーションを実現する必要があるのか』と疑問を抱いていた」。

　しかし，彼の目から見ると，革新実現エンジンの停滞が企業の成長を妨げていることがよく分かった。ペカルンは，GEの輸送システム部門のマネージャーとしてペンシルバニア州エリーで数年間働いた後，2006年に同社に入社した。GEは当時，世界で最も先進的で，最も経営がうまく，最も革新的な企業の１つであり，ペカルンにとってGEでの仕事に従事していた時間は貴重な学習の期間となった。ペカルンは，コルドサに新たな成長の道を見出すための準備を十分に整えていた。

　その当時，コルドサの事業の重要な要素として，世界的な化学企業である

82　第2部　イノベーション実現の主要プロセス

デュポンとの合弁事業があった。コルドサの経営陣は，このジョイントベンチャーを世界的なタイヤ産業への企業の参入拠点として期待していた。しかし，この夢は実現することなく，デュポン社との契約は終わりを迎えようとしていた。

　ペカルンは進むべき道を明確にする責任を負った。彼は状況を調査するうちに，コルドサが2つの課題に直面していることに気づいた。第1に，デュポンとの合弁事業が解消されたことで，デュポン社の研究開発（R&D）から生み出されるイノベーション能力を利用できなくなった。その代わりに，革新的なアイデアを得るためには，当時小規模で精彩を欠いていた自社の研究開発部門に頼らざるを得なくなっていた。

　第2に，世界的な大企業との提携が失われたことで，主要顧客であるミシュラン，グッドイヤー，コンチネンタルといった巨大タイヤメーカーと，主要供給業者である石油化学会社という2つのステークホルダーの間で，コルドサは身動きが取れなくなっていた。この2つの強力なソースからの価格圧力に晒され，コルドサの戦略的自由度はほとんどなかった。同社の幹部は，イノベーションによってではなく，単に買収能力，つまり小規模素材メーカーの買収によって成長を勝ち取ることに慣れてしまっていたのだ。これは本質的に限定的な戦略であり，コルドサがニッチな事業から脱却する機会はないと思われた。解決策を見つけられるかどうかは，ペカルンにかかっていた。

　ペカルンは，コルドサの成長の可能性を高めるため，イノベーション・プログラムを立ち上げることにした。その目的は，デュポンとの決別によってできた技術開発活動の空白を埋めること，そしてコルドサが生み出すかもしれないイノベーションを事業の再構築の基礎として活用することだった。ペカルンはコルドサを，価格競争のみに明け暮れる日用品の供給者から，サービスやソリューションを提供するユニークな供給者にその役割を変え，顧客にとって価値あるイノベーション・パートナーにしたいと考えていた。

　幸いなことに，サバンジュ・ホールディングのギュラー・サバンジュ会長はペカルンの考えを支持してくれた。彼女は，コルドサに強力な革新実現エンジンを導入する方法について，多くの外部コンサルタントがアイデアを提供する会議の開催を支援した。このコンサルタントによる「人気投票」の結果，私は

コルドサのイノベーション・プログラムの開発に携わることになったのである。

さらにペカルンCEOは，イノベーション・プログラムを主導する献身的な変革者としての役割を果たせる幹部を指名することにした。この役割を果たす人物を探していたペカルンは，ベルギーに拠点を置く鋼線および関連製品の製造に特化した企業であるベカルト社でマネージャーを務めていたチェンク・アルペルのことを耳にした。アルペルは技術革新に造詣が深く，顧客中心主義的な考えを持ち合わせる，まさにコルドサが必要としていた人物だった。ペカルンとアルペルは出会ってすぐに意気投合した。アルペルはコルドサに入社し，2人は非常に有能なチームを組み，その後の数年間企業の変革を共同で推進することになった。

彼らの指示の下，コルドサは社内のテクノロジー・センターへの投資から着手した。このセンターは，同社の小規模な研究開発業務を近代化し，拡大し，改善するための拠点となった。初期の段階では，この新しいイノベーション・センターは，コルドサのコスト構造を何％か削減する新しい生産技術の実験に専念していた。例えば，タイヤ生地の製造過程で消費されるエネルギー量を削減する技術などである。

同社の技術者たちは，他の産業で使われている方法を研究し，自分たちが採用できる工程改善を模索した。例えば，生地の裏側のコーティングに水性材料ではなく空気で膨張させた発泡体を使用する方法は，カーペット業界から借用したアイデアである。対流炉ではなく赤外線加熱を使用する方法は，工業用パン製造業者から借用したアイデアである。これらの改善やその他の工程改善により，コルドサは競合の供給業者に対して価格競争力を持つようになり，業界のリーダーとしての評判を得るようになった。

この評価を確立するため，アルペルはグッドイヤー，ブリヂストン，コンチネンタルといった国際的なタイヤメーカーを含む，コルドサの大口顧客のリーダーと時間を過ごすようになった。彼らとの会話から，コルドサの顧客が直面している問題や，顧客がこれまで表明していなかった未充足のニーズ，そしてコルドサが業務をより簡単に，より安く，より効率的にできるかもしれない方法についての洞察を得た。

アルペルはまた，コルドサのコンサルタントとしてタイヤメーカー大手の重

84 第2部 イノベーション実現の主要プロセス

役OBを雇い始めた。彼らのことをアルペルは「顧客の言葉を話すことができる人たち」と説明した。この「翻訳者たち」は，顧客洞察の源泉の1つとなり，コルドサがタイヤメーカーに対してさらなる価値を創造するための新たなアイデアを生み出すのに役立った。

　こうした生のアイデアを実用的なコンセプトに変えるため，コルドサは新製品のプロトタイピング機能の開発に着手した。これには賛否両論があった。企業が最初に必要とした設備の1つは，新しい織物の糸を生産し，その強度，柔軟性，接着レベルをテストするために使用できる試験的な紡績ラインだった。これには100万ドルの投資が必要で，アルペルはこの資金を要求したが，取締役会はその提案に抵抗した。顧客に販売する素材を生産するわけでもない機械に，なぜこれほどの費用をかけるのか？　しかしアルペルは，コルドサの将来にとって必要な投資だと説明し，押し返した。アルペルはペカルンの支援を受けて資金を獲得し，彼と彼のチームは会社が真に必要とする研究開発能力を構築し続けたのである。

　数年も経たないうちに，コルドサは最先端の実験ラボを運営するようになり，顧客自身がアイデアを持ち込んで，コルドサのエンジニアがそれを実現し，テストする様子を目にするようになった。タイヤメーカーは，コルドサのエンジニアのもとを訪れ，自社のプロセスについて質問するようになった。「私たちは製造工程の特定の段階に多くのコストをかけている。もっと効率的にするために，助けてもらえないだろうか」。コルドサの科学者たちは，このような課題に対する解決策を顧客と共同で模索し始めたのである。

　コルドサは徐々に，数ある商品のうちの1つを提供する企業から，サービスやソリューションを提供するユニークな企業へと変貌を遂げ，顧客にとって価値あるイノベーション・パートナーとなったのである。その一例が，キャップマックスと名付けられた新種のタイヤコード生地である。この生地は，タイヤ製造工程における時間とコストのかかるいくつかの過程を省くことができるため，顧客は経費の節約と同時に，材料の使用量の節約も可能となる。この変化はコルドサに強力な成長機会をもたらした。収益基盤の拡大を企業買収に頼るのではなく，コルドサは新製品や新サービスを次々と生み出し，それを既存顧客に販売するようになったのだ。

第4章　イノベーション実現の3つの主要プロセス　85

　コルドサは次第に，最大手顧客にとっての供給業者としての重要性を増し，材料，部品，サービスの支出に占める供給割合が着実に増えていった。ミシュランはコルドサの評価向上を反映させ同社の企業ランクを「下位供給業者」から「戦略的供給業者」という位置づけに引き上げた。その後他の巨大タイヤメーカーもこれに追随した。

　さらに，コルドサを供給業者として考えたこともなかった新規顧客も射程に入り，さらなる成長機会がもたらされた。その中には，コルドサが製造するような強化複合材料が広く使用されているタイヤ事業以外の業界，例えば建設，航空宇宙，エレクトロニクスなどの顧客も含まれている。コルドサは，その技術的突破口がさまざまな産業に応用できることを発見し，他社へのライセンス供与に基づく新たな収入源を開拓することとなった。

　今日，コルドサはトルコで最も革新的な企業の1つと見なされている。研究開発能力ではトルコの全企業の中で第3位にランクされており，トルコ輸出評議会や国家持続可能性評議会などの団体から，イノベーションに関する数々の賞を受賞している。

　ペカルンの後任としてアルペルがコルドサのCEOに就任した。ペカルンはサバンジュ・グループ全体の執行委員会のメンバーにまで昇進し，彼の責任範囲はサバンジュのインダストリアル・グループ内の他の数社にまで拡大した。その中には，紳士・婦人服，段ボール包装資材，自動車技術など，さまざまな事業が含まれている。いずれの場合もペカルンは，イノベーションを中心としたプログラムを導入し，組織の第一線での画期的なアイデアの創出を支援するトップダウン主導の活動と，中間管理職の助けを借りてそれらのアイデアを開発・普及させる活動の制度化を推進していった。5年以内に，サバンジュのインダストリアル・グループが提供する製品の種類は5倍に増え，グループの売上高は70％増加した。

　2017年4月，コルドサでさまざまな重要な技術的役割を担ってきたアリ・チャリシュカンという元プロジェクトエンジニアが，アルペルの後任としてCEOに昇格した。チャリシュカンの台頭は，ペカルンがコルドサで開拓したイノベーション中心の政策の延長線上にある。すなわち，技術イノベーションに深く根ざした人材を，経営の重要な指導的役割に据えることである。アルペル

はコルドサの幹部で，同社の改革に貢献したが，現在はサバンジュ・ホールディングのCEOに就任している。

近況を振り返り，ペカルンは同社の変革をこう総括する。「顧客との距離を縮めれば，成熟した業界においてさえももっと上を目指せるのはとても魅力的なことだ！」

コルドサを変えたイノベーションの３つのプロセス

ここではこれまでの議論にいったん立ち戻り，コルドサがトルコで最も革新的な企業の１つとなるまでに，創造，統合，視点の再構築の３つのプロセスがどのように機能したかを分析してみよう。

コルドサのリーダーシップは，組織のあらゆる階層の従業員にイノベーションに必要なツールやリソース，そしておそらく最も重要であろう変革のための許可を与えることで，創造のプロセスを促した。

イノベーションに関するコルドサのコンサルティング・エキスパートとして採用された後，私はトレーニング・プログラムの立ち上げに携わり，全従業員に事業を分析し，革新的な成長の潜在的機会を特定する概念ツールを紹介した。アルペルと彼のチームは，すでにイノベーションが細々と起こっている，見込みのある領域を特定するための調査を組織内で実施し，これらの取り組みが公に認められ，奨励され，報奨を受けられるようにした。

また，業界全体を分析し，コルドサが現在従事していないが，イノベーション主導で拡大する可能性のある「関連ビジネス」を探索した。ポリマー技術など，コルドサの知識レベルを向上させる必要があると判断した技術分野では，専門家を雇った。そして，社内すべての事業部門が少なくとも１つの改革実現プロジェクトに取り組むようにし，イノベーションを実現するという概念が，組織内に浸透するようにした。

企業の第一線で働く従業員，中間管理職，そしてトップレベルの経営陣が，日常業務の一環としてイノベーションの実現について考えるようになり，こうした行動のすべてが，新たなイノベーション実現に必要となるアイデアを爆発的に生み出す原動力となった。

アルペルがコルドサの革新実現エンジンの活性化を始めてから数年，創造プロセスの組織全体への定着はさらに進んだ。2010年代半ば，コルドサはトータル・プロダクティブ・メンテナンス（TPM）と呼ばれる新しいプログラムを導入した。その目標は，アルペルが言うところの「イノベーションの民主化」である。コルドサ全施設の従業員にTPMを教えることで，1人ひとりが，コルドサとその顧客のために新たな価値を創造しながら，自分たちの仕事を改善するプロセスを設計し実行する力を得ることができる。その結果コルドサでは，大きなものから小さなものまで，絶え間なくイノベーションが起こっている。ささやかではあるが，3つの例を挙げよう。

- ▶ 賢明な現場作業員が，組立ラインの機械のオイルフィルター交換を簡略化する方法を開発し，作業時間を30分から5分に短縮した。
- ▶ 包装されたロール生地がトラックでの輸送中に動いてしまう問題を解決するために，トラックの後部座席に同乗していた作業員が，エアバッグを取り付けて積荷を安定させることを思いつき，ダメージを防ぎ大幅な経費削減を実現した。
- ▶ ある独創的な人事部の社員は，新入社員全員に「相棒（buddy）」をつけることを提案し，新入社員の入社と研修のプロセスを改善した。相棒は，新入社員の入社1年目のガイド兼指導者として質問に答えたり，コルドサの文化を学ぶ手助けをする。この新システムが導入されると，人事マネージャーやトレーナーのストレスが軽減され，さらには多くの永続的な友情が生まれた。実際，コルドサは現在このプログラムを「永遠の相棒（Buddies Forever）」と呼んでいる。

このように，コルドサの隅々にまで創造プロセスを浸透させることで，新製品のアイデアだけでなく，新しいプロセスやマネジメントのアイデアなど，さまざまなイノベーションが目覚ましく生まれ，コルドサをより働きやすい場所にし続けている。

第2のイノベーション・プロセスである統合プロセスを促進するために，アルペルと彼のチームは，コルドサの従業員から湧き上がる生のアイデアを，企

業の革新実現エンジンによって実行される事業機会に変えるための組織システムを数多く構築した。コルドサは，イノベーション活動を組織化するために，ステージゲートシステムと呼ばれるものを採用している。

これはプロジェクト・マネジメントの手法の1つで，例えば新製品のアイデアといったイノベーションのコンセプトを，定められた一連の段階を通じて開発するものであり，その段階はそれぞれのゲートを介して相互につながっている。各ゲートを通過するかどうかは，コンセプトが次のステージに進むための基準を満たしたかどうかを判断する指導者の委員会によってコントロールされる。例えば，プロセスの初期段階では，そのコンセプトを体現する成功事例となり得るかがチェックされる。別の段階では，実際の顧客による使用を通じて，コンセプトの有効性がテスト・検証される。

コルドサのステージゲートシステムは，有望なイノベーション・コンセプトを，初期段階で潰しかねない過度な経済的圧力から守るため，最初の5年間は通常の利益要件を免除することで，新規事業を「積極的に特別扱い」している。これにより，収益モデルの欠陥が特定され，解消される一方で，駆け出しのビジネスが規模を拡大する機会が与えられる。

統合のプロセスを継続することで，サバンジュ・インダストリアル・グループ全体もイノベーションの実践を広め，グループ全体のイノベーター同士のつながりを促進する活動を導入した。例えば，イノベーションに関するトピックは，グループの四半期ごとのミーティングに組み込まれている。サバンジュの産業部門のゼネラルマネージャーは，最新のイノベーション先導事例を発表し，他の会社の同僚からのコメントや質問に答えるために，製品チームのメンバーを会議に連れてくるのだ。

この実践は多くのメリットを生み出した。革新的なアイデアや行動が，ある事業部門から別の事業部門へと広まっていったのである。イノベーションに意欲的な従業員同士の個人的なつながりもでき，将来的に生産的な会議や会話につながることも少なくない。また，社内に目立つ場を提供することで，イノベーションに取り組むチームメンバーに動機付けを与え，実現した成果に報いることもできるようになった。

場合によっては，各社のゼネラルマネージャー自身が，チームメンバーの革

新的なプロジェクトをそれほど支持していなかったこともあった。サバンジュ・グループは，四半期ごとに開催されるミーティングにおいて，そのようなプロジェクトに光を当てることで，ゼネラルマネージャーを困惑させたり恥をかかせたりすることなく，チームメンバーを公に激励したのである。これによって，企業家精神が事業部から事業部へと広がっていった。

同社のリーダー達は，このような「イノベーションの伝染」をさらに広めるために，個人的なつながりも活用した。彼らは，イノベーションを主導する活動に対する態度に応じて，産業グループ内のマネージャーを３つの見出しで分類した個人リストを作成した。ある者は支持者，ある者は反対者，ある者は未定者としてリストアップされた。そして，それぞれのグループに対してコミュニケーション戦略を実施し，Ｅメール，メモ，プレゼンテーション，スピーチなど，各グループを正しい方向に導くためのメッセージ伝達方法を考案した。それは，支持者を励まし活気づけるものであり，反対者の懸念に応え，未決定者の興味をかき立て引きつけるよう促すものである。また，必要な組織文化の変革をさらにサポートするため，アルペルCEOは，新入社員がブルー・オーシャンのイノベーション・ツールの使い方を学ぶトレーニング・セッションを自ら指導する時間を確保した。

指導者チームは，このような段階を一歩一歩踏まえることで，コルドサの企業文化がイノベーションをより歓迎するよう後押しし，それまで切り離されていたイノベーションを，誰もが当たり前で必要なことだと理解する行動パターンとして広めることに貢献した。これらはすべて，統合プロセスの重要な要素であった。

最終プロセスとして，アルペルはコルドサの視点の再構築を先導した。直属のマネージャーから研究所のエンジニア，工場で働く従業員に至るまで，コルドサを単なる素材供給業者としてではなく，顧客のための問題解決方法を創造する企業として考えるよう，彼は言葉と行動を通じて組織全体に教え込んだ。事実上，コルドサはイノベーションを中核に据えるべく，自社のアイデンティティそのものを再構築していたのだ。

これは簡単な仕事ではなかった。それには多くの文化的な転換が必要であり，明白なものもあれば，より些細なものもあった。当初，オペレーションやセー

90 第2部 イノベーション実現の主要プロセス

ルスといった部門のマネージャーの中には，イノベーションの重視に反発する者もいた。彼らは日常的に，業務の効率化，コスト削減，高い利益率といった厳しい要求に直面している。なぜ研究開発部門の人間が，結果を保証することなく金を使うことを許されるべきなのか？　しかし，イノベーションとは真に新しいことに挑戦することであり，それは保証が不可能であることを意味する。

「私たちは，人々が失敗することを認める必要があった」とアルペルは振り返る。

　「それはつまり，実験のための保護環境を整えるということだった。私はCEOだったメフメットや役員たちからそのためのサポートを受けたが，それは同時にすべての期待値を高めることにもなった。イノベーションこそが成長への道筋であり，科学者やエンジニア，その他の従業員には価値を生み出す可能性のある新しいアイデアの創造に専念してほしいという経営陣の意思が明確になったのだ。研究開発の信頼性を高めるために，私たちはあらゆる手段を駆使した。例えば，トルコ政府は，少なくとも50人の研究者を擁しかつその他の基準を満たせば，認定された研究開発センターになることができるという規則を作った。私たちは，それらの要件を満たすことで組織の信頼を得ることができ，組織に対するプレッシャーも軽減された。

　やがてコルドサは，イノベーションの質が評価され，独立系団体からも表彰され，それは大きな助けとなった。イノベーションを象徴するブランドへと変貌を遂げ，同社の人間すべてがイノベーションの価値を認識し始めた。社員はコルドサのイノベーション能力に誇りを持ち始めたんだ」。

　アルペルが主導した，現場からトップに至るメンバーの視点の再構築プロセスは，コルドサの新しいアイデンティティを生み出した。コルドサは，もはや単なる自動車タイヤ用生地メーカーでも，コモディティ製品のありきたりな供給業者でもない。同社は「強化者（The Reinforcer）」と呼ばれる，タイヤから建設，エレクトロニクス，航空宇宙まで，幅広い産業分野の企業のニーズに

応え，拡大し続ける特殊素材を生み出す技術イノベーション企業となったのである。イノベーションは単にできることを増やしただけでなく，コルドサ自体を再構築したのである。

現在，アルペルはサバンジュ・グループ全体のCEOに就任している。彼は，イノベーション文化と多くの革新的なプロセスをグループ全体に広め，コンクリート，エネルギー，金融サービスなど多様な分野の事業に専念している。また，3,000万ドルのコーポレート・ベンチャー・キャピタル・ファンドの立ち上げを指導した。そのファンドでは革新的なビジネス，特に，サバンジュ・グループの現在の事業に付加価値をもたらすと期待される，新しいデジタル技術や素材技術の創造に携わる企業を発掘している。

アルペル自身は，中堅管理職からなる事業横断的なグループに対して，イノベーションの方法論に関する講座を設け，そこで教えている。これは，イノベーションという使命に対する最高責任者のコミットメントを明確に示す，象徴的なふるまいである。

新たな挑戦に挑む歴史ある非営利団体のイノベーション

営利企業と同様，非営利組織もイノベーションを受け入れるために必要な視点の再構築に積極的に取り組まなければならない。YMCAの例をみてみよう。YMCAは，1844年にロンドンでジョージ・ウィリアムズというデパート従業員によってヤング・メンズ・クリスチャン・アソシエーションという名称で設立され，1851年にトーマス・バレンタイン・サリバンというボストン出身の元船長によって，アメリカに持ち込まれた。今日，この由緒あるコミュニティ施設は，子供たちがバスケをしたり，プールで泳いだりする場所として，アメリカ人に親しまれている。しかし，YMCAはそれだけの施設ではない。今では「ワイ（Y）」という名で親しまれるこの施設は，何十年もの間新たな社会的課題に対応するために，サービスモデルのイノベーションを繰り返しながら，何度も自らの組織の再構築を繰り返してきた。

ジョージ・ウィリアムズの指導の下で設立された当初のYMCAは，ロンドン市街の誘惑に囲まれながらも，若者たちが健全な道徳的・知的価値観を身に

92 第2部 イノベーション実現の主要プロセス

つけられるよう配慮された学習と祈りの中心であった。その使命の核心，すなわち，人々が自らの資質を向上させ，より生産的で満足のいく生活を楽しむよう支援することは変わらない。しかし，その使命を追求する新たな方法が絶えず生まれている。

1856年，アメリカにおける移民人口の増加に対応して，オハイオ州シンシナティのYMCAは，第2外国語としての英語を教える全米初のプログラムを提供した。当時はドイツ語話者を対象としていた。1860年代，アメリカの都市にあったYMCAの施設は，仕事を求めて地方から移り住んできた若者たちに，安全で手頃な価格の住居を提供し始めた。やがて体育館や講堂などの設備が追加され，1881年にはボストンの職員が「ボディビル」という言葉を生み出し，史上初のエクササイズ・クラスを指導し始めた。こうしてYMCAは，大都会での生活の制約にもかかわらず，人々が体力を維持できる場所として知られるようになった。

YMCAのプログラム開発者たちは，イノベーション実現の行動を起こし続けた。1891年，マサチューセッツ州スプリングフィールドのYMCAトレーニングスクールは，若者たちが冬に遊べる活気ある室内ゲームを探していた。ジェームズ・ネイスミスという名の体育教師は，この難題に応えるべく，体育館の対面の壁に桃のバスケットをいくつか釘で打ち付け，バスケットボールを発明した。以来，バスケットボールはサッカーに次いで世界で2番目に人気のあるスポーツとなった。YMCAはまたしても，顧客のニーズに応えるためにイノベーション能力を発揮したのである。

YMCAはまた，特定の顧客グループのニーズを満たすために特別にデザインされたプログラムも開発した。1853年，かつて奴隷だったアンソニー・ブラウンが，アフリカ系アメリカ人のための最初のYMCAを設立した。今日に至るまで，YMCAはアフリカ系アメリカ人の関心に応える様々なプログラムを企画してきた。例えば，1971年にYMCAのハーレム支部で開始されたメンタリング・プログラム「ブラックアチーバー」は，プログラムの創設以来，マイノリティの背景を持つすべての子供たちにその対象を拡大している。

1903年，YMCAは鉱山労働者，きこり，鉄道労働者などのブルーカラー労働者のニーズに応えるために「産業」部門を創設し，その後，アメリカでの生

活に適応するための支援を必要とする難民を対象としたプログラムを追加した。第２次世界大戦中，YMCAのスタッフは，アメリカ政府の収容所に収容されていた日系アメリカ人の青少年たちに，クラブやアクティビティを提供するために，秘密裏に活動したこともあった。

これらのイノベーションはすべて，YMCAの活力を維持し，アメリカ人の新しい世代に関わり続けるために極めて重要であった。しかし，おそらくYMCAの歴史の中で最も劇的な自組織の再構築は，直近過去10年の間に起こった。2010年に，YMCAのリーダーたちは，アメリカにおける人口動態の変化が，再び新たな社会的ニーズを生み出しつつあることに気づいた。ベビーブーム世代が定年退職を迎え，アメリカ史上最大かつ最も裕福な世代となり，平均寿命が延びた高齢のアメリカ人は，自分たち以前の両親や祖父母よりも，自己啓発のための自由な時間を持てるようになった。

その結果，YMCAの会員で最も急成長したのは，若者や子供のいる家族ではなく，むしろ高齢者だった。高齢化した団塊の世代の多くは，経済的に裕福である一方，慢性的に健康状態に悩みがあり，YMCAが提供する余暇やレクリエーション活動を十分に利用することができなかった。糖尿病，心不全，肺疾患，肥満といった慢性疾患は，しばしば診断や治療が不十分であった。というのも，この国の医療制度は機能不全に陥っており，何百万人もの人々が医療を受けることが容易でなく，また手頃な値段で治療を受けられずにいたからである。

このようないくつかの収束する社会的トレンドの中で，YMCAの幹部達はイノベーション実現を通じた新たな機会を認識した。それは，YMCAが医療専門家と協力し，何百万人もの高齢者を苦しめている慢性疾患を回避したり，その影響を軽減したりするために，食事，運動，カウンセリングといった集中的な生活習慣の介入を行うというものである。その実現のために，これまでにない地域密着型のプログラムを開発し始めた。YMCAは，小児科医のアーロン・キャロル，社会心理学者のデイビッド・マレロ，医師のロン・アッカーマンの３人の専門家による研究に参加し，対面の目標設定ミーティングを通じて，このような介入が，高齢者の糖尿病罹患率に有意な影響を与えるかどうかを検証した。

94　第2部　イノベーション実現の主要プロセス

　インディアナポリスのYMCAで行われたこの研究では，3,200人以上の患者が参加し，劇的な結果が得られた。薬物療法（血糖値を下げるメトホルミン）のみを受けたグループでは，糖尿病発症リスクが31％減少した。しかし，16時間の生活習慣介入プログラムに参加したグループでは，リスクが58％減少し，70歳以上では71％減少した。「検証は早期に終了した。なぜなら結果は非常に説得力のあるものだったからだ」とキャロル博士は説明する(注2)。

　この調査によって，糖尿病対策として生活習慣に介入するというコンセプトが，潜在的に有効であることが確認された。あとは，YMCAの業務遂行エンジンが新しいプログラムを受け入れ，組織全体のリソースを使って実行に移せるように，創造プロセスを統合プロセスで補完する必要があった。

　最大の難関は，実験手順をYMCAが実施できるプログラムに変換する方法を見つけることだった。キャロル博士が指摘するように，「予防プログラムに必要な集中的介入を開始するための，広く普及している仕組みがなかった。患者1人につき1,475ドルもかかるこのプログラムは，医師のクリニックで実施するにはあまりにも高価で非現実的であった。しかし，YMCAの地域に根ざした施設は，実行可能な代替案を提供してくれた」。キャロル博士はその後の様子を語っている。「行動学の専門家として，マレロはYMCAと協力して，16の中核的な介入レッスンといくつかのメンテナンスレッスンを，YMCAの従業員であるインストラクターが指導するグループベースの形式へと変更したのです」。

　医療の専門家たちは，YMCAのプログラムの有効性を支持した。やがて連邦政府も支援を申し出た。さらに調査を進めると，このプログラムによって糖尿病の新規患者が70％も減少し，アメリカの苦境にあえぐ医療制度において長期的なコストで数十億ドルも節約できる可能性があることが明らかとなった。2009年には，医療費負担適正化法（オバマケアと呼ばれることもある）により，米国疾病予防管理センター（CDC）は，YMCAやその他のコミュニティグループによる全米糖尿病予防プログラムの実施を支援するための資金を計上した。

　その一方で，糖尿病予防プログラムが展開されていた2010年12月に，YMCAは慢性疾患予防の専門家であるマット・ロングジョン博士を，160年の歴史の中で初の幹部兼医師として採用した。糖尿病プログラムの開始とロングジョン

博士の雇用は，YMCAの最新の自己改革イニシアチブの重要なステップを象徴している。ロングジョン博士はこう述べている。「20年後，50年後の人々がこの瞬間を見て，YMCAが地域医療に携わるようになったのはあの時だと言ってくれることを願っています」[注3]。

　糖尿病プログラムを実施するために，全米のYMCA施設は，有色人種など最もリスクの高い人々に焦点を当て，地域コミュニティからヘルスコーチを雇用している。これにより，プログラムは最も必要としている人々にとって，より身近で親しみやすいものとなっている。また，視覚障がい者や英語以外の言語が母国語の人向けのプログラムも提供している[注4]。このように，YMCAは効果的なイノベーションの最も重要な原則の1つを実践している。それは，顧客（および関連する非顧客）の具体的で現実的なニーズに焦点を当て，顧客の嗜好に沿うようなサービスのデザインにすることである。

　2015年までに，全米43州と186都市で1,300以上のYMCAが糖尿病予防プログラムを提供している。YMCAの独自調査に基づけば，2020年には64,000人以上のYMCA会員がこのプログラムに参加し，さらに多くの会員が，他のコミュニティ団体が提供する並行プログラムに参加している。しかも，このプログラムが実利を生んでいることは明らかなようだ。2019年5月，CDCは新たな糖尿病患者が過去初めて10年間減少し，2008年の170万人をピークに2017年には130万人まで減少したと発表した。CDCは，「横ばいと減少の原因は依然として不明であるが，研究者らは，2型糖尿病予防に対する意識の向上と重点化，食事と身体活動の変化，糖尿病の診断とスクリーニングの実施方法の変化がその一因である可能性を示唆している」と述べている[注5]。

　YMCAは，老舗の非営利団体であっても，変化し続ける世界の中で社会的ニーズに応える方法として，イノベーション実現に向けた3つのプロセスを実践できることを鮮明に示している。地域の「ジムと水泳」センターを，生命を救う健康介入へのアクセスポイントに変身させたことは，視点の再構築の本質を表している。

96　第2部　イノベーション実現の主要プロセス

第4章のキーポイント

✓イノベーションを実現する作業には3つの中核プロセスがあり，それ
ぞれが組織のあらゆるレベルでの従業員の関与を必要とするものであ
る。

✓イノベーションの実現に不可欠な3つのプロセスのうち，最初のプロ
セスは創造プロセスである。創造によって，ビジネスを改善する可能
性のある新しいアイデアが次々と生み出される。最前線のイノベー
ターは，創造において重要な役割を果たす。

✓第2番目は，統合のプロセスであり，組織のあらゆる部分からリソー
スを集め，革新実現エンジンの推進を助けるプロセスである。統合プ
ロセスは，革新的なアイデアを，組織の革新実現エンジンによって具
体的な形にするのに役立ち，革新的な考え方を組織全体に広め，イノ
ベーションを実現する仕事を互いにサポートし合う人々のネットワー
クを作り出す。組織の中間管理職はコーチとして，統合において特に
重要な役割を担っている。

✓第3のプロセスは，視点の再構築のプロセスである。視点の再構築を
通じて，組織として再考し，必要に応じて組織の業務を定義・制限し
ている心理的・戦略的前提を変更する。視点の再構築によって，組織
自身の自らに対する見方が変わり，革新的なアイデアを成功裏に実行
する余地が生まれる。視点の再構築のプロセスを推進するのは，一般
的に上級経営幹部である。

第**5**章

誰でも，いつでも，どこでも

——イノベーションの実現は，みんなの仕事

　アメリカ人は"古い"を"古臭い"と同義に考える残念な傾向がある。もし
このような考え方に囚われたことがあるのなら，フィンランドのヘルシンキ郊
外を訪れ，フィスカースの本社に立ち寄ってみてはいかがだろうか。ガラス，
スチール，石造りのきらびやかなロビーを通り抜けると，モダニズム彫刻のよ
うな人目を引くアート・インスタレーションがあるが，これらはすべてフィス
カースで製造・販売されたものである。そして宇宙時代のレセプション・デス
クとハイテク会議エリアを過ぎると，巨大な展示ホールがあり，ガラス製品，
陶器，調理器具，カトラリーなど，フィスカースが現在提供しているスタイ
リッシュな家庭用製品を色とりどりのディスプレイで紹介している。

　驚くべきことに，ヨーロッパで最もイノベーションに満ちた企業の1つは，
最も古い企業の1つでもある。そして400回目の誕生日を迎えようとしている
今，フィスカースとその社員はかつてないほど革新的である。当然ながら，
フィスカースにおけるイノベーションの大部分は新製品に関するものである。
しかし，フィスカースは新しいプロセス，つまり製品の製造，マーケティング，
販売，サービスの新しい方法のイノベーションにおいてさらに優れているかも
しれない。

　その大きな理由の1つは，組織のあらゆるレベルの従業員が，仕事のあらゆ
る面でイノベーションを実現する活動に従事する権限を与えられ，奨励されて
いることだ。その結果，創造，統合，視点の再構築という3つの重要な革新プ
ロセスがフィスカース社内で行われ，革新実現エンジンを常に回転させている

のである[注1]。

フィスカースの革新実現エンジンの仕組み

　フィスカースは1649年，オランダ人商人ピーター・トルヴェステが，フィスカース村（現在はフィンランド，ラーセポリの一部）に溶鉱炉と鍛造工場を設立する許可を政府から与えられた時に誕生した。フィスカース・コーポレーションが初期に製造した製品には，錬鉄製の釘，ワイヤー，鍬，車輪の補強材などがあった。

　1832年には刃物工場を増設し，ナイフ，フォーク，ハサミを製造した。ハサミはフィスカースを最も代表する製品となった。フィスカースのハサミで最も有名なデザインが，1967年に発表されたものである。当時の試作品は黒，緑，赤，オレンジの４種類で作られた，人間工学に基づいたプラスチック製ハンドルのものだった。

　従業員に好きな色の投票を求めたところ，オレンジが選ばれた。この色は2003年に正式に商標登録され，今日に至るまで数多くのバリエーションの「フィスカース・オレンジ」ハンドルのハサミが生まれている。フィスカースのハサミはその超高品質，耐久性，使いやすさ，快適さで高い評価を得ている。

　ここ数十年フィスカースは，さまざまな関連事業を拡大することにより，屋内外用工具メーカーとしての世界的名声を築いてきた。2007年には，食器やガラス製品の人気メーカーであるイッタラを買収し，2013年には1775年創業の高級磁器で有名なロイヤルコペンハーゲンを買収，2015年にはウォーターフォード，ウェッジウッド，ロイヤルドルトンなどのブランドを擁するWWRDグループを買収した。

　現在，フィスカースは３つの戦略的事業部門で構成されている。ヴィータ事業はドリンクウェア，テーブルウェア，インテリア製品を構成し，テラ事業はガーデニングやその他のアウトドア・アクティビティを構成し，クレア事業は有名なハサミを含むクリエイティビティとクラフトのためのツールを提供している。製品は100カ国以上で販売されており，フィスカースの年間売上高は約14億ドル（2020年）である。

フィスカースは，企業買収だけで市場を拡大してきたわけではない。社内主導のイノベーション実現活動もまた，フィスカースの成長戦略にとって重要な役割を果たしてきた。フィスカースの欧州部門社長であるトーマス・エンケルに話を聞いたところ，同社がこれまでブルー・オーシャン戦略の原則をどのように実践してきたかを説明してくれた[注2]。

「価値曲線（value curve）という概念は，顧客のニーズを分析するための貴重なツールだ」。価値曲線とは，顧客が重視する品質との関連で，製品やサービスの特徴を研究する方法を示す簡単な図である。「価値曲線のコンセプトは，非顧客（現在はフィスカース製品を使用していないが，将来顧客になる可能性のある人々）を知る上でも大いに役立っている。さらに，非顧客が求める製品の品質を研究することで，顧客も評価するようなイノベーション実現の方法を理解することができた」とエンケルは説明する。

> 「例えば，プロの庭師たちが，剪定鋏，斧，鋤，熊手などのアウトドア・ツールをどのように評価しているかを聞くことで，私たちは多くのことを学んだ。プロの庭師が私たちの市場に占める割合はわずか10％程度であってもである。
>
> 彼らの嗜好は，私たちの製品に一種のハロー効果をもたらす。それは，プロが私たちのツールを使うことで，プロでない人々も世界最高のツールであると認識するようになり，それが私たちの消費者向け販売活動を支えるという効果である。また，私たちがサービスを提供していない市場の専門家を研究し，共通の特徴を探すことでも多くのことを学んだ。例えば，外科医がメスを使用し評価する様子を観察し話をすることで，私たちが厨房で使用する鋏や包丁を改良するためのヒントを得ることができた」。

フィスカースが研究し学んでいる専門家には，林業労働者，トラクター使用者，花栽培農場の労働者といった非顧客が含まれる。フィスカースのデザイン担当副社長，マサリン・ペッテリは言う。「彼らはフィスカースが製造する種類の道具を一日中，しかも大規模に使用している。つまり，彼らはフィスカー

ス製品を購入する一般的なアマチュア・ユーザーよりも，フィスカース製品で行うべき作業に関する情報源として優れているんだ」。

すでにお分かりのように，フィスカースは非常に理路整然とイノベーションに取り組んでいる。その顕著な例が，同社の最も成功した画期的な製品の1つである水撒きリール「Waterwheel（ウォーターホイール）」である。ウォーターホイールは，フィスカースが競争の激しい庭用散水道具市場に初めて参入した製品である。

マサリンは友人たちから"ペペ"の愛称で親しまれているが，この話の詳細をきかせてくれた。その過程で私は，家庭菜園で使うホースや灌漑用具といった散水道具の世界が，単純なものではないことを知った。

フィスカースがこの困難なビジネス分野に踏み出すことを決める前に，マサリンと彼のチームは徹底的な調査を行った。彼らは，庭で水を使うための適切な道具を求める顧客が直面する，多くの複雑な問題を理解するようになった。思いがけないことだが，考えてみれば自明なこともあった。たとえば，土壌の種類によって吸水特性が異なるため，さまざまな速度で水分を供給できる装置が必要になる。例えば，南ヨーロッパの土壌はスカンジナビアよりもはるかに乾燥しているため，スペインの花壇を完全に飽和状態にするには，フィンランドの花壇よりもはるかに時間がかかる。

設計上の新たな課題を突きつけられる発見もあった。例えば，自宅の所有者が，ガーデニングとは関係のないさまざまな目的のために，この散水道具を利用しているという事実である。「人々はバイクやボートを洗ったり，飼い犬に水をかけたり，夏には子供たちが涼むためにホースを使うんだよ」とマサリンは教えてくれた。市場の大きなシェアを獲得するための散水道具は，これらすべての機能，そしてそれ以上の機能を果たし，競合他社よりも優れていなければならない。

扱いにくくて巻いたり出したりするのが難しく，接続部分で漏れたり切れたりしやすい従来のホースとは異なり，使いやすく信頼できるものでなければならない。最終的にはシンプルで，魅力的で，優美な外観という，フィスカース製品の特徴である北欧デザインの資質を備えていなくてはならない。

マサリンの考えでは，フィスカースには競合他社に対する大きなアドバン

テージがあった。それは，散水がフィスカースにとってまったく新しいカテゴリーであったことだ。「この市場に参入している他社は，何十年も前からホースや関連工具を製造していた」と，彼は語る。「彼らは伝統的な考え方に慣れているため，新しいデザインを想像することが難しいんだ」。

フィスカースはそうした常識を打ち破った。ウォーターホイールは，ホースを収納する従来の壁掛け式のラックではなく，車輪が付いた一体型の装置で，その中にホースがきれいに巻かれているものとなった。使用者はキット全体をハンドルで持ち運び，使用する場所に水平に設置するのだ。

使用者はその後，インレットホース（ホースコネクタ）を最寄りの蛇口に取り付ける。このインレットホースには，フィスカースがもともと斧の柄用に開発した，熱硬化性ポリマーマトリックスにグラスファイバーを混ぜた高度な複合材料であるファイバーコンプ製のネジ式マネージャーが使われている。ファイバーコンプ製のホースコネクタは非常に軽くて強く，漏れにも強く，腐食の心配がなく，寒冷地では金属製よりもはるかに快適に扱える。

これでウォーターホイールの準備は整った。360度の可動域があるため，非常に広い家庭菜園でも，あらゆる方向に簡単に散水することができる。散水サポートのような簡単なアクセサリーが同梱されているため，特定の場所に長時間水を撒いたり，灼熱の夏の午後に子供たちの遊び場を設けたりといった，他の用途にも応用できる。つまり，マサリンのチームが考案した，驚くべきイノベーションを特徴とするデザインの数々は，すべてフィスカースが収集した深い顧客考察に基づくものだったのである。

2016年には，ウォーターホイールの初期デザインは小規模生産のためにポーランドの工場で生産され，その後1年間フィンランドでテストマーケティングが行われた。結果は非常に良好で，ウォーターホイールはすぐにヨーロッパ全土の市場に導入された。

その後，1955年から毎年国際審査員によって授与される，権威あるレッドドット賞をはじめ，数々のデザイン賞を受賞した。フィスカースはレッドドット賞の受賞者を選出する審査員から何度も表彰されている。最近では，2020年にマサリンが率いるデザインチームがレッドドットより「デザイン・チーム・オブ・ザ・イヤー」を受賞し，フィスカースはアップル，フェラーリ，アディ

102　第2部　イノベーション実現の主要プロセス

ダスとともに，1988年にレッドドットが創設した「殿堂入り」企業の1つとなった(注3)。

　今日，ウォーターホイール製品ラインはいくつかのモデルに拡大され，素材の改良と新機能が絶えず追加されている。これは，フィスカースをこれほど成功した組織にしたという点で，組織的イノベーション・プロセスの好例である。もちろん，本書を通じて強調してきたように，イノベーションとはこのウォーターホイールのような新製品を生み出すことだけではない。それはまた，あらゆるタイプの顧客にサービスを提供する新しい方法や，組織をより効率的にし，成功させ，価値を高めるプロセスに改善することでもある。フィスカースは，こうしたイノベーションの顕著な例を数多く提供している。その1つを紹介しよう。

　フィスカース製のアウトドア・ツールは，ヨーロッパを中心とする世界数十カ国の主要なガーデニング・センターや金物店で，長い間人気の定番商品だった。しかし長い間，フィスカース製品の陳列，商品化，販売方法は行き当たりばったりで分かりにくく，非効率的だった。

　商品企画の専門家であるオリバー・ゼーメは，2014年にフィスカースに入社した。前職では，ドラッグストアやスーパーマーケットで販売されるような，動きの速い消費財のマーケティングに携わっていた。彼はこの経験をもとに，小売業者や新たな同僚と協力して，フィスカースの店頭マーケティング・プログラムの欠点を改善することに着手した。

　「ガーデニング・センターはスーパーマーケットと同じではない」とゼーメは言う。「しかし，顧客の行動は似ているところが多い。そのような行動を考慮して店舗のディスプレイをデザインし直せば，もっと多くの商品を売ることができることに気づいたんだ」。

　ゼーメはフィスカース社内の新しい組織グループで，ヨーロッパなど特定の地域市場を担当する「ゴートゥマーケット」ユニットの創設に着手した。各市場においてゴートゥマーケット・チームは，消費者の期待，関心，行動を調査し，それをもとにその顧客によりよいサービスを提供するための独自の販売システムを開発するのである。

　当初，ゼーメはフィスカースのひと握りの同僚たちから反発を受けた。彼ら

は，なぜ製品の整理整頓や陳列方法がそれほど重要なのかを理解できなかったのだ。「まるで火星から来たかのような目で，私を見る人もいた」と，ゼーメは当時を思い出す。「彼らは私が店の棚をきれいに見せることに興味があると思ったんだ。なんて時間の無駄なんだ！ってね」。

フィスカースの販売手法を見直すことで，会社とビジネスパートナーの双方に真の価値が生まれることを実証するため，ゼーメと彼のチームは，顧客がアウトドア用品をどのように購入しているかを分析することから始めた。

訪問，観察，インタビュー，そして情報収集のために集められた集団への調査を通して，買い物体験についての基本的な理解を深めた。「顧客は実際には，鋤を買うために店に入るわけではない」とゼーメは説明する。「彼らは裏庭や家の中で特定の作業をしたいから店に来る。だから店は，彼らがその作業のやり方を学び，そのために必要なものを見つけやすいように配置されるべきなんだ」。

また，工具の購入者とその習慣について，より具体的な事実がいくつか明らかとなった。例えば，園芸店での買い物客のほとんどが女性であり，斧のような重い刃物の売れ行きが悪いのはそのためかもしれないこと（一方，刃物を探している男性は，園芸店の代わりに金物店を訪れる可能性が高い）などである。

このような洞察から，チームは小売業ごとに念頭に置く主たる顧客カテゴリーの違いに応じて販売計画を修正する方法を思いついた。例えば，園芸店では，斧の代わりとなるような，軽くて使いやすい刃物を陳列するのである。

革新的な知見を検証するため，ゼーメはフィスカースの最大の顧客であるミュンヘン近郊の園芸店を説得し，ある実験に協力してもらった。カテゴリー別に道具を整理するのではなく，特定の作業に基づいてカスタマイズされたディスプレイを施したのだ。例えば，植え込みのための花壇の準備や，ピケットフェンスの設置などである。その作業に必要なすべての道具は，補助的な製品（花壇用の土や肥料など）や「代用」製品（斧やのこぎりの代わりに使えるカッターナイフや手斧など）と一緒にグループ化される。様々な道具や製品は左から右へと，開始から終了までの工程を映し出すように，視覚的に配置された。住宅オーナーがどのように作業に取り組むべきかを正確に説明し，最適な道具を選ぶための指針を示す情報ディスプレイが作られた。

それから１カ月も経たないうちに，ミュンヘンの店舗で最初の革新的なディスプレイがお披露目された。ゼーメはこれをアンバサダー・システムと名付けた。３日も経たないうちに，同じ園芸店チェーンの他の２店舗が同じシステムの導入を求めてきた。１カ月後には，同チェーンの12店舗すべてが，同じシステムを導入することを希望した。翌年の店舗の売上高は，フィスカース製品の売れ行きが50％増加したことを反映して増加した。

これは大変意味のある勝利だった。というのも，ドイツは長い間，フィスカースにとって最も厳しい欧州市場の１つだったからだ。フィスカース・ブランドを誰もが知る母国フィンランドとは異なり，ドイツは世界中の多くのブランドがしのぎを削る超競争市場である。アンバサダー・システムがミュンヘン地区で大きな反響を呼んだことは，ヨーロッパ大陸全体に影響を与えることを予感させた。案の定，2016年までにアンバサダー・システムはヨーロッパ中の1,900以上の店舗に展開され，成功を収めた。ゼーメと彼のチームは，キッチンツールなど他のカテゴリー製品のマーケティングを強化するために，同様のイノベーション・プログラムを開発し始めた。

フィスカースの研究開発チームとデザインチームは，同社の歴史を通じて行ってきたように，新製品を革新する効果的な作業に取り組んでいる。しかし，新製品の開発プロセスと同様に，フィスカースは他のビジネス・プロセスに関しても並外れたイノベーションを実現している。2021年現在，アンバサダー・システムの考え方は，フィスカースの他の事業部門にも応用されている。

境界のないイノベーション
―革新力を生み出すBTI（Built To Innovate）フレームワーク

フィスカースでどのようにイノベーションが実現されたかをよく見てみると，イノベーションの３つのプロセスは互いに独立して起きているわけではなく，必ずしも整然とした順序やシステムに収まっているわけでもないことが分かる。創造，統合，視点の再構築はしばしば同時に起こり，重なり合い，互いに影響し合う。また，それらは企業のあらゆる部門，組織のあらゆるレベルで行われる可能性があるし，実際そのように行われるべきである。

私にとって，そのようなイノベーション中心の企業がどのように運営されているかを研究したことが，本書の冒頭で提示するフレームワークを開発するのに役立っている。

　図1.1として再掲するこの図は3×3のフレームワークで，組織の3つのレベルすべてがイノベーションの3つのプロセスすべてに関与することで，最大限の効率で稼働する革新実現エンジンを生み出す方法を示している。BTIフレームワークの拡大版とプロセスに関する追加情報は，付録を参照して欲しい。

　図1.1が示すように，ほとんどの組織では，3つの主要なレベルのそれぞれにおいて，3つのプロセス（創造，統合，視点の再構築）が常時進行しているはずである。しかし，これらのプロセスは各レベルで多少異なっており，その程度もさまざまである。第一線で活躍するイノベーターにとって，最も重要なプロセスは創造であり，それは主にアイデアを生み出すという形をとるが，彼らは統合や視点の再構築にも参加している。中間管理職でコーチの役割を果たす人においては，統合が最も重要なプロセスであるが，彼らは創造と視点の

［図1.1］BTIフレームワーク（再掲）

いつでも，どこでも，誰でも実現できるイノベーション—イノベーション実現の3つのプロセスは，組織の3つのレベルでどのように行われるか

	現場のイノベーター	中間管理職	上級経営幹部
視点の再構築	当たり前の先を見る	イノベーション実現の許可を与える：公正なプロセスを作る	イノベーション実現を戦略の中核に据える：前提に挑戦することを許可する
統　合	革新的な手法や顧客に関する知識を共有する	連携プロセスを構築する：業務遂行エンジンと革新実現エンジンをつなぐ	イノベーション実現のためのガバナンス構造と言語を創造する
創　造	顧客や非顧客に耳を傾けてアイデアを生み出す	サポートを提供する：レビューを行い，アイデアを提供する	イノベーション実現のための規範，基準，インセンティブを設定する

106　第2部　イノベーション実現の主要プロセス

再構築のプロセスにもまた関与している。また，上級幹部達にとっては，視点の再構築が最も重要なプロセスであるが，彼らも3つのプロセスすべてに関与している。

　図1.1の各列において，セルの相対的な大きさは，その従業員グループの仕事において各プロセスが果たす重要度を反映している。フィスカースを例に，イノベーション実現の3つの核となる各プロセスが，順調に稼働する革新実現エンジンの各レベルでどのように展開されるかを見てみよう。

　革新的なアイデアが次々と生み出される創造プロセスは，第一線で活躍するイノベーターのレベルで起こることが多い。顧客（および非顧客）と直接仕事をする人々は，顧客のニーズ，問題，要望について特別な洞察力を持っていることが多く，それが新しい製品やサービスのアイデアを生み出す契機となる。

　それと同様に，エンジニア，科学者，プログラマー，アーティスト，梱包業者，材料専門家，製造専門家など，技術やデザインの実務に直接携わる人々も，企業が提供する製品やサービス，さらにはサプライヤー，研究者，外部コンサルタントなど，重要な非顧客との日常的な関わり合いの中から，新しいアイデアが生まれることが多い。

　これはフィスカースで現実に起こっていることである。マサリンと彼の部門横断的なデザインチームは，新製品であるウォーターホイール・システムの革新的なデザインに着手する前に，何時間もかけて顧客を観察し話を聞いた。それと同様に，アンバサダー・システムを生み出したゼーメのアイデアも，フィスカース製品を小売店で直接販売している店長や販売員を訪問し，彼らとの会話を通じて生まれたものである。それと同じようなアイデア創出活動は，フィスカースの現場レベルで常時行われている。

　どの事業部門にも，顧客分析グループと呼ばれる，顧客，サプライヤー，営業担当者，その他の人々が，市場の動的な変化について話していることを記録し，分析することを仕事とする，従業員で構成された学際的なチームがある。顧客分析グループのメンバーによって見出された傾向や機会は，製品，サービス，またはプロセスの改善に関する新しいアイデアを生み出すことが少なくない。

　フィスカースの研究開発施設でも，最前線で業務に従事する人々による同様

第5章 誰でも，いつでも，どこでも　107

の発見がある。これらの施設には，社内のエンジニアや科学者だけでなく，フィスカースの典型的な顧客ではないが，同じような種類の道具を使う社外の専門家（シェフ，庭師，木工職人，インテリアデザイナーなど）が使用するキッチン，庭，作業場が備えられている。

　彼らはフィスカース社の施設に招かれ，既存の製品を使ったり，新しい製品の試作品をテストしたりする。社内チームのメンバーは，専門家の行動を観察し，自社製品がどのようにうまく機能するか（そしてどのような時にうまく機能しないか）を指摘し，議論し，フィスカース製品を改良したり補足したりする方法を示唆するような課題を探る。定番のハサミも，このような過程を経て，常に見直され，改良され続け，多様化し続ける顧客や用途に対応するための様々なデザインが開発され，発表され続けている（注4）。

　このように，フィスカースでは第一線で活躍するイノベーターたちに，革新的なコンセプトを次々と生み出すために必要な機会とリソースが与えられている。しかし，中堅層のコーチや上級幹部もまた，創造プロセスにおいて果たすべき役割を担っている。

　例えば，組織の中堅層に位置するコーチは，自分が監督する従業員にイノベーション実現活動に許可を与える最初の存在である。また，革新的なアイデアを生み出すために必要なツールやリソースを従業員に提供し，イノベーションに時間とエネルギーを割く自由を与えなければならない。フィスカースでは，これが中間管理職の重要な役割であるという理解が深く根付いている。「私たちは継続的改善という概念を取り入れている」とエンケルは言う。「つまり，現場の従業員たちは，製品やサービスをどうすればより良くできるかを日々考えるよう，奨励されているのだ。それは単に新製品や新商品ラインナップを開発することではない。小さな変化が時間をかけて積み重なり，顧客のために生み出す価値に大きな改善をもたらすことになる」。

　フィスカースの上級幹部もまた，戦略的・経営的行動を通じて，創造プロセス全体を支援・指導している。例えば，イノベーションの実現を奨励し，インセンティブを与えるための全社的な活動を組織している。フィスカースと提携している外部企業（小売業者やサプライヤーなど）を招き，社内の専門家とともに，関係者全員に価値をもたらすイノベーションのブレインストーミングを

108　第2部　イノベーション実現の主要プロセス

行う「アイデア・デイ」などがその例である。

　上級幹部はまた，世界市場，競争圧力，人口動向，技術開発，その他の要因の理解に基づき，フィスカースにとって最も有望な将来の成長分野を特定する責任も担っている。これらのアイデアは，「5カ年イノベーション・マスタープラン」といわれる文書で正式に定義され，毎年更新される。この文書では，上級幹部が中堅幹部や最前線の従業員に対して，革新的な仕事において注力するよう求める重点分野が明示されている。

　また，上級幹部は潜在的イノベーションを判断するための，卓越性，価値創造，収益性の基準を定義する。目標と基準を設定するこのプロセスには，現状維持と挑戦の間に「創造的緊張関係」が内在している。

　当時フィスカースのCEOであったカリ・カウニスカンガスは，この挑戦へのアプローチを次のように要約した。「より良いビジネスの方法を発見しようとする意欲，意志，自由を従業員に持たせることが重要だ。新しいアイデアを求めて，私たちは彼らにクレイジーになる許可を与えなければならない！　しかし同時に，彼らの焦点を明確にし，最も必要とされている分野でイノベーションを実現するよう，人々に挑戦させる（範囲を限定する）箱を作らなければならない」。

　このバランスを円滑にとることが，リーダーシップの課題である。フィスカースが比較的小規模な企業（現在の従業員数は約7,000人）であることは，プラスに働いた。「私は社内のほとんど全員を知っている。そのおかげで，信頼と協力の雰囲気を維持しやすいのだ」とマサリンは言う。また，オーストリアにルーツを持つクリスチャン・バッハラーは，フィスカースの比較的フラットな階層構造が，「いかにもフィンランドらしい」民主的な企業文化につながっていると指摘する。バッハラーは言う。「誰でも自由に意見を言い合えるし，誰かに挑戦することもできる。フィスカースでは誰もが変化をもたらすことができ，誰もがそうする力を与えられていると感じているの」。

　フィスカースにおける統合プロセスは，主に中堅層のコーチによって推進されている。例えば，フィスカースの中間管理職は，新しいアイデアが具体的なプロジェクトに発展し，実行に移されるシステムを組織し管理している。有望なコンセプトが浮上すると，中間管理職はその中核となる特性をプロジェク

ト・テンプレートの形で把握するために，現場の従業員を1人選ぶ。このテンプレートはステージゲート・プロセス（訳注：段階（ステージ）を複数設定し，段階ごとに次の段階に進めるアイデアや提案を絞りこむプロセス）の指針とされ，この過程でコンセプトは徐々に開発・改善されていく。このプロセスには，簡単なプロトタイプの作成，社内のワークショップ及び大学の研究室などの外部施設での潜在顧客によるテストが含まれる。これらのテストが完了した後も，そのコンセプトが有望だと思われる場合は，適切な事業部門の正式な「資産」となる。そして，この事業部門を運営する中間管理職チームは，フィスカースの業務遂行エンジンの一部として，新しいアイデアを日常業務に統合する責任を負い，会社だけでなく，顧客やビジネスパートナーにも経済的価値を生み出す手助けをする。フィスカースでは，革新的なアイデアを開発し実施するプロセス自体が，主に中間管理職の努力によって，絶えず洗練され改善されている。

　例えば，フィスカースの植物ケア事業部のビジネス・マネージャーであるヤリ・イカヘイモネンは，革新的なアイデアを評価するプロセスをよりシンプルかつ正確にするために，どのような努力をしてきたかを話してくれた。

　以前の企業で同様のエクササイズに参加した経験から，彼はフィスカースに品質機能展開マトリックスとして知られるツールの採用を勧めた。これは，チームメンバーが，顧客が最も重視する製品やサービスの特性を特定するための具体的なデータを定義するのに役立つものである。「その結果，意思決定の質が向上した。そして新製品の販売予測がより正確になったことで，イノベーション・プロセス全体のリスクが軽減された」とイカヘイモネンは言う。最近では，新規事業部門の提案を評価・選考するインキュベーター・グループが新設された。社員は誰でもこのグループに提案を提出することができる。

　もちろん，イノベーションの統合には，現場のイノベーターや上級幹部達の努力も必要である。最前線で働く人々は，プロジェクトの開発やテストのプロセスに携わる時，また，イノベーションを生み出すアイデアや活動を社内全体に広めるため，部門横断的で学際的なチームやミーティングに参加する時に，統合プロセスを支援する。

　上級幹部達は，企業統治に関する意思決定を通じて，統合プロセス全体を形成する。例えば，プロジェクト開発システムの設計と監督，イノベーションを

110　第2部　イノベーション実現の主要プロセス

促す従業員評価と報酬プログラムの策定などである。

　最終的に，視点の再構築プロセスを推進するのは，誰でもない会社の上級経営幹部達である。Cで始まる役職を担っている組織のC-suite幹部は，事業の将来を定義する長期的な戦略的思考を担っている。そしてひいてはこの戦略的思考が，自社におけるイノベーションの性質や，従業員が自らの仕事を想像し，実現する方法を形成することにつながる。私がフィスカース本社を訪れた時，カリ・カウニスカンガスCEOがこの仕事に深く携わっていた（彼はその後退任し，2021年現在，ナタリー・アールストロムがフィスカースCEOを務めている）。

　私がカウニスカンガスに会った時，彼はチームとともに取り組んでいる視点の再構築に関する喫緊の課題をいくつか挙げてくれた。それには次のようなものがあった。フィスカースの顧客とその嗜好は，どのように変化しているのか？　製品の流通チャネルは，どのように進化しているのか？　これらの変化は，私たちの仕事の本質にどのような影響を与えるのか？　20年後，フィスカースは店舗で製品を販売し続けているだろうか，それともビジネスモデルは完全に変わっているだろうか？　従来の購入方法ではなく，ある種のサブスクリプション・モデルを通じて製品へのアクセスを提供することになるのだろうか？　3Dプリンターやその他の積層造形技術を使って，道具の設計や製造を現地化するのか。私たちのビジネスは，知的財産の開発と販売が中心になっていくのだろうか？

　つまり，CEOとC-suiteチームは，フィスカースが将来も勝ち続けるためにはどのような企業になる必要があるのか，問い続けているのだ。それは，今日の組織のイノベーション思考の指針となるべき，究極の視点の再構築に必要となる問いである。

　会社の最高レベルで行われている視点の再構築推進思考に導かれ，フィスカースの中堅コーチや現場のイノベーション担当者も同様に，事前の制限を求めない新たな発見に取り組んでいる。彼らは，イノベーションを生み出す文化があらゆるレベルで組織に浸透するように働きかける，重要な役割を担っている。このようにして，上級幹部が抱くイノベーション実現へのコミットメントは，フィスカースにとっても，同社のすべての利害関係者にとっても，測定可

能で価値ある結果を生み出す具体的な行動に転換されるのである。

フィスカースを訪問した際，ビジネス・マネージャーのヤリ・イカヘイモネンは，視点の再構築を推進する精神が，中間管理職レベルの彼の仕事にどのような影響を与えたかを知るのに役立つコメントを残した。

「フィスカースは，私たち誰もが認める素晴らしい伝統を持つ老舗企業だ」。彼は続ける。「しかし今日では，その伝統を限界と感じない若者が多く働く急成長中の組織にもなっている。過去には敬意を表するが，それを所有したり守ったりする必要はない。私たちは，フィスカースが創造的であり続け，次の世代にもつながるようなイノベーション実現の行動を許可されているのだ」。

当時，フィスカースのキッチンツール事業を担当していたもう1人の中堅マネージャー，クリスチャン・バッハラーは，同じ視点の再構築の精神を，さらに簡潔に捉えていた。「フィスカースは370歳のスタートアップ企業だ」と彼は笑顔で語った[注5]。

国際的なマインドセットで視点を再構築する

2019年，世界経済，顧客の嗜好，環境圧力の変化に対応するため，フィスカースは特に意欲的なイノベーション・プログラムに着手した。ヴィンテージ・サービスとして知られるこのイニシアチブは，フィスカースを持続可能性の専門家が言うところの「循環型経済」のパイオニアにすることを目的としている。これは，すべての資源と素材を継続的に再利用・リサイクルすることで廃棄物をなくすというものである。

2016年に，フィンランドは世界で初めて循環型経済実現のためのロードマップを発表した。フィンランドを代表する企業として，フィスカースはその一翼を担うことを熱望してきた。フィスカースがゴミを削減し，製造とマーケティングの持続可能性を向上させるために取り組んでいる方法のいくつかは，他の企業で採用されているものと同様である。例えば，フィスカースが所有するナイフやその他の工具に特化したガーバー・ブランドは，2019年中に包装と出荷方法を見直し，プラスチックの使用量を減らし，完全にリサイクル可能で再生可能な素材に切り替えた。同様に，フィンランドのイッタラ工場は，廃ガラス

を再利用して作られた人気の高いラーミ・タンブラーの特別バージョンを発表し，世界の工業製品の先駆けとなった。また，2017年から2019年にかけて，フィスカースが埋立地に送る材料の総量は61％減少し，今後もさらなる削減が見込まれている。

　しかし，こうした称賛に値する努力にとどまらず，フィスカースは特に循環型経済の方向に会社をシフトさせるために考案された革新的なビジネスモデルも開発している。これがヴィンテージ・サービス・プロジェクトの根底にある考え方だ。ヴィンテージ・サービスのビジネス・ディレクターであるノラ・ハータイネンの言葉を借りれば，「私たちの目標は，製造施設内で発生するすべてのゴミを再利用またはリサイクルし，ゴミを埋立地に送らないことだ」[注6]。

　顧客は，イッタラやアラビアブランドの中古のガラスや陶器の食器を同社に売ることで，ヴィンテージ・サービスに参加している。その後，フィスカースは製品を他の顧客に再販する。壊れて再販できないものは，別の形でリサイクルされる。例えば，セラミックは粉砕されてレンガ製造のための電力に，ガラス製品は建物の断熱材に生まれ変わる。

　ヴィンテージ・サービス・システムは，環境的な便益だけでなく，フィスカースの愛用者に新たな価値をもたらしている。ロッタ・エスコリンはヴィンテージ・プログラムのサービス・マネージャーである。「各店舗のヴィンテージ・アイテムの種類は毎日変わり，数十年前のものから近年のものまで，珠玉の品々を目にすることができます。当店のお客様は，ご自分のコレクションに欠けているパーツを見つけたり，シュガーボウルやソースボートのようなアイテムでテーブルセッティングを引き立てたりしています」と彼女は言う。「時代を超越した，考え抜かれたデザインは何年も長持ちし，世代から世代へと受け継がれていくのです」[注7]。

　顧客はヴィンテージ・サービス・システムを熱狂的に受け入れている。フィスカースは，ヴィンテージ・サービスの開始後数カ月で，すでに天然資源のゴミを133トン以上削減し，二酸化炭素排出量も45トン以上削減したと推定している。

　2020年10月までに，ヴィンテージ・サービスはフィンランドのすべてのイッタラとアラビアの小売店で導入され，スウェーデンの店舗への更なる展開が始

第5章　誰でも，いつでも，どこでも　113

まろうとしていた。フィスカースはこのプログラムを拡大し，すべてのメーカーの食器をリサイクル（再販は不可）することにした。

　ヴィンテージ・サービスは，大規模な視点の再構築を通じた新たなコンセプトが，現場の従業員や中間管理職にとって，いかに設計・実行する際の実践的なイノベーション実現の基礎となりうるかを示す好例である。

　サーキュラー・エコノミーは，フィスカースやフィンランドの国家経済よりもはるかに大きな理念である。それは，地球とのつながりをより健全で持続可能なものにするために，人間が環境とどのように関わっているかを再定義する試みである。

　気候変動や世界規模の感染爆発から経済的不平等や社会的不平等まで，さまざまな危機に直面する世界では，このレベルでのイノベーションの実現とそれを具体化する行動がますます重要になってきている。フィスカースのように，革新的なプロセスを組織のあらゆるレベルで実践している企業こそが，この先導役となっているのである。

　この章では，イノベーションを実現するための3つのプロセスを組織全体に浸透させることで，社員が持つイノベーション能力と価値を最大化できることを見てきた。次の3つの章では，これらの組織の各レベルをさらに詳しく見ていき，イノベーションを実現する活動全体において，各レベルのメンバーが果たす役割についてより詳しく論じていくこととしよう。

114 第2部 イノベーション実現の主要プロセス

第5章のキーポイント

✓イノベーションを実現するための3つのプロセス（創造，統合，視点の再構築）はすべて，組織のあらゆる部分で，現場のイノベーター，中間管理職，上級経営幹部の3つのレベルが関わることで実現されるべきプロセスである。

✓創造プロセスは，多くの場合，現場のイノベーターによって推進される。彼らは，日々の業務プロセスとの直接的なつながりを持ち，顧客のニーズや関心，そして顧客以外からもたらされる洞察に常に直面している。

✓イノベーションの統合プロセスを推進するのは，主にコーチの役割を担う中間管理職であり，革新的なアイデアを評価し，開発し，プロセスを設計し実行する。また，組織のさまざまな部門にいるイノベーター同士のつながりを促進する。

✓組織メンバーが立脚する視点の再構築は，通常，上級経営幹部によって推進される。上級経営幹部の仕事には，組織の戦略的思考に変化をもたらす，そして恐らく企業の基本的なアイデンティティ，目的，目標の再構築を必要とするかもしれない，市場動向の継続的な分析が含まれる。

第**3**部

イノベーション実現の
３つの重要な役割

第6章

実践的に創造性を授ける

——現場のイノベーターを鼓舞し，力を与える方法

　ホテルの経営は，想像以上に過酷な仕事の1つだ。毎日，朝食のトーストを熱いうちに出したり，フィットネスセンターの大がかりな運動器具であるステアマスターの調子が悪いのを直したり，出発するゲストを時間通りに空港まで送ったりと，何千もの小さくて重要な仕事を正確にこなさなければならない。1つでも失敗すれば，顧客を永遠に失うことになりかねない。このような毎日，細部にまでこだわるプレッシャーの中で，ホテル・マネージャーが自分たちの業界の未来のために大きな，革新的なアイデアを生み出すのは難しい。だからこそ，今日，ほとんどのホテルチェーンは，ありきたりの商品やサービスを提供しているのだ。

　では，シェラトン，ウェスティン，W（ダブリュー），セントレジスなどのブランド名で世界95カ国に850のホテルを展開する巨大企業スターウッドが，1日で1,700件もの革新的なアイデアを生み出すことができたのはなぜだろう？　それはパリの魔法のおかげかもしれない。

　当時，シックスシグマと呼ばれる業務改革およびヨーロッパ，アフリカ，中東地域における業務改革の担当だった，副社長のロビン・プラットは，全地域のマネージャーが参加するパリでの会議開催の計画を担当した。スターウッドの未来について，斬新な発想を飛躍させる方法を求められたプラットは，700人の出席者を64のチームに編成し，各チームに会社のコアバリューを反映した8つの言葉（美，信頼，思いやり，豪華さ，個性，インスピレーション，スタイル，親しみやすさ）を割り当てた。そして，各チームをノートとカメラを

持ってパリの街を歩き回らせ，その言葉を具現化するイメージや体験，インスピレーションを見つけることに挑戦させた。

　3時間後，700人のマネージャーたちは驚くほど豊富なストーリーとアイデアを持って帰ってきた。街角の風景，パリの有名な公園や噴水，パリの家庭生活，マキシムのレストランで窓を覆う意匠を凝らした日よけ，メトロでキスをする若いカップルなど，すべてがスターウッドのホスピタリティ・ブランドの本質と意味についての新鮮な発見の材料となった。

　溢れ出た1,700のアイデアは，ホテルの日常業務の改善に役立てられる可能性があるものとして，収集され分類された。あるものは，既存のプロジェクトの小さな改善につながり，あるものは気の利いた新しい広告やプロモーションのコンセプトとなり，またあるものは，スターウッドが世界的に採用する大きな戦略的企画に成長した。その例の1つはFamTASTIC（素晴らしい家族）で，親ではなく子供がホテルに何を求めているかの調査に基づき，家族向けの特別パッケージを開発するマーケティング手法である。

　この研修に参加した700人のマネージャーは，いずれもイノベーションの専門家ではない。しかし，ひとたび日常業務から解放され，イノベーション実現の行動に許可を与えられ，マインドを広げる簡単なツールをいくつか与えられると，彼らは新しいアイデアを次々と生み出し，その多くはスターウッドに大きな新しい価値を生み出す可能性を秘めたものとなった。終了後，ある参加者は「自分がクリエイティブなタイプだとは知らなかったが，今ならできると思う」とコメントした[注1]。

なぜ現場のイノベーターが創造プロセスにおいて 重要な役割を果たすのか？

　これまで説明してきたように，イノベーションの基礎となるプロセスの1つは創造である。創造とは，新製品やサービス，プロセスの改善など，組織やそのさまざまなステークホルダーに利益をもたらすイノベーションのアイデアを生み出すことである。多くの場合，創造プロセスにおける重要な主人公は，現場のイノベーターである。工場では組立ラインの作業員や監督，保険会社では

アクチュアリーや販売代理店，病院では看護師や医師などがこれにあたる。スターウッドの場合にはホテルチェーンの現場マネージャーであり，一日の大半をゲストとの対話に費やしている人々である。

現場社員が業務遂行エンジンの下で働いている時には，与えられた仕事をできるだけ上手くこなすことに集中している。しかし，すべての従業員が時としてそうであるように，彼らが革新実現エンジンの一翼を担うように期待される時，自身の心のギアチェンジが必要となる。革新実現エンジンを担う1人として，彼らの頭と行動は，新しい価値を創造するビジネスアイデアを探すことに完全に集中しなければならないからである。

このようなアイデアを生み出す現場の従業員の潜在能力は膨大である。現場のイノベーターは，最も多く，そして最も頻繁に顧客（多くの場合，非顧客も含む）と直接接する従業員である。そのため，顧客から，満たされていないニーズ，言葉にされていない願望，未解決の問題などを学ぶ機会が最も多く，その1つひとつが，組織によるイノベーションの可能性を示している。

現場のイノベーターは，顧客にサービスを提供するだけでなく，組織のビジネスモデルの中核を成すその他のプロセスにも直接携わっている。現場の従業員は，製品を作り，サービスを提供し，金融取引を管理し，アプリやウェブページをデザインし，人事機能を取り扱い，その他のあらゆる活動に個人的に関与し，その累積的な影響が会社の成否につながる。最前線で働く労働者こそが，これらの活動をよりうまく機能させる方法について，アイデアを生み出せる最高の立場にいるのは何ら不思議でもない。

残念なことに，多くの組織において，現場の従業員は相応の敬意を払われていない。現場の仕事の多くは入門レベルのポジションであり，ほとんど経験がなく，専門的なスキルもほとんどない従業員が担うことになる。このような仕事に関連する給与，名声，権力は，多くの場合，ごくわずかである。そして，特定の最前線の従業員が，その類まれな才能，効率性，創造性によって同僚から抜きん出た存在になると，通常は管理職に昇格する。つまり，現場の従業員ではなくなるのだ。

この結果は逆説的である。多くの組織では，従業員が昇進し，より上位の職位に就くほど，顧客と，そして企業にとって実際に収益と利益を生み出す業務

プロセスと，実際に顔を合わせて接する機会が減っていく。出世して中間管理職になり，場合によっては上級管理職になると，イノベーションを実現するための権限はますます大きくなるが，同時に，革新的なアイデアを生み出すのに役立つ，顧客やプロセスへの継続的な直接アクセスを失うことになる。

　幸いなことに，このパラドックスを解決する方法がある。イノベーションの実現を組織のDNAとして根付かせたい組織は，現場のイノベーターが果たす重要な役割を認識しなければならない。このような組織は，現場の従業員が画期的なアイデアの開発と共有に時間とエネルギーを割けるよう，インセンティブを与える方法を開発する必要がある。また，そのようなアイデアを表面化させ，最も優れたアイデアを特定し，それを現実のものにするシステムを構築する必要もある。現場の従業員は，このようなシステムが提供する創造的な機会から多大な利益を得ることができ，彼らが働く企業はさらに大きな利益を得ることができるのである。

巨大ホスピタリティ企業が顧客との親密さを
イノベーションの糧とし，またその逆も実現する方法

　この章の冒頭で述べたパリの冒険の直後，スターウッドはマリオット・インターナショナルに買収された。この新たな買収により，世界最大のホテル企業が誕生した。世界130カ国に約6,700のホテルを展開し，30の異なるホテルブランドを擁するマリオットは，何百万人もの顧客のニーズ，希望，嗜好に密着しながら，広大な事業を効率的に運営するという課題に直面している。現場の従業員に力を与え，耳を傾けることは，業務遂行と革新実現との間の複雑なバランスを遂行する上で極めて重要であり，マリオットがスターウッドの買収を決定した理由の1つは，同社の広く認められているイノベーションの実現能力にあったようだ。

　近年，ホスピタリティ業界におけるイノベーションの重要な舞台の1つがソーシャルメディアである。これは，実質的にあらゆる業界の企業が取り組んでいる課題である。フェイスブックやツイッター，インスタグラムやワッツアップに至るまで，ソーシャルメディア・プラットフォームのおかげで，個人

が自分の経験や感情，企業に関する意見を，世界中の何千，何百万という人々に簡単に発信できるようになった。ホスピタリティ・ビジネスは，トリップアドバイザー，エクスペディア，カヤックのような専門プラットフォームにも注意を払わなければならない。そのようなプラットフォームは，数えきれない消費者の旅行動向に大きな影響を与えるからだ。

　スターウッドは，革新的なアイデアの源泉としてソーシャルメディアを活用した，ホスピタリティ企業のパイオニアである。例えば，スターウッドはどの業界よりも早く，顧客サービス・センターの従業員に，ソーシャルメディア・サイトに掲載される自社に関するコメントを積極的にモニタリングする権限を与えた企業の1つである。これらの現場の従業員はまた，オンライン上で表明された顧客の関心に合わせた特典やギフトを提供することで，定期的に個々の顧客を「驚かせ，喜ばせる」権限を与えられた。

　スターウッドはまた，インスタグラムにホテルのメニューを写真形式で表示するなど，独創的なソーシャルメディア戦術のパイオニアでもあり，その方法は，ミレニアル世代やX世代の旅行者にリーチするユニークで効果的な方法であることが証明された。またスターウッドは，スナップチャットの流行にいち早く乗り出した企業の1つでもあり，わずか数カ月の間に400万人の顧客を新たに獲得することに成功した[注2]。これらの例はすべて，スターウッドが顧客のニーズを理解し対応するためのツールとしてソーシャルメディアをいかに率先して活用したかを示すものであり，第一線に立つ現場のイノベーターが果たすべき独自の役割を示す典型的な例である。

　スターウッドはまた，伝統的なローテクツールを使って顧客から学ぶことにも長けていた。以前はスターウッドのカスタマー・ロイヤルティ・プログラムの責任者で，現在はハイアット・ホテルでチーフ・コマーシャル・オフィサーを務めるマーク・フォンドラセックは，同社が顧客のニーズや好みをイノベーションの源泉とする具体的な道筋を提供するため，アンバサダー・プログラムを創設した経緯を説明した。スターウッドのアンバサダーとは，個人旅行者のための単一の窓口となるよう訓練された，現場従業員の特別な集団である。アンバサダーは，顧客と何度も接するうちに，世界を飛び回るビジネス旅行者，小さな子供連れの家族，予算内でバックパッカーとして旅行する若者など，ス

ターウッドのさまざまな顧客を深く理解するようになり，その顧客が本当に必要としているもの，求めているものについて多くを学んだ。

　現場の従業員が培ってきた洞察を最大限に活用するため，スターウッドは月2回のミーティングを開催し，アンバサダーが観察結果を報告し，革新的なアイデアを提案する機会を設けた。また，現場の従業員による革新実現を奨励するために，人事方針も変更した。フォンドラセックはこう説明する。

　「以前，私たちが苦労していたことの1つは，『ピラミッド効果』でした。以前なら（顧客サービスの）電話応対の才能がある人が昇進を望むなら，上司になるしかほとんど道はありませんでした。今では，こうした従業員に新たなチャンスを与えています。アンバサダー・プログラムから各施設の営業職への道もできました。5年前にはなかったことです。その結果，コンタクトセンターの離職率は下がり，従業員の満足度は向上したのです」[注3]。

　アンバサダー・プログラムがスターウッドにおける現場のイノベーションを体系化した一例を紹介しよう。このホテルチェーンは，YOUR24と呼ばれる利用頻度の高いゲストのための新しい特典を開発した。これは，ヨーロッパやアジアから深夜便を利用して早朝に海外から到着することの多い外国人旅行者からの苦情の結果として生まれた。彼らは疲労困憊しており，午後3時までチェックインを待たされることに不満を感じていた。アンバサダー・チームからの提案に応えて作られたYOUR24は，ゲストがチェックイン時間を選べるようにした最初のホテル・プログラムの1つであり，スターウッドがライバルホテル・チェーンよりも多くの外国人旅行者を惹きつけ，ロイヤルティを維持することを可能にしている。

　スターウッドを買収して以来，マリオットは現場のイノベーターを駆使した同じようなイノベーションを展開し続けている。2019年にはマリオット・ボンボイ・アプリをローンチし，リモートチェックインやモバイルキーの受け渡しから，簡単な質問に即座に回答するチャットボットの利用まで，外出中の旅行者のために多くのアクティビティを促進している。マリオットはまた，アマゾンが開発した音声アシスタント「アレクサ」のカスタマイズ版を提供する最初の大手ホテルチェーンとなった。アレクサ・フォー・ホスピタリティは，マリオットの宿泊客にとって「バーチャルコンシェルジュ」の役割を果たし，宿泊

客はタオルの追加から地元のおすすめレストランの紹介まで，簡単にサービスをリクエストすることができる[注4]。

ソーシャルメディアの積極的な活用，アンバサダー・プログラム，ボンボイ・アプリといった，スターウッドとマリオットのこれらのイノベーションをつなぐ2つの重要な特徴に注目してほしい。第1に，これらのイノベーションはすべて，現場の従業員が認識した，満たされていない顧客ニーズに応えて生まれたものである。第2に，さまざまな方法で，現場のイノベーターと顧客をより密接に結びつけ，マリオットのゲストにさらに忠実になってもらえるような，より優れた，より迅速なサービスを提供する機会を生み出すことに貢献している。

この巨大ホテルにとって，現場のイノベーターが生み出すアイデアは，顧客との親密度が常軌を逸して高いことを反映すると同時に，将来に向けてその親密度を高めることにも役立っている。このように，マリオットは現場のイノベーターを活性化させ，インセンティブを与えることで，ホテルチェーンと世界中の何百万人もの旅行者の双方に利益をもたらす好循環を生み出している。

バルブ—事業に関わるすべての人を現場のイノベーターに

イノベーションの追求において，マリオットのような老舗の大企業は，中小の新興企業に比べて不利だと思われがちだ。その理由はいくつかある。新興企業は一般的に古参企業よりも官僚主義が弱く，従業員の行動を定義し制限する規則や規制，方針を策定する時間が少ない。そういったものは，イノベーションを実現するために必要な，既成概念にとらわれない発想を妨げる可能性があるためだ。

中小企業は通常，成長機会の追求により積極的である。収益基盤や利益率が小さいため，新規顧客を獲得する方法に貪欲であり，そのため，大企業で余裕のあるライバル企業よりも，新しい事業コンセプトに挑戦することに積極的だからだ。また，小規模の新興企業には，古参企業が誇るような成功の歴史がないため，「過去の栄光に安住する」誘惑に駆られる可能性が低く，これまで自分たちを成功に導いたのと同じ戦略や哲学が，将来も自分たちを成功に導いて

くれると思い込む可能性が低い。

老舗の大企業がしばしばイノベーションに苦戦し，革新実現エンジンの回転を維持するために特別な努力をしなければならない理由を説明する上で，こうしたよく知られた要因のすべてが一役買っていることは間違いない。しかし，小規模な新興企業が大企業よりもイノベーションを実現しやすい理由の１つとしてあまり知られていないのが，第一線で働く従業員の割合が高いということだ。創業後間もない企業は一般に，提供する製品やサービスの数が少なく，従業員の数も少なく，管理体制も単純で，階層的な意思決定者の層もほとんどない。その結果，実質的に全員が顧客と直接仕事をすることになる。現場の従業員の割合が高いということは，イノベーションがほとんどすべての場所で生まれる可能性があり，実際しばしば生まれている。

ひと握りの企業は，長年の成長を経てもこの精神を維持しようとしている。このような企業は，階層的・官僚主義的になることを避け，その代わりに従業員が顧客と密接に連絡を取り合い，自身で自分の業務時間配分を決定するよう奨励している。このような企業はまた，管理職による承認の必要性を最小限に抑え，すべてのチームメンバーを地位と権力において多かれ少なかれ同等に扱おうとする。事実上，このような企業は，社内の全員が現場の従業員と同じように行動するように促そうとしている。こうすることで，ほとんどの企業が夢見ることしかできないようなレベルのイノベーションと創造性の実現を可能とする活動を刺激したいと考えているのだ。

もちろん，ほとんどの企業が成長するにつれて管理階層や官僚的システムを構築するのには，それなりの理由がある。企業規模が大きく複雑であるため，そのような組織ツールなしに業務遂行エンジンをうまく稼働させることは難しいのだ。そのため，非階層・最大自由モデルに従って経営に成功している大企業は比較的少ない。しかし，そうすることに成功した少数の企業は，他の企業が革新実現エンジンを管理する際に考慮すべき，重要な教訓をいくつか提供している。

比較的に，非階層的，非官僚的であり続けようと努力してきた大企業の１つに，第２章と第３章で取り上げた素材イノベーション企業，ゴアがある。ゴア社は，経営層や官僚的統制から完全に解放されているわけではないが，現場の

第6章　実践的に創造性を授ける　125

従業員には，多様な顧客ニーズを探求し，自らの興味の赴くままにイノベーション・プロジェクトを開発する自由を含む，他の企業よりも大きな自由度を与えている。これまで見てきたように，ゴアはこの一風変わった経営モデルを用いて，実質的なビジネスの構築に成功している。

　非階層モデルが比較的一般的な業界は，ソフトウェア開発である。これには理由がある。ソフトウェア開発会社の従業員は，主に創造的な仕事に時間を費やしており，これは他のほとんどの業界の企業には当てはまらない。事実上，業務遂行エンジンと革新実現エンジンの典型的な相対的規模とは逆である。多くの企業では，業務遂行エンジンは革新実現エンジンよりもはるかに大きい。ソフトウェア開発の世界では，その反対である。したがって，効率性や一貫性といった他の価値を犠牲にしてでも，創造性とイノベーションを奨励する経営モデルを用いてビジネス全体を組織化することは，理にかなっていると言えるかもしれない。

　ミシガン州アナーバーに本社を置くメンロー・アソシエイツは，カスタム・ビジネス・ソフトウェアとコンサルティング・サービスを専門とする企業で，階層構造がないことで知られている。メンロー・アソシエイツでは，マネージャーをリーダーとする従来のワークチームを作るのではなく，開発者同士がペアを組み，定期的にパートナーを交代させながらプロジェクトを進めることで，チームのフレッシュさと創造力を維持している。同社は自らを「喜びのビジネス」と表現することを好み，共同創業者であるリチャード・シェリダンは，2015年に出版した『Joy, Inc.（邦題：ジョイ・インク―役職も部署もない全員主役のマネジメント）』という本の中で，そのイノベーションの手法を紹介している(注5)。

　もう1つの例は，インターネット・ホスティング・サービスと分散型ソフトウェア開発を管理するシステムを提供するGitHub（ギットハブ）だ。2008年に設立されたこの企業は，もともと「全員がマネージャー」であり，社員1人ひとりが自分の担当するプロジェクトを自由に選べるような仕組みを目指していた。ギットハブは数年間，このやり方で非常にうまく運営していた。しかし，2014年に大きく成長し，ほとんどの拡大するビジネスが直面する組織上の課題に遭遇したため，中間管理層を設置した。その4年後マイクロソフトに買収さ

れ，現在はマイクロソフトの巨大テクノロジー企業の一部門として運営されている。

おそらく最も有名な非階層的ソフトウェア企業は，ワシントン州ベルビューを拠点とするビデオゲーム・デザイナーのバルブ・コーポレーションだろう。1996年にマイクロソフトを退職した2人のエンジニアによって設立されたバルブは，2021年現在，300名以上の従業員を擁し，非上場ながら推定企業価値は30億ドルを優に超える。『ハーフライフ』や『カウンターストライク』をはじめとするバルブの超人気ゲームは，年間最優秀ゲーム賞を何十回も受賞しており，同社のオンラインゲームポータル「Steam」は世界で最も人気がある。約15年間，バルブは間違いなく世界で最も成功したビデオゲーム開発企業だったが，後述するようにビジネスモデルが劇的に変化した。

10年半にわたってビデオゲーム・ビジネスの頂点に君臨してきたバルブが特に異彩を放っていたのは，管理職の階層がほとんど存在しなかったことだ。バルブでは誰も「上司」とは見なされなかった。最も近いのは創業者のゲイブ・ニューウェルで，彼は必要と判断した時に誰かを解雇する権限を持っていた。バルブの従業員たちは，自分が取り組みたいプロジェクトを選んだり，自分達でそれを立ち上げたりしていた。「キャバル」と呼ばれる自主的に選ばれた多分野にまたがるチームが，興味深いトピックを中心に有機的に形成され，そこから製品が生まれることもしばしばあった。そして，3人以上の従業員で構成されるどのグループも，新製品を市場に出す準備が整ったと判断すると，他の誰の承認も必要とせず，すぐに出荷する権限を与えられた。

ある従業員のブログ投稿が，バルブの反階層的な哲学の背景にある考え方をうまく要約している。その投稿は，ビデオゲームの世界では，イノベーションの実現がビジネス価値の最も重要な源泉であるという指摘から始まっている。そしてこう続く。「もし価値の大半が最初の創造的行為にあるのなら，同じものを何度も提供し，時間をかけて少しずつ変化させるように設計された従来の階層的組織には，ほとんどメリットがない」。

重要なのは一番になることであり，創造的イノベーションの絶え間ない流れによって，製品を前向きなフィードバック・スパイラルへと駆動させることである。階層的な管理はその助けにならない。なぜなら，階層の最上位にいる

第6章　実践的に創造性を授ける　127

人々がイノベーション実現のボトルネックとなってしまうからだ。そして，そのような人々が，既存の製品とは劇的に異なる新製品を考え出すことに，特別な創造性を発揮すると期待するのには根拠がなく，実際にはその逆のことが起こっている。そこでバルブは，創造的な最初の一歩を踏み出すことができるような人材を惹きつけ，彼らに創造的な仕事を自由にさせ，彼らがここに留まりたいと思うような会社として設計された。その結果，バルブには正式な管理職やヒエラルキーが全くないのである[注6]。

　このブログ記事が説明するように，バルブの非階層的な経営構造は，現場のイノベーションを可能な限り迅速かつ容易に実現するために特別に設計された。ある人の言葉を借りれば，バルブは「どの従業員も，画期的な技術やサービスを生み出す能力を有している」と考えている。それなら，従業員1人ひとりに自由と柔軟性，そしてそのためのツールを与えてはどうだろうか，と[注7]。

　この管理システムは，「非システム」と呼ぶべきかもしれないが，バルブでは見事に機能した。しかし，その管理システムがどこでも通用するものではないことは，バルブ自身も認めている。とりわけ，非階層的な構造には，非常に賢く自発的でチーム志向，そして超柔軟な従業員が必要だ。オンラインでも入手できる『バルブ社新入社員ハンドブック』には，バルブの理念には長所も短所もあることが率直に書かれている。

　このハンドブックには，「バルブが不得意とすること」という項目があり，「従業員が自分の道を見つける手助けをすること」「従業員を指導すること」「社内に情報を広めること」など，バルブが苦心している6つの事柄が挙げられている[注8]。この誠実さは賞賛に値する。それはまた，企業が明確で組織的な構造やチーム・マネジメントのプロトコル，意思決定プロセス，コミュニケーション・システムなしに経営しようとするときに一般的に生じる課題の一部を反映している。

　これまで述べてきたように，バルブは非階層的なゲーム開発会社として運営され，15年にわたって大きな成功を収めてきた。しかし最近になって，企業のビジネスモデルが変化した。この変化の種は，2003年にバルブ社が制作したゲームのオンラインストアであるSteamを立ち上げたことで蒔かれた。やがて同社は，社外の開発者が制作したゲームをSteamで提供することを決定した。

このプラットフォームは非常に人気があり，Steamの価値は爆発的に上昇し，バルブ自身のゲームの価値を凌駕するまでになった。現在，Steamはビデオゲームの世界的な配信プラットフォームであり，28の言語で利用可能な34,000以上のゲームを提供し，9,500万人以上の月間ユーザーにサービスを提供している。Steamの2017年（この非上場企業のデータが入手可能な最後の年）の売上高は43億ドルを超えた。

Steamというプラットフォームの台頭は，同社の本来の目的を超えてしまった。Steamがゲーム市場を席巻するようになった一方で，バルブのゲーム開発者としての創造性は大きく失速した。同社は2010年代半ばまで人気ゲームをリリースし続けたが，製品の流れは徐々に弱まり，現在ではバルブが毎年制作する新作ゲームはほんのひと握りとなっている。かつてバルブ社で働くことに喜びを感じていたトップクラスのゲーム開発者の多くは，退社してしまった。

この変化について，部外者はさまざまな説明を加えている。ある者は，バルブの非階層的な経営構造が機能しなくなっただけだ，と結論づけた。ゲームデザインの創造性の低下をSteamの圧倒的な成功のせいだとする人もいる。あるジャーナリストは，「ゲーム開発よりも，アマゾンのような配信プラットフォームでいるほうが明らかに儲かる」と結論づけている[注9]。

メンロー・アソシエイツ，ギットハブ，バルブのような事例は，非階層的な経営構造を長く維持することがいかに難しいかを物語っている。しかし，このような体制が整っている間は，現場のイノベーターに自由を与えることで，企業とそのステークホルダーの双方に多大な利益をもたらすことができることも示唆している。

階層，ルール，そして創造性
―優れた革新実現エンジンを動かすための教訓

現場のイノベーションを担う人材のエンパワーメントに秀でた企業を見ると，いくつかの経営パターンが明確に見える。特に，企業にとって重要なのは，革新実現エンジンを，可能な限り自由で柔軟な状態で動かすことである。その一方で，業務遂行エンジンを動かすには，日常業務を可能な限り効率的かつ一貫

性をもって遂行するための伝統的な階層やルールが必要な場合もある。

　これは必ずしも，革新実現エンジンを動かすのに，階層やルールをなくすべきだという意味ではない。しかし，現場のイノベーターが必要とする創造性を制限する傾向があるため，会社はそのような管理業務の増幅を，必要悪として最小限に抑えるよう努力することで，利益を得ることができる。例えば，大企業として成功したネットフリックスの事例から学ぶこともできる。ネットフリックスは，ルールや階層を最小限に抑える努力を惜しまない。バルブのような極端なやり方ではないが，同規模の企業が成し遂げてきたことを，はるかに上回る。

　ネットフリックスのシステムについては，創業者のリード・ヘイスティングスとINSEADのエリン・メイヤー教授が著書『No Rules Rules（邦題：NO RULES―世界一「自由」な会社，NETFLIX）』の中で語っている(注10)。ヘイスティングスは，以前の勤務先で，息苦しい階層や厳格なルールを嫌うようになったと語る。そのため，彼がネットフリックスを設立し，映画配給会社として成功しようとした時，彼は企業の官僚的構造をできるだけシンプルで目立たないものにしようと誓った。

　異例なものとしては，次のようなものがある。同社は，従業員が取得できる休暇日数や，社員旅行に費やせる金額，新たな事業企画に投資できる金額さえも管理する規則がないことで有名だ。ネットフリックスのカルチャー・デッキと呼ばれる，企業の経営理念をまとめた有名なスライド集では，「コントロールではなく，コンテクストで導け」「上司を喜ばせようとするな」といった格言に従って行動することを社員に奨励している。このように，革新実現エンジンを働かすのに注力するだけでなく，ネットフリックス全体が，規則や規制からできる限り自由な状態で管理されている点も重要な点である。

　伝統的な経営に基づく企業からネットフリックスに転職した人達は，その自由度の高さにショックを受けることが多い。それに耐えられない人もいる。例えば，毎年何人かの新入社員が辞めていくが，その理由は，自分の選択を確認し，承認しなければならない上司がいない中で，自らがビジネス上の意思決定をすることに馴染めないからだ。そして，ごくひと握りの者がシステムを悪用する。先の著書『No Rules Rules』では，ネットフリックスのある社員が，3

130　第3部　イノベーション実現の３つの重要な役割

年間で10万ドル以上のバケーションの支払いを手配していたことが発覚し，解雇を余儀なくされたエピソードが紹介されている。

　創業者のヘイスティングスは，従業員に自主的な意思決定をさせるという原則には，自ずと限界があることを認めている。エンターテインメント以外の業界では，このようなモデルは通用しないかもしれない。彼は例えば医薬品の製造のような，エラーが安全性のような重要な事柄に影響を及ぼす可能性のある「大量生産かつ低エラー」ビジネスでは，伝統的な管理方法が必要かもしれないと見ている。ネットフリックス自身も，財務報告や顧客データのプライバシーなど，「イノベーションよりもエラー防止が明らかに重要」な分野では，制限的なルールを実施している。言い換えれば，業務遂行エンジンの機能は，一般的にルールやプロセスから隔離された，絶対的な自由が望ましい場所で期待される機能ではない。

　さらに，イノベーションの実現に関しても，ネットフリックスにルールやプロセスが全くないわけではない。例えば，イノベーションの基本原則の１つに，新しい自主的な企画を立ち上げる前に「反対意見を探す」ことを社員に義務づけるというものがある。つまり，同僚からのフィードバック，特に排除すべき弱点を浮き彫りにする可能性のある反対意見を，積極的に求めるのである。このように，ネットフリックスの革新実現エンジンを動かすためのルールや手順は存在するが，それらは可能な限り最小限に抑えられている。

　とはいえ，2019年時点で18億ドル以上の売上を誇る大企業には珍しく，ネットフリックスには，現場の従業員が革新実現に携わる自由を制限するような規則や階層的慣行がない。ネットフリックスは非常に成功しており，また非常に革新的でもあるという確かな証拠もある。2002年の株式公開以来，株価は１株あたり１ドルから500ドル以上（2021年１月現在）まで上昇し，この持続的な成功は，多くの競合他社を動揺させるような劇的な技術的・市場的転換を果たすことで，相次ぐエンターテインメント業界の変化をうまく乗り切ることによって達成されている。その結果として，多くの従業員はネットフリックスのシステムが提供するイノベーションの機会を好意的に見ている。2018年の調査では，技術者はネットフリックスを「働きたい会社No.1」と評価している。このように優秀な人材を惹きつけられることは，ネットフリックスにとって大き

な競争優位性となる。

　もちろん，先に見たバルブや他のソフトウェア開発企業と同様，ネットフリックスも尋常ではないほど，イノベーションを中心に据えていることに留意することが重要である。同社の従業員の大半は，ネットフリックスの数百万人の加入者に配信するための新作映画やテレビ番組の開発など，純粋にクリエイティブな仕事にほとんどの時間を費やしている。これは他の業界の企業にはあまり当てはまらない。企業全体がイノベーションを実現することだけにほぼ集中しているため，個人の自由と創造性を最大限に引き出すような組織編成が可能なのだ。

　このような理由から，多くのビジネスリーダーが，バルブやネットフリックスの経営構造を，自社の革新実現エンジンを効果的に動かすための潜在的なモデルとして見ることは理にかなっていると思う。しかし，それは必ずしも業務遂行エンジンのためのものではない。多くの業界では，業務遂行エンジンは伝統的な階層構造を維持し，並行して革新実現エンジンで働く従業員には，より非構造的で自由なやり方で交流し，活動することを奨励する必要がある。

　また，バルブが目指している「上司を完全に排除した経営」は，おそらくほとんどの企業にとって行き過ぎたものだとも言える。多くの企業にとって，これらの企業のストーリーから得られるイノベーションの教訓は，「革新実現エンジンを動かす上で階層をなくすこと」ではなく，「革新実現エンジンを動かす上で，階層を最小限に抑えることで，現場の従業員のイノベーション本能に力を与え，インセンティブを与えること」だろう。バルブが採用したアプローチに比べれば，あまり野心的・革新的ではないが，企業の成長に即して革新実現エンジンを維持するのに役立つアプローチであるはずだ。

132　第３部　イノベーション実現の３つの重要な役割

第６章のキーポイント

✓イノベーションを実現するための３つのプロセスすべてに組織の全員が参加すべきであるが，３つの主要な組織レベルそれぞれに属する従業員が果たすべき特別な役割がある。

✓現場の従業員は，通常，会社の他の重要なプロセスや活動と同様に，あらゆる種類の顧客（および非顧客）と最も頻繁に直接やり取りをするため，創造プロセスにおいて特に重要である。

✓現場の従業員は，顧客のニーズ，要望，未解決の問題に特別な注意を払うよう奨励され，権限を与えられ，インセンティブを与えられるべきであり，それらはそれぞれイノベーション実現の潜在的機会として扱われるべきである。

✓ほとんどの企業では，業務遂行エンジンは，リーダーシップの階層やルール，システム，承認プロセスを含む従来の組織ツールを使って管理される必要がある。

✓しかし，革新実現エンジンは，階層的な慣習やルールを最小限に抑えることで，多くの場合その利益を享受できる。現場のイノベーターがより自由に創造性を発揮できればできるほど，革新実現エンジンはよりよく動くようになる。

第**7**章

イノベーションの実現をコーチングする

——中間管理職はいかにしてイノベーションを
実現するシステムを育むか

　数年前，私はミュンヘン近郊のケンプフェンハウゼンにあるアリアンツ・マネジメント・インスティテュートで，ドイツの金融大手アリアンツの幹部たちにイノベーションの手法を教える機会を得た。当時アリアンツの取締役だったアルゼンチン出身のヤン・カレンディの要請によるものだった。

　彼はイノベーションの実現プロセスに特別な興味を持っており，その方法について学ぶためパリ郊外にあるINSEADのキャンパスに私を訪ねてきたのである。というのも，アリアンツは当時，革新的なアイデアを生み出し，事業全体に導入するための体系的なアプローチを構築している最中だったからだ。カレンディと私は，フォンテーヌブローの森の中を歩きながら，イノベーションの哲学についてほぼ丸一日かけて話し合った。

　この話し合いの中でカレンディが次のように述べた日のことを，私は忘れることはない。イノベーション実現のために必要なことは何かと尋ねられた時，私がよく引用する言葉でもある。「イノベーションを実現するためには，自分自身ができると感じること，できる能力があると感じること，そしてやりたいと感じることが必要である」。このシンプルな文章は，組織のリーダーが従業員にイノベーション実現への活動に参加を期待する場合，提供しなければならない最も重要な3つの要素をよく示唆していると思う。つまり，イノベーションを実現するために活動する許可を与えること（つまり，彼らに「可能である（able）」と感じさせること），イノベーションを実現するために必要なスキル，サポート，ツールを与えること（彼らに「その能力が備わっている（capable）」

134　第3部　イノベーション実現の3つの重要な役割

と感じさせること），そしてイノベーションを実現しようという気持ちを育てること（彼らに「やる気（motivated）」を感じさせること）である。

　アリアンツ・チームにイノベーションの実現に不可欠なこれら3つの要素を提供するため，カレンディは私に，約30人の社内のリーダー達に私のイノベーション・アプローチを共有するよう依頼した。このプロジェクトは私にとって魅力的な挑戦だった。結局のところ，アリアンツが競い合う保険の世界は，一般的にイノベーション実現の温床とは見なされていない。保険は，100年以上前に開発されたビジネスモデルを採用する成熟産業であり，財務リスクを回避し，金利や通貨価値のような予測不能な経済変数の変動の影響を最小限に抑える保守的な戦略を通じて収益性を追求している。世界有数の保険企業がイノベーション実現の専門家を招き，現場の従業員に創造的思考を促す方法について中間管理職を対象に講演してもらうというのは，通常とはかなり異なる試みだった。

　だから，アリアンツの幹部たちが私のプレゼンテーションに魅了され，イノベーションの原則を自分たちの業務に適用してみようと熱望しているのを知った時は少し驚いたが，嬉しくもあった。熱意に燃える彼らは，アリアンツの革新実現エンジンの構築に取り組んでいる様子を観察し指導を行うよう，私を招いた。ヴェルナー・ツェデリウス博士もアリアンツの取締役会のメンバーで，この国際的なイノベーション・プロジェクトのスポンサーだった。結局，私は一連のプログラムを通じて100人以上のアリアンツの幹部を追加でトレーニングすることになった。

　中間管理職はトレーニング・セッションを実施し，イノベーションの基本原則を現場の従業員と共有した。また，アリアンツのどの部門の社員でも革新実現のためのアイデアを考案し，共有できるような社内情報システムを構築した。そして，そのアイデアは，全社レベルの委員会に伝えられ，委員会では実行に移すべきプロジェクトが選定された。その目的は，革新的なコンセプトを現実のものとし，アリアンツの経営を改善し，顧客から従業員まで企業の利害関係者に利益をもたらすプロセスを構築することであった。

　よくできたシステムだったが，1つだけ欠点があった。何百人ものアリアンツ社員からのアイデアで，3カ月も経たないうちに過大な負荷がかかってし

第7章　イノベーションの実現をコーチングする　135

まったのだ。新しいアイデアに振り回され，委員会はタイムリーに対応することができなかった。そして，自分の提案が何週間も何カ月も回答されないことが分かると，提出率は急降下した。

　一部の企業ではリーダーシップが萎縮してしまい，イノベーション実現のための情報システムを構築するというコンセプトそのものを放棄してしまうこともある。しかしアリアンツは，自分の提案がすぐには回答されないという問題が実は素晴らしい機会であり，イノベーションのアイデアを何年も温めてきた従業員の潜在的な創造性を反映したものであることと認識した。アリアンツはあきらめるのではなく，むしろ簡単な解決策を考案した。企業の各部門に地域イノベーション推進者を任命し，すべてのコンセプトについて提出から15日以内に予備的なフィードバックを提供するよう命じたのだ。その結果創造的なアイデアの流れはすぐに再開した。

　アリアンツのストーリーは，イノベーションの実現に関する基本的な真理を示している。膨大な数の有望なアイデアを生み出すことは，そのプロセスの第一歩に過ぎないということである。同様に重要なのは，アイデアを選別し，最適な方向に導き，実行可能な事業コンセプトに発展させ，投資資金を提供し，それに貢献できる組織のキーパーソンと結びつけ，最終的に可能な限り高い成功確率で立ち上げるシステムである。このようなシステムを構築し，維持することは，企業の中間管理職にとって極めて重要な仕事である。

　本章では，現場のイノベーターがその素晴らしいアイデアを現実のものにできるような組織システムを，中間管理職レベルのコーチがどのように構築し，維持できるかを探ることとしよう。

アリアンツの中間管理職コーチは，どのようにしてイノベーション実現のための世界規模の全社システムを構築したのか？

　私が提供したトレーニング・プログラムに刺激されたこともあり，アリアンツのリーダーたちは，現場のイノベーターが生み出すアイデアの数々を最大限に活用できるよう，立ち上げたイノベーション・システムを改良・発展させて

いった。アリアンツが考案したシステムは，それ自体が革新的な考え方の好例なのだが，明確でシンプルな指標を使ってアイデアの流れを部署レベルまで追跡し，プロセス全体を競争的な試みに転換させた。

アリアンツUKの現地イノベーション・マネージャーであるウェイド・ハーヴェイは，次のようにその状況を説明してくれた。「私たちは定期的に進捗を比較できるイノベーション・リーグ表を発表し，英国事業において各事業部の相対的なパフォーマンスを可視化している。誰も下位に見られたくないので，リーダーたちのモチベーションを高めるという点で，プラスに働く傾向がある」。このシステムは，アリアンツの全従業員が，イノベーションの実現プロセスに熱中し，関与し続けるのに役立った。イノベーションの実現過程をチームスポーツとしてとらえ，サッカーや野球のチームが行うように，選手の統計データを追跡し，公表することは，イノベーションの実現を常に企業の従業員の心の中心に据えておくための強力な方法となった。

i2s（アイデア・トゥー・サクセス）と名付けられた全社主導の企画の一環として，アリアンツはイノベーション・プログラムを世界中に広がる分散型プロジェクトへと拡大した[注1]。

ミュンヘンの本社チームが主導し，ツェデリウス博士の監督と取締役会の支援を受けながら，37カ国に72人いる現地のイノベーション・マネージャーのネットワークが，イノベーション手法のコーチング，最良のアイデアの選定，個々の企画を成功に導くための舵取りを担当した。これらの現地にいるイノベーション・マネージャーは，イノベーションの実践を体系化し，現場の従業員がアイデアを生み出し，開発する努力を支援できるような企業リーダーの集団を作ろうという同社初の試みであった。

私が同社と仕事を始めてから数年間で，アリアンツは保険業界で最も革新的な企業の1つとなった。世界各国の支店を拠点とする同社のイノベーション・システムは，何千ものアイデアを生み出し，顧客と株主のために何千万ドルもの価値を生み出した。その過程でアリアンツは，何が有効で何が有効でないかに関する知見の蓄積に対応して，その仕組みを修正・改良してきたため，システム自体も進化を続けてきた。

長年にわたり，アリアンツ・グループはイノベーション・システムにさまざ

まな変更を加えてきた。例えば，i2sの立ち上げからわずか数カ月後の2007年には，グローバル・イノベーション・アワードを発表し，革新的なアイデアの考案者に立派なトロフィーとグループCEOへの個人プレゼンテーションの機会を与えた。このような認識を与えることは，カレンディが提唱するように，人々がイノベーションを実現するための3つめの重要な要素である「やる気」を感じることを確実にする方法の1つである，と考えられるかもしれない。

その他の制度改革は，国ごとに実施された。例えば，アリアンツUKでは，アイデアの継続的な流れをさらに促進するため，地域レベルでイノベーションを主導する中間管理職を2つ新設した。そのうちの1つは「リード・チャンピオン」と名付けられ，経営会議において革新的なアイデアを提唱し，現場から湧き上がってくる優れたアイデアを幹部の意思決定者に周知させる役割を担った。もう1つは「イノベーション・チャンピオン」と呼ばれ，現場の従業員のコーチングやメンタリング，地域レベルでのイノベーション実現に関する専門委員や課題の企画に取り組んだ[注2]。これら2つの中間管理職コーチ・グループは，カレンディのレシピに新たに2つの「材料」を提供した。つまり，アリアンツの従業員がイノベーションを「実現できる」ように，またイノベーションを「可能にする能力を持つ」ように支援したのだ。

徐々にイノベーション・チャンピオンは，アリアンツのイノベーションを喚起する上で強力な役割を果たしていった。2009年から，イノベーション・チャンピオンは最前線の従業員からなるチームを招集し，アイデアの創出を共同で行うようになった。このアプローチは，1人でアイデア出しをするよりも，より多く，より優れたアイデアを生み出すことが示された。彼らは全社的な「アイデア・チャレンジ」を企画・主導し，現場の従業員からなるグループを募り，「顧客体験を向上させるにはどうすればよいか」といった大まかな質問に対する具体的な答えを提案させた。

その結果生まれたアイデアは，イノベーション・チャンピオンと選りすぐりの専門家を含む審査委員会によって選別され，実用的な推進企画の基礎となり得る具体的なコンセプトが特定された。さらに，イノベーション・チャンピオンは，優れたアイデアを持つ個人を，そのアイデアの開発と実行を支援する知識，経験，資源を持つ全社の同僚と結びつけるマネージャーの役割を果たした。

138　第3部　イノベーション実現の3つの重要な役割

　あるマネージャーはこう言う。「私たちはスタッフには，アイデアを思いついたら，自分ひとりでそれを実行に移そうとか，アイデアをすべて実現しようと考えるのではなく，チームを結成し，他の人たちと協力して物事を成し遂げるべきだ，と話しています」(注3)。アリアンツのイノベーション・チャンピオンのような中間層のコーチは，文字通り企業階層の中間に位置し，最前線の従業員と密接に接しながらも，他部門や他部署を見渡せる十分な地位にもある人達である。彼らは，このような活きたコネクションを構築するのに役立つユニークな立場にあるのだ。

　アリアンツの全社的なイノベーション・システムは，中間管理職の多大な貢献によって構築されており，世界中の事業部が，会社だけでなく顧客にも向上した価値を生み出す保険ビジネスへの斬新なアプローチを生み出すことを可能にした。その一例が，モノのインターネット（IoT）に基づく統合監視・通信ツールを使って消費者の生命と財産の保護を支援する，世界初のデジタル・エコシステムである。「スマートホーム＋アリアンツ・アシスト」は当初，アリアンツの本拠地であるドイツで開始され，24時間体制で顧客の自宅を監視し，火災，洪水，空き巣などの危険を察知して直ちに救援を要請する。さらに，保険金請求を開始し，損害の費用を迅速に補填する(注4)。

　もう1つの例は，マレーシアのアリアンツ生命保険子会社の4,300名のエージェントに，通常24時間かかる新契約の承認をわずか5分で行えるデジタルツールを使用するよう「再教育」するプロジェクトだ。その結果，同社のCEOによれば「アリアンツは，お茶を飲みながら保険契約を改善できる唯一の保険会社」となった(注5)。さらにもう1つの例は，人工知能を搭載したバーチャル・アシスタント「アリー」で，台湾のアリアンツの顧客に，流暢な北京語による自然言語処理を使ってサービスを提供し，昼夜を問わず複雑な保険に関する質問に答えたり，保険契約の調整を可能にしている(注6)。

　これらの事例が示唆するように，今日のほとんどすべての業界の企業と同様に，保険会社も増え続けるデジタル・テクノロジーが生み出すイノベーションの可能性を最大限に活用する必要に迫られている。アリアンツは，この新たな現実をいち早く認識した大手保険会社の1つである。10年以上前に開始し，高度な訓練を受けた中間管理職コーチのネットワークを通じて，世界中に拡大し

たイノベーション・プログラムによって，同社はこのトレンドの最前線に位置し，その地位に留まることが可能となっている。

今日，i2sイノベーション・プログラムは，アリアンツの企業組織の正式な企画ではなくなった。イノベーションを生み出す文化やプロセスが，企業全体の部門や部署に深く根付いたため，その必要がなくなったのである。イノベーションの継続的なサポートは，アリアンツ・コンサルティングというグループによって提供されている。これは約150人からなるチームで，アリアンツの事業部門がイノベーション・プロジェクトを管理する際に利用できるツール，フレームワーク，トレーニングをオンデマンドで提供している。このグループのコンサルタントは，自分たちを「イノベーション・チャンピオン」だとは思っていない。その役割は，今やアリアンツの事業部門のチームメンバーが担っており，イノベーションを推進する原動力となっている[注7]。

イノベーションが第2の天性になる時
─中間管理職コーチはいかにしてIBMのイノベーションを促進したか？

保険業とは異なり，ハイテク業界はイノベーションの実現に向けた挑戦が当たり前のように行われている場所である。ビジネスリーダーが組織をより革新的にする方法を学ぼうとする時，彼らはしばしばアップル，グーグル，フェイスブック，マイクロソフト，アマゾンといったドットコム時代に誕生した有名なテクノロジー企業に発想のきっかけを求める。これらの企業が，画期的なイノベーションによって巨大で成功したビジネスを築き上げたことは確かである。しかし，これらの企業やその有名な創業者，CEOにまつわる神秘性や魅力は，伝統的な業界の「普通の」企業が応用できるイノベーションの実現についての教訓を，時として曖昧にしてしまうことがある。

テクノロジーの世界であっても，目を見張るようなイノベーションで注目を集める企業が，必ずしも他のビジネスリーダーが見習うべき企業とは限らない。例えば，米国で最も多くの特許を取得しているハイテク企業はどこかと考えた時，その答えに驚くかもしれない。アップルでもグーグルでもフェイスブックでもマイクロソフトでも，ドットコム時代の末裔でもない。実は，2020年に最

140 第3部 イノベーション実現の3つの重要な役割

も多くの技術イノベーションを記録した企業は，老舗企業であるIBMだった。1911年に設立されたIBMは当初，1880年代に開発された情報集約とコンピュータ技術を基盤としていた。そして，2020年の勝利は決して偶然ではなかった。2020年は，IBMが28年連続で特許件数において他社を凌駕した年だった^(注8)。

　もちろん，特許は企業のイノベーションを測る唯一のものでも，必ずしも最良のものでもないが，そのとらえどころのなさを測る有用な代用指標であることは間違いない。IBMは，他にもさまざまな方法でそのイノベーション能力を発揮してきた。例えば，パンチカード式コンピュータからデジタル機器へ，そしてソフトウェア，コンピュータ・メモリ，データベース，パソコン，インターネット，そして最近ではクラウドをベースとしたコグニティブ・コンピューティングのリーダーとなることで，時代を通じて自らを繰り返し再構築する能力を発揮してきた^(注9)。

　IBMが10年単位でイノベーションの実現を継続している理由を説明するのに役立つ要素は数多くある。しかし，極めて重要な要素とは，IBMの中間管理職がその育成を奨励されている，文化的ダイナミクスとイノベーション実現を推進する実践である。IBMのグローバル・テクノロジー・サービス部門でイノベーション・コーチを務めるクリストフ・クロックナーは，彼やその他の中間管理職がイノベーションを中心とした企業文化を育成するために行ってきた主な活動をいくつか挙げている。それは，以下のような活動である。

▶ IBMの顧客が直面する課題に対する創造的な解決策に賞金を提供する，テーマ別ハッカソン

▶ 若手実務家が「マスター発明家」や「アジャイルチャンピオン」といった憧れの称号を得る機会を提供するイノベーションコンテスト

▶ 特許だけでなく，学会発表，オープンソースへの貢献，学術誌への寄稿など，IBMの社員が業界全体の考え方と接点を持ち続けられるような取り組みに対し，チームメンバーに報酬を与える^(注10)

中間管理職のコーチによって組織され，推進されるこのような活動は，注目度の高い数多くのプログラムを含む全社的なイノベーションの枠組みによって

支えられている。その1つがIBMのEBO（エマージング・ビジネス・オポチュニティ）システムで，2000年に誕生し，以来さまざまな形で進化，拡大，変容を遂げてきた。

　これは，重要な経済的・社会的トレンドが生み出す強力な事業機会を特定し，その機会に対処するための革新的な戦略を軸に，企業間の連携を生み出すためのプロセスである。上級経営幹部が特定のEBOプロジェクトのスポンサーを務める一方で，プロジェクトの積極的な管理は，特別なキャリア・ポテンシャルを持つと見なされる中堅レベルのマネージャーに委ねられる。具体的なEBOは，情報技術を活用した医療システムから新興経済国の新しいビジネスモデルまで，幅広い事業分野で開発されてきた。その多くは現在では，それ自体が利益を生む事業部門に成長している(注11)。

　IBMの中間管理職コーチをイノベーション推進者として支援する，より新しい全社的なプログラムが「Call for Code Global Initiative（コール・フォー・コード・グローバル・イニシアチブ）」だ。2018年に開始されたコール・フォー・コードというプログラムは，外部からの貢献者（スタートアップ企業，学識経験者や学生，企業のパートナー）を募り，IBMの技術リーダーとともに世界的に重要な問題に取り組むオープンソースプロジェクトである。

　2020年にコール・フォー・コードプログラムは，COVID-19のパンデミックと人種的正義の達成という，2つの課題に焦点を当てた。企業レベルでは，IBMはこのプログラムから生まれた最も優れたイノベーション・ソリューションに対して，最高20万ドルの賞金を提供している。社内の中間管理職レベルのリーダーは，技術リソース，ツール，情報を外部チームと共有し，社員と強力なイノベーションのアイデアを持つ世界中の人々とのマネージャーとしての役割を果たす。

　このようなプログラムは，IBMの中間管理職が強力なイノベーションのチアリーダーやコーチとして活動するのに役立っている。彼らは現場のイノベーターの成長を加速させ，組織内外のイノベーター同士のつながりを構築し，優れたアイデアの流れを素早く滞りなく維持しているのである。

　そして，イノベーションを実現することがIBMのDNAとして，とりわけ，数えきれないほどの中間管理職コーチの思考と行動に，深く刻み込まれている。

142 第3部 イノベーション実現の３つの重要な役割

そのため，イノベーション実現の習慣は，単なる流行や，新しいCEOが指名されたと同時に終わってしまう短期的な取り組みではない。その代わり，IBMの何千ものプロフェッショナルである人々が生涯を通じて，イノベーション実現の遺伝子を企業内の新しい世代に伝えることとなる。彼らは，IBMが今後何年にもわたって，イノベーションの頂点に近い地位を維持する可能性を高める存在である。

リクルートでは中間管理職がどのように革新実現エンジンを回し続けているか

IBMは１世紀以上にわたってイノベーション・リーダーであり続けてきた。しかし，さまざまな業界の新興企業の多くが，同様のリーダーシップ手法を用いて，独自のイノベーション実現の強豪となりつつある。現在，米国ではほとんど知られていないが，近い将来，その地位を変えようとしている企業の一例が，リクルートとして知られる日本企業である[注12]。

リクルートは1960年に設立され，現在ではほとんど見られなくなった新聞への新卒向け求人広告を掲載する広告代理店であった。今日，リクルートはさまざまな事業を展開する国際企業に成長した。リクルートは，世界60カ国以上に366の子会社を持ち，49,000人の従業員を抱える。これは，技術，市場，顧客ニーズの変化に応じてビジネスモデルを継続的に革新してきた企業能力の証である。同社は年間160億ドル以上の売上高を誇り，その約40％が日本国外での事業によるものである（データはすべて2020年３月現在）。

リクルートは2010年以降，CSI, Staffmark Group, Indeedといった人材派遣会社を買収したのを皮切りに，米国で積極的に事業を展開してきた。2018年には，従業員が特定の企業で働いた経験について，匿名で情報提供できるウェブサイトとして知られるグラスドアを買収した。リクルートの事業活動は，求人，旅行，不動産，レストランなどの情報を配信する雑誌やウェブサイトから，法人向け人材派遣サービス，中古車販売まで多岐にわたる。

リクルートがこのような幅広い業界に進出してきた背景には，社外のトレンドに目を向けると同時に，成長機会に乗じてイノベーションを実現する社内文

第7章　イノベーションの実現をコーチングする　143

化の両方があった。例えば，1960年代，何千人もの日本の大卒者が大企業の学
内採用活動を通じて就職していた頃，リクルートは中小企業にはそれに匹敵す
る人材獲得チャネルがないことに気づいた。これに対してリクルートは，中小
企業が自社の採用広告を掲載できる学生向け雑誌『企業への招待』を創刊した。
同様に1980年，リクルートは，日本の女性が多様で魅力的な就職先を見つける
ことの難しさを認識し，女性の求職活動に焦点を当てた雑誌『とらばーゆ』を
創刊した。

　1990年代には，インターネットの台頭とともに，リクルートはオンラインメ
ディアにシフトし始めた。2005年までに200を超えるウェブサイトを制作し，
飲食店や美容室，スパなど，顧客と企業を結びつけるサービスを提供してきた。
リクルートは少しずつ，従来の広告代理店からデジタルを活用したプラット
フォーム・ビジネスへと変貌を遂げ，便利なオンライン接点のハブが必要な顧
客がいるところであれば，どこでもサービスを提供するようになった。リク
ルートは現在自社を，「ライフイベント」活動（転職，車や家の購入，結婚な
ど）または「ライフスタイル」活動（ホテルやヘアスタイルの予約など）に関
連するマッチング・プラットフォームであると定義している[注13]。リクルート
は，創業以来提供してきた人材サービスを他の企業に提供し続けるとともに，
クラウド型のサービスやツールを通じて，顧客の生産性向上を支援することに
注力している。

　目覚ましい成長と多角化を可能にするため，リクルートは意識的に自らをイ
ノベーションの実現を中心とした企業であると定義した。創業者の江副浩正は，
「自ら機会を創り出し，機会によって自らを変えよ」というスローガンを打ち
出し，それは同社の基本コンセプトとなっている。経営学のハワード・ユー教
授はリクルートの企業文化を研究し，次のように表現している。

　　　「リクルートでは誰もがイノベーターになれる。同社では，どのよ
　　うな職務であれ，どのような仕事であれ，現状に安住せず，特定のプ
　　ロセスが本当に必要かどうか，生産性を高める余地があるかどうか，
　　バリューチェーンの特定の構成要素にさらなる価値を付加できるかど
　　うかを見極める勇気を持つべきだとされる。卓越した当事者意識は，

144 第3部　イノベーション実現の3つの重要な役割

日々の仕事の継続的な改善につながる。自社の範囲にとどまらず，他の地域や業界，そのライフサイクルや活動を注意深く精査することが望まれている」[注14]。

　リクルートの社員は定期的に，「あなたは，どうしたい？」という問いを用いて，情熱を感じる個人の価値観から自分の仕事を定義することに挑戦している。その目的は，モチベーションが高く，イノベーションに意欲的な現場社員をリクルートに集めることにある。これが，リクルートの継続的なイノベーションの実現可能性を生み出している。この可能性を現実のものにするために，リクルートでは中間管理職を強化し，さまざまな強力な方法で社員の創造的思考をサポートし，育成している。

　その1つが，リクルートの新規事業提案の募集・評価・育成システム「Ring（リング）」の運営・推進である。1982年にスタートし，現在はRingの経営企画室が主催するコンテストとして毎年開催されている。Ringのエントリーから生まれた事業には，「ゼクシィ」（式場からドレス，ジュエリーまで，結婚のための情報を提供する雑誌およびオンラインサイト），「R25」（25歳以上のビジネスパーソン向けの雑誌およびウェブサイト），「スタディサプリ」（学生や教師などのためのコーチングサービスを提供するオンライン学習コースプラットフォーム）などがある。

　リクルートの中堅コーチが主導的な役割を果たすもう1つのイノベーション実現の制度が，同社の既存事業に改善をもたらす斬新な実践を表彰する年1回のイベント「FORUM（フォーラム）」だ。FORUM賞は「顧客接点」「テクノロジー」「商品開発・改善」「経営基盤」の4つの部門で表彰される。

　イノベーションに真剣に取り組んでいるのは，専門プログラムを担当するマネージャーだけではない。同じ姿勢が組織全体に浸透しているのだ。それは，同社の最新事業の1つにまつわるエピソードが鮮やかに物語っている[注15]。

　「B-MATCH」は，リクルートが1984年に創刊した，中古車販売店と消費者をつなぐ情報誌「カーセンサー」から派生した事業である。カーセンサーは35年以上にわたり，日本の中古車業界におけるイノベーションの源泉だった。1997年には，中古車購入者により豊かで信頼できる情報を提供するため，同誌

は販売店の広告に車両の走行距離計表示を義務付けた。

2000年には，カーセンサーは，車の修復歴の表示を条件に加え，2004年には，販売店に置いていない車を掲載するおとり広告を排除するためとして，車体番号を要求した。さらに，2010年には「カーセンサー認定」と呼ばれる第三者検査・評価システムのサービスを開始し，2012年には業界最高水準のアフターサービス保証プログラムを確立するなど，革新的な取り組みを行っている。2017年には，カーセンサーはディーラーに対し，広告で車の総費用を明らかにするよう促し始めた。この広告には，本体価格だけでなく，付随するすべての費用が含まれており，2021年現在，毎年掲載される49万件の広告の約70％がこのガイドラインに従っている。

B-MATCHはカーセンサー部門の最新イノベーションであり，おそらく最も珍しいものだ。B2C（企業対消費者）メディア事業というよりは，B2B（企業対企業）プラットフォームであり，新車ディーラーを含む顧客から中古車を購入する川上企業と，顧客に中古車を販売する川下企業とをマッチングする。

その市場規模は約1兆2000億円（110億ドル以上）に達する巨大ビジネスだ。しかし，競争が激しい市場でもある。多くの中間業者が長い間このスペースを占有しており，中古車が入手可能になると，おおむねオークション販売が実施される。また，自動車メーカー，新車ディーラー，業界団体，中古車ディーラーという4つの利害関係者が影響力を持ち，それぞれの利害を満たす必要がある複雑な市場でもある。だから，カーセンサー事業部の第一線社員である前田亮がカーセンサー社長である室政美にこのアイデアを提案した際に，断られたのも無理はないかもしれない。

たいていの会社なら，話はそこで終わってしまうだろう。しかし，リクルート，そしてカーセンサーは違った。室は特に，チームメンバーが革新的な力を最大限に発揮できるよう，鼓舞し，訓練し，力を与えることに専念している。彼は，会議や各部への訪問，ニュースレターなどを通じて，部門の目標や戦略について現場の社員と絶えずコミュニケーションをとっており，誰でも参加可能な「秀才塾」と選抜制の「天才塾」という2つの社内研修プログラムを主催している。これは，従業員が革新的なアイデアを磨くために必要なツールとスキルを提供することを目的としている。

おそらく最も重要なのは，室が革新的なアイデアに最初は抵抗があっても，可能性があると思えば粘り強く支援することだ。例えば，2004年当時，おとり広告を防ぐために車体番号を掲載するというコンセプトは，一部の広告主の怒りを買い，実際に多くの広告主がカーセンサーから撤退し，約900万ドルの広告売上減につながった。しかし，室はそれが消費者にとって正しいことだと分かっていた。彼は自分の信念を貫き，数年のうちに，カーセンサーのビジネスはかつてないほど強固なものになった。

室は，前田が提案した「カーセンサー」ブランドのB2Bビジネス・プラットフォームの構想を断ったときも，そのままにはしなかった。前田と一緒に時間をかけて提案の詳細を検討し，具体的な改善案を提示するほど興味をそそられたのだ。他の中間管理職にも意見を求め，有益なアイデアを提供してもらった。前田は提案を練り直し，再度提出したが却下された。さらにコーチングを受け，さらに改善が一度や二度ではなく，何度も繰り返された。結局，前田がカーセンサーの経営陣全員が承認するビジネスプランを作り上げるまでには，3年間の試行錯誤が必要だった。

2019年には，ついにB-MATCHが上市された。現在，110億ドル規模の日本の中古車オークション市場でのシェアを争っている。そして，室はこれをカーセンサーの新しい大きな方向性の序章に過ぎないと考えている。室が現在，同僚と共有し始めている合言葉は，2023年までに，自社をB2CのメディアツールからB2Bのプラットフォームおよび経営支援パートナーに変身させよう，というものである。このようなことが起こったのは，決してできないと回答しない最前線のイノベーターと，革新的なコンセプトを最終ラインに到達させるために必要なフィードバックとサポートを3年間提供した，中間管理職レベルのコーチである上司のおかげである。

アリアンツ，IBM，リクルートのストーリーは，中間管理職がイノベーションに果たす重要な役割を示している。革新的なアイデアの主な源泉は，第一線で働く従業員であることが多い。しかし，中間管理職もまた，企業やその顧客にとって新たな価値を創造するイノベーションのアイデアを生み出すことに熱心であり，またそれを生み出すことができる場合が多い。

イノベーションを実現するという点では，中間管理職も独自の役割を担って

いる。会社のトップリーダーと現場の従業員をつなぎ，機能，部門，部署を超えたつながりを作る「接着剤」として，励まし，コーチング，アドバイスし，他の同僚とのつながりや開発と実行のプロセスを方向づける手助けを通じて，現場の従業員の革新的な取り組みを支援する準備が必要である。革新的な業績を上げている企業は，革新実現エンジンがフル回転し続けるように，時間，エネルギー，創造性を捧げ，真摯に努力している中間管理職を擁している企業である。

第7章のキーポイント

✓革新実現エンジンにおいて，中間管理職は統合プロセスを推進する上で特に重要である。

✓中間管理職は，革新的なコンセプトを精査し，実現に向けた道をつけ，開発し，最終的に立ち上げるシステムの組織化と運営を支援しなければならない。

✓中間管理職は，イノベーション実現のためのコーチやチアリーダーの役割を果たし，現場の従業員を支援し，新しいアイデアの流れを絶やさないよう奨励する。

✓中間管理職は，革新的なアイデアや，そのアイデアを生み出す従業員，そして組織内の重要なリソースを結びつける上で重要な役割を果たす。

✓中間管理職が継続的にイノベーション実現の支援に携わることで，イノベーションの実現活動が組織のDNAに深く根付いていく。

第 8 章

解決すべき課題を設定する

――上級幹部はどのように組織全体をイノベーションの実現に
集中させることができるか

　プロスポーツは，世界で最も競争の激しいビジネスの場の1つである。アメ
リカンフットボールのグリッドアイアン，野球のダイヤモンド，そしてバス
ケットのアリーナのような試合場で勝利を競うだけでなく，時間やお金を他の
娯楽に費やす自由がある顧客の「心のシェア」を競わなければならない。

　北米では，ナショナル・ホッケー・リーグ（NHL）がスポーツ界で最も厳し
い経営課題に直面している。アメリカの「4大リーグ」の中で4位に甘んじて
いるNHLは，観客動員数，テレビ視聴率，全収益において，ナショナル・フッ
トボール・リーグ，メジャーリーグ・ベースボール，ナショナル・バスケット
ボール・アソシエーションの後塵を拝している。また，このスポーツの魅力は，
地理的に限定される傾向にある。プロアイスホッケーは，ニューヨーク・レン
ジャーズ，トロント・メープルリーフス，モントリオール・カナディアンズ，
ボストン・ブルーインズなど，アイスホッケーの伝統ある都市で成功を収めて
いる，ひと握りのフランチャイズ（訳注：プロスポーツチームの本拠地・興行
権）が支配している。その他のNHLチーム，特にアイスホッケーが比較的新
しく馴染みの薄い都市のチームは，ファンやテレビ視聴率を集め，地元のス
ポーツメディアで取り上げられることに苦戦している。

　NHLフランチャイズの中で，特に厳しい試練に直面しているのがサンノゼ・
シャークスだ。本拠地である北カリフォルニアは，決してホッケーの激戦区で
はない。1967年から1976年まで，この地域のNHL代表はサンフランシスコ・
ゴールデン・シールズだった。10年にわたる苦闘の末，チームはこの地域で足

場を固めることを諦め，クリーブランドに移転したが，わずか２年後には完全に廃業してしまった。

1991年にサンノゼ・シャークスが設立され，NHLホッケーがこの地域に戻ってきた。しかし，サンフランシスコと同様に，サンノゼはもともとアイスホッケーが盛んな地域ではない。シリコンバレーの中心に位置し，デジタル・エンターテインメントに没頭する勤勉な家族で溢れている。また，サンノゼの街はどこよりもひどいラッシュアワーの交通渋滞に見舞われるため，試合会場に行くことさえ，ほとんどの人にとっては避けたい試練なのだ。

シャークスに熱狂的で持続的なファン層を築くという課題は，通常のレベル以上のイノベーションを必要とするものであることは明らかだ。

伝統を愛するプロスポーツ界に イノベーション文化をもたらす

かつてソフトウェア会社SAPのチーフ・デジタル・オフィサーだったジョナサン・ベッチャー会長のリーダーシップの下，サンノゼ・シャークスは，フランチャイズが抱える明らかな負債を資産に変える，思いがけない方法を見出してきた。その過程で，NHLで最も革新的な組織として，また全プロスポーツで最も革新的なチームの１つとしての評判を勝ち取った。北カリフォルニアの人々は，シャークスをリーグで最も急成長しているフランチャイズの１つにすることで応えた。

シャークスは，ベッチャーがチームのフロントに持ち込んだデジタル・イノベーションの才能を応用することで，これらの大部分を達成した。例えば，シャークスのマーケティング・グループが，40％ものファンが試合に遅れて来ていることを発見した。これは，シリコンバレーの急成長とそれに伴うひどい交通渋滞が引き起こした問題の１つなのだが，この問題を解決するためのデジタルツールを開発したのである。その１つが，ファンがダウンタウンのアリーナに到着する時間を記録できるアプリで，早く来たファンには，食べ物やグッズを10ドル割引で提供するものだ。

さらにシャークスは，世界初のAR（拡張現実）ボブルヘッド（頭が揺れる）

人形など，ファンとのエンゲージメントを高めるインタラクティブなシステムも考案した。これは，あらゆるスポーツのファンが長い間収集してきた伝統的なフィギュアのハイテク版で，チームのスターフォワードであるローガン・クートゥアの「一日の生活」を体験できるQRコードが搭載されている。

　シャークスがシリコンバレーにあるからといって，このようなデジタルな発想は自然には生まれなかった。2018年1月にチームに加わったベッヒャーは，多くのスポーツ・フランチャイズがそうであるように，シャークスもやや伝統に縛られ，実験を嫌っていることに気づいた。彼はその考え方を変えることを主な使命の1つとした。

　ベッヒャーはSAPでの前職経験から，この任務のために十分な準備をしていた。SAPのチーフ・デジタル・オフィサーだった彼の主要なミッションの1つは，技術革新によって必然的に起きる既存ビジネスの破壊過程を，顧客企業が受け入れるのを支援することだった。それは，SAP自身が提供する新しいビジネスのやり方も含めてである。その過程で彼は，企業がどのように，そしてなぜ変化を受け入れるのが難しいのかについて多くを学んだ。彼は，変化を拒絶するビジネスリーダーの傾向を，人体が「異物」を撃退するために抗体を配備するメカニズムになぞらえた。「大企業でも同じことが起こる」とベッヒャーはSAPのビデオでコメントしている。「何かが現在のビジネスモデルを破壊しそうになると，伝統主義者はこう言うんだ。『それは我々の収益を危うくする。このまま大きくさせない方がいい』ってね」[注1]。

　イノベーションに本能的に抵抗する「伝統主義者」は，成功した組織には必ず存在するが，プロスポーツは，彼らが特に強力な足場を持つ業界の1つである。ファンは，自分たちが愛するスポーツの歴史に染まっている。英雄的なアスリート，愛着のある試合会場，その時々の象徴的な思い出が，応援してきたチームとの関係を形成し，彼らは宗教的義務や政治的情熱のような熱狂をもって，ファンダムという文化を子や孫に受け継いでいく。このような伝統に裏打ちされたゲームへの愛情は，業界そのものに浸透している。なぜなら，プロスポーツ団体の監督や幹部，そしてアスリートのほとんどが，お気に入りのチームを応援して育ったファンだからだ。彼らが，自分たちが愛して育ってきた文化を脅かすと思われる革新的技術に懐疑的な傾向があるのも不思議ではない。

152 第3部 イノベーション実現の3つの重要な役割

　ジャーナリストのマイケル・ルイスによる名著『Moneyball（邦題：マネー・ボール）』は，統計分析をスポーツに応用する新しい方法を発見した因習破りの思想家たちが，その方法を試すよう伝統主義者たちを説得するのに苦労する様子を見事にとらえている。ルイスの話はメジャーリーグに焦点を当てているが，同様の動きはホッケーを含むすべてのメジャープロスポーツで見られる。スポーツ業界の支配的な文化は，異なる未来を想像することではなく，過去を尊重し，崇拝さえすることに焦点を当てている。したがって，革新を望むスポーツ指導者は，どのような競技でも，より大きな文化的課題を抱えることになる。

　シャークスに移籍後，ベッヒャーはいくつかの角度からカルチャー・チェンジの課題に取り組んだ。彼がとったアプローチの1つは，変革に最も抵抗のある人々に，変革の創造と規模拡大のための設計に参加してもらうことだった。ベッヒャーによれば，「混乱を端に置かず，中央に集めることで，成功する可能性が高くなる」のだという。特にスポーツの世界では，イノベーションには実践的なアプローチが必要だと強調した。ベッヒャーは，「通常，大企業は問題を抱えたときに専門家を探すが，その専門家は組織の外部から来ることが多い。例えばコンサルタントのように」と言う。しかし，変化を生み出すために外部の人間に頼ることは，変化に強い抗体の生成をさらに刺激しかねない。ベッヒャーが発見したより良いアプローチとは，企業内部の人間に独自のイノベーション・アプローチを生み出す方法を教えることだった。その過程で，組織文化が変化し始め，イノベーション実現活動に携わることが特別なことではなく，自然なことだと感じられるようになるのだ。

　ベッヒャーはまた，1つか2つの巨大な賭けではなく，新しいアイデアに多くの小さな賭けをし，複数の革新的な実験を行うことに重点を置くことを教え込んだ。このアプローチによって，単一のアイデアを試すことに伴うリスクを最小限に抑え，その代わりに，本当にうまくいく新しい何かを発見する機会を何度も提供し，彼のチームメンバーはイノベーションを積極的に受け入れるようになった。

　しかし，ベッヒャーが採用した最も重要な組織文化変革戦略は，シャークスの組織のリーダーシップ・チームに，彼らが愛するファン体験を破壊するもの

第8章　解決すべき課題を設定する　153

としてではなく，むしろそれを強化し深める方法として，イノベーションを捉えるように促したことだろう。例えば，企業のビジネスモデルの定義を広げようとする時，彼は次のように説明した。「私達はホッケーの試合を開催するのが仕事だとは思っていない。私たちの仕事は，思い出を作ることなのだ」[注2]。これは，生粋のスポーツファンなら誰でも理解し，受け入れることができる表現である。

　ベッヒャーはさらに，既存の業務遂行エンジンと並行してファン中心の革新実現エンジンを開発することの重要性をチームに説き，次のように説明した。「内部的なビジネス・プロセスの機能性，つまりオペレーション志向から，顧客が必要としているものへと発想を転換することが重要だ。20年，30年前に書かれたビジネス書の観点から考えれば，それは現代版『顧客の靴を履いて1マイル歩く』（原文 Walking a mile in their shoes. 相手の立場に立って，その人の視点や価値観を理解しよう，ということわざ）なのだ」。

　ベッヒャーの顧客視点へのコミットメントは非常に深く，たとえその努力が即座に，あるいは直接的に収益に結びつかなかったとしても，ファンの情熱を育てることに集中するよう，フロントの同僚たちに早急な行動を促したほどである。ベッヒャーはインタビューの中で，「私が過去に同僚たちと心配したのは，顧客に迫り，どのようなきっかけで顧客が自社の製品やサービスを購入するようになるかについて思考を巡らせることが『どうやって彼らに何かを売るか』という表層的な結果になってしまうことだった」と説明した。「だから，非常に戦術的なアドバイスをするとすれば，常に何かを買わせるという結果にならないように，顧客が購入に至る一連の過程に思考を巡らせることが必要なのだ」[注3]。

　このように，ファンに早く試合会場に到着するよう促すことは，単にスナックやお土産を多く買ってもらうためだけではない。スポーツやチームとのつながりを深めるためなのだ。早く会場に来れば，最初のホッケースティックでパックを落とすセレモニーから試合終了のブザーまで，試合の一連すべてを体験することができる。また，17,000人収容のSAPセンターでは，最新鋭のデジタル・ディスプレイ・スクリーンなど，ファンから「シャーク・タンク」と呼ばれ親しまれている，様々な特別な機能を楽しむ時間も与えられる。ベッ

ヒャーは，顧客（彼の場合はシャークスのファン）のためにイノベーションを実現することは，たとえ短期的には明らかでなくても，必ず最終的な見返りがあると確信している。

ベッヒャーが球団フロントでイノベーション中心の文化を育んだことは，コロナ感染症の世界的大流行によってプロスポーツがかつてないレベルの混乱に見舞われた2020年に，これまで以上に重要な意味を持つようになった。パンデミックのために北米の４大スポーツすべてが公の場での試合を中止せざるを得なかった４月には，1883年以来初めてアメリカのどのプロリーグも営業しなかった(注4)。

プロホッケーの試合中止は，シャークスを含むすべてのNHLチームに，フランチャイズを脅かしかねない難題を突きつけた。直接あるいはテレビで観戦する試合というアドレナリンがほとばしるような興奮をファンに提供できなくなった時，チームはどうやってファンとの絆を維持できるだろうか？ 危険なのは，ホッケーを観ない数週間や数カ月の後，ファンが他のエンターテイメントを見つけ，ホッケーの習慣を完全に失ってしまうことだった。そうならないために，シャークスはイノベーションの努力を倍加させた。

絶望の中からまず行った挑戦の１つが，ビデオゲームのシミュレーション・プラットフォームを使って，ファンが観戦できるファンタジーホッケーゲームを開催することだった。今日人気のあるスポーツ・シミュレーションソフトは，実在のホッケー選手の統計分析とランダムな実況を組み合わせ，例えばシャークス対ダラス・スターズやバンクーバー・カナックスの試合で起こりうることを再現する。ホッケーの熱狂的なファンは，自宅のソファでこうしたシミュレーションゲームを楽しんでいるが，パンデミックという極端な状況下を除けば，実際のスポーツの代わりには決してならないだろう。

2020年のシーズンが中断された時，シャークス（および他のプロスポーツチーム）は，選手の実際のビデオクリップを使用してその動きをほぼリアルに見せ，コンピュータで生成された模擬試合の放映を始めた。彼らは，ファンが実際にシミュレーションゲームを好んで見ていることに嬉しい驚きを覚えた。テレビの視聴率は実際のスポーツの視聴率には及ばなかったが，悪くはなかった。

第8章　解決すべき課題を設定する　155

　そしてシャークスは，この予期せぬ新しい機会に革新実現の才能を発揮し始めた。彼らは，模擬試合のファン体験を真に特別なものに変えるために，次から次へと新機軸を打ち出したのである。

　これらのイノベーションの中で最もエキサイティングだったのは，選ばれたファンにユニフォームを着てお気に入りのシャークス選手と一緒にプレーする機会を与えるというアイデアだろう。熱心な応募者の中からファンを選ぶと，ソフトウェアがそのファンの体格と外見を模したアバターをデザインし，名前と背番号をパーソナライズしたユニフォームを着せる。そして，シャークスはそのアバターを氷上に送り出し，ジョイスティックを装備したファンのコントロールのもとで試合をさせた。

　その結果，シャークス・ファンにとって忘れられない疑似体験の数々が生まれた。シャークスの試合でプレーした最初のアバターは，実際に（ソフトウェアのランダムなルールによって決められた）試合中に「怪我」を負い，試合から外れなければならなかった。当初，このファンは打ちのめされ，この不幸な出来事に「アンフェアだ！」と叫んで怒った。

　しかし，そのアバターがバーチャルなチームメイトにロッカールームに運び込まれ，チームのゼネラルマネージャーであるダグ・ウィルソンがそのファンに現実世界の電話をかけ，「元気をだせ」というメッセージを伝えた後には，そのファンはその体験のすべてを，「間違いなく2020年のハイライトであり，すぐには忘れられない瞬間だった」と表現した。別のファンは，延長戦で決勝ゴールを決め，興奮したチームメイトと氷上で祝うという興奮を味わった。彼はソーシャルメディアでその経験を「人生最高の経験」と宣言した。

　こうしたファンの反応に喜んだシャークスは，ホッケーのシミュレーション体験にさらなるイノベーションを導入していった。過去に活躍したシャークスの人気選手のシミュレーターをゲームに挿入し，スポーツファンが夢見たり議論したりするのが大好きな，歴史を超えたファンタジー対戦を可能にしたのだ。彼らはまたチームの人気実況アナウンサー，ダン・ルサノフスキーを起用し，模擬試合のアクションをナレーションすることで，臨場感と興奮を与え，ファンからの大きな反響を呼んだ。

　ファン体験を拡大・深化させる方法としてのシミュレーション・プロホッ

156　第3部　イノベーション実現の３つの重要な役割

ケーの開発は，COVID-19が生み出した緊急事態下であったからこそ実現した。しかし，このイノベーションの価値は，パンデミックが終わっても消えることはないだろう。今後のシーズンで模擬試合を使用する詳細な計画はまだ立てられていないが，ベッヒャーはこの新しいファン参加の方法は「癖になる（sticky）」と考えている。「ゲームはシミュレーションかもしれないが，ファンの関与は本物だ」とベッヒャーは言う。

　ベッヒャーがこれらの素晴らしいスポーツ・イノベーションを自ら生み出したわけではない。実際，彼自身はビデオホッケーをプレーしないので，その威力に驚いた。しかしベッヒャーは，デジタルの創造力を含むシャークスの組織全体の創意工夫の才能を解き放つイノベーションの文化を創造する道を切り開いた。多くのプロホッケーチームとつながりのあるテクノロジーベンダーが，「NHLでは，いまや誰もがサンノゼ・シャークスのファンとの関わり方に注目している」とコメントしたのも何ら不思議ではない(注5)。

CEOがコントロールできるイノベーションの梃子（テコ）

　ベッヒャーがサンノゼ・シャークスと取り組んだ事例は，トップレベルの経営幹部がビジネスで果たすことのできる最も重要な役割の１つ，すなわち革新実現エンジンを始動させることの重要性を物語っている。それは，組織がイノベーションを実現できずに競合に遅れをとっている時，ビジネス環境の変化，顧客のニーズ，業界の技術的基盤への適応に苦戦している時，あるいは，過剰な硬直性，リスク回避，盲点などのために，事業機会を最大限に活用できない時に特に重要である。このような状況のいずれにおいても，組織のトップに立つ１人のリーダーこそが，その個人的な影響力を発揮して，一連の文化的・組織的変化を連鎖的に起こし，革新実現のためエンジンのフライホイールを回転させることができる。

　もちろん，組織内の誰もがそうであるように，企業階層や特定の機能的役割のどのポジションにおいても，CEO，社長，執行副社長，取締役会長，その他のトップリーダーは，イノベーションのアイデアを生み出す貢献者になることが期待されている。創造のプロセスは，誰もが参加できるものだ。しかし，

トップリーダーには，組織全体のイノベーションを刺激し，促進するというユニークな仕事もある。トップリーダーは，3つの主要な梃子を操作することを通じて，この触媒的役割を遂行するのである。

▶ 第1の梃子：組織構造
　リーダーは，組織を統制する正式な構造，規則，ガイドラインの変更を提唱し，実施することで，イノベーションの促進に取り組むことができる。例えば，リーダーは，イノベーション実現の役割を担うよう経営幹部を指名すること，革新的なアイデアの開発を促し，評価制度やイノベーションの実施につなげる役割を担う委員会やチームを設置することができる。また，組織の部門や部署を超えたチームワークや共創を促進するシステムやネットワークの構築を支援し，貢献することもできる。

▶ 第2の梃子：主要な組織プロセス
　リーダーは，他の人と協力して，組織全体の人，チーム，部門が実行するプロセスを再定義し，時間，資金，エネルギー，注意力，その他のリソースがイノベーションに捧げられるようにする。リーダーはまた，組織内の採用，評価，昇進のプロセスの見直しを推進し，革新実現の行動を奨励し，報酬を与えることができる。

▶ 第3の梃子：組織文化
　リーダーは，その権力，影響力，「大衆を説得できる力（bully pulpit）」を使って，組織を形成する共通の価値観，信念，態度を，革新実現の行動を育成し保護する方向に導くことができる。リーダーは，イノベーションを開発した人を公に評価し報酬を与える，革新実現を追求するためにリスクを取り妥当なレベルの失敗をした人を罰や批判から守る，イノベーションの価値と重要性を広めるために独自のコミュニケーションツールを使用する，などの行動を通じて，組織全体の人々に対して「革新実現の行動に許可を与える」ことができる。おそらく最も重要なことは，イノベーションを生み出すリーダーシップの特性を自ら示すことで，CEOは自らを企業の「チーフ・リフレーミング（視点の再構築）・オフィサー」と位置づけることであろう。その特性とはすなわち，オープ

158　第3部　イノベーション実現の3つの重要な役割

ンマインド，透明性，顧客中心主義，傾聴，実験への意欲などである。

　多くの場合，企業のトップリーダーは，消極的なステップ，つまりリスクテイクや実験，創造性を妨げる無用な障害や障壁を排除するだけで，革新実現の行動を刺激するために多大な貢献ができる。ほとんどの企業の現場の社員や中間管理職は，革新実現に意欲的である。その多くは，顧客と密接に接し，日々の事業活動に深く関わり，企業の製品，サービス，プロセスをどのように改善できるかについてのアイデアに満ちている。彼らに欠けているのは，イノベーションの夢を実現するための組織の自由と励ましだけである。ひとたびその自由が与えられると，彼らは創造的なアイデアを解放できることにわくわくする。

　イノベーションの実現の活動は，社員の仕事への関与を高め，組織に対する前向きな姿勢を促すのに大いに役立つ。革新実現の活動により，社員は，ルーティンで刺激に欠けると感じがちな日々の業務から解放される。イノベーションを実現する活動は仕事に豊かさと楽しさをもたらし，チームメンバーが顧客や非顧客と過ごす時間を増やし，市場が伝えようとしている些細なメッセージに耳を傾けるよう促す。

　もしあなたが組織のピラミッドの頂点，もしくはその近くにいるのであれば，組織に所属する全員のイノベーションを奨励し，正当化し，支援するための措置を講じ始めるべきである。イノベーションを実現することとは，全社員の仕事の一部であり，イノベーションは企業戦略の中核であるという明確で一貫したメッセージを発信し始めれば，創造的なアイデアが本流となって流れ出すことに驚くだろう。

エグゼクティブ・マネジメントをイノベーション実現の牽引者へ―エコセムのトップ・リーダーシップ

　前述のジョナサン・ベッヒャーは，事業の将来への鍵として，イノベーション実現に伴う文化的挑戦という課題に意図的に焦点を当てる，新しいタイプの企業リーダーの一例である。サンノゼ・シャークスでの彼の仕事は，イノベーションを志向するリーダーがトップに立つことで，伝統を重んじる業界の組織

を，創造性の宝庫に転換することができることを示している。さらに驚くべきことに，似たようなことは事実上あらゆるビジネスで起こりうる。

　第3章では，急成長を遂げているヨーロッパのセメントメーカー，エコセムの事例を紹介した。エコセムは，企業家ドーナル・オライアインによって設立され，あまり利用されていない技術革新の優位性を活用した。高炉水砕スラグは，従来のセメントよりも二酸化炭素排出量がはるかに少なく，その他の利点もあるセメント代替材である。そして，エコセムがいかに顧客と親密な関係を築き，それがさまざまな製品とサービスのイノベーションを結果として生み出し，顧客とエコセム自身の双方に大きな価値を生み出しているかを振り返った。この強力な革新実現エンジンの誕生は，ひとりでに実現したわけではない。オライアインを始めとするトップによって，もたらされたのだ。その経緯は，他の企業のリーダーたちにも参考になる強力な教訓を与えてくれる[注6]。

　オライアインがエコセムをイノベーションのリーダーへと変貌させる上で直面した大きな課題の1つは，セメント業界の支配的な文化であった。第3章で見たように，この業界は伝統に彩られた古い業界であり，収益性の高い市場で安定したシェアを持ち，強力な地位を占めるひと握りの巨大企業によって大部分が支配されている。エコセムがこの市場で独自のシェアを獲得するためには，最大の競合企業を特徴づけるものとはまったく異なるイノベーション文化を発展させる必要があった。そのような企業文化を創り出すための挑戦は，エコセムの取締役会というトップから始まった。

　この取締役会のメンバーは，優秀で，経験豊富で，セメント業界についての知識があった。そのためか，オライアインがエコセムはイノベーション主導の企業になる必要があり，まず収益の2％をイノベーションに充てることを約束する必要があると話した時，彼らは懐疑的だった。「役員たちは，私のことをちょっと馬鹿にしていた」とオライアインは振り返る。「彼らの『本当に必要なのか？』という問いに，私は必要だと主張した。そして，私は彼らをイノベーションの熱狂者に変える必要があることに気づいたのだ」。

　転換プロセスは教育から始まった。2016年には，この取り組みの先頭に立つため，オライアインは取締役数名を含む特別技術小委員会を設置した。イノベーション・ディレクターのローラン・フルーアンを含む，企業の最も重要な

160 第3部 イノベーション実現の3つの重要な役割

イノベーション・プロジェクトに携わっているエコセムの主要マネージャー4,
5人とともに，年に2回会合を開いてきた。メンバーは半日かけて，6つか7
つの主要イノベーション・トピックを深く掘り下げ，エコセムの現在の研究開
発（R&D）プロジェクトと，それが企業の将来にとって重要である理由を実
地で理解した。取締役会メンバーの技術的専門知識レベルは大幅に向上し，今
では，面会したエンジニアや科学者に突っ込んだ質問をしたり，価値あるアイ
デアを共有したりできるまでになった。また，イノベーションへの投資の価値
に疑問が投げかけられる際にも，詳細で説得力のある回答ができるようになっ
た。

　技術小委員会のメンバーは，企業のイノベーション予算から得られる財務的
成果についても綿密な検証を行う。オライアインは，エコセムが現在，年間約
200万ユーロ（ほぼ3億2千万円に相当）をイノベーションに費やしていると
説明する。「倹約的なアプローチ」だが，革新実現エンジンがうなり続けるには
十分な額だと彼は言う。累積投資収益率は時間とともに着実に上昇し，現在で
は毎年30〜40%となっている。取締役会はこの数字を非常に重要視している。
「イノベーション実現に費やした資金に対する確かなROI（Return on
Investment：投下資本利益率）を示すことができるという事実が，取締役会
の懐疑論者を応援団に変えた」とオライアインは言う。彼は，革新実現に対す
るROIが成長し続けることを望んでおり，2025年までに年間60%にまで達する
かもしれないと見積もっている。

　取締役会に技術小委員会を設置するメリットは，双方向に作用する。取締役
会のメンバーは，セメント事業における革新的なプロセスに関する知識を大き
く飛躍させ，企業の資金をどのように投資するか，新たな機会を最大限に活用
するために市場戦略をどのように形成するかについて，より賢明な判断を下す
ことができるようになった。取締役と年に2回会合を持つエンジニア，科学者，
マネージャーもまた，多くのものを得ている。彼らは個人的なコネクションを
築き，組織で最も重要な人たちとのコミュニケーションラインを構築し，これ
は常に役に立つものとなった。彼らは，セメント業界の最高レベルのリーダー
たちがイノベーションをどのように見ているのかについて理解を深め，技術的
な観点だけでなく戦略的な観点からも自分たちの仕事を考えることができるよ

うになった。また，取締役会のメンバーの中に熱狂的なフォロワーやサポーターがいることを知り，イノベーション実現の探求に対する個人的なコミットメントが強まった。

「研究開発チームは今，かつてないほどやる気にあふれている」とオライアインは言う。「特に，彼らが思いついた新しいアイデアの素晴らしい応用例を探すことになるとね」。

エコセムは，イノベーション中心の新しい企業文化を組織の全階層に浸透させるため，さらなるステップを踏んだ。オライアインの支援のもと，行動変容と変革マネジメントの専門家であるコンサルタントのマリア・ベローゾ・ホールを招き，革新実現のプロセスへの全員参加を促す方法を企業リーダーに指導した。あるチームでは，フランスを代表する工学系大学で学位を取得し，自信に満ちたひと握りのエンジニアが，一緒に働く仲間を意図せず威圧していた。その中には，それほど素晴らしい資格を持っていない研究室の技術者たちも含まれていた。ホールは，チーム全員が共有の取り組みに役立つ貴重な洞察力，アイデア，疑問点を持っていることを理解するための「集合知」トレーニング・プログラムを実施した。その結果，チームメンバー全員が会議中に積極的に発言するようになり，問題や課題を素早く表面化させ，革新的なアイデアを生み出し，発展させ，検証プロセスをより効果的なものにした。

エコセムは，組織のリーダーが，イノベーション実現を支援するための定期的な活動をビジネスの日常的なプロセスに組み込むことで，企業の将来にとっての革新実現の重要性を見失わないようにすることができることを示す好例である。

イノベーション実現の文化は同社の中心的なものとなり，今では企業のモットーである「イノベーションが持続可能性を推進する」が同社の姿勢を最初に体現する言葉となっている。これは，企業の取締役会がイノベーション実現の行動を思考の中心に据えることを奨励したときに何が起こりうるかを示す，強力で公的な象徴となっている。

企業のトップが道を示す時

　本章の事例が示唆するように，CEOとそのリーダーシップ・チームの最も重要な仕事の1つは，イノベーションを追求し，受け入れる心構えを示すことである。それは，イノベーションに対して疑念や防衛心，敵意をもって反応するのではなく，慣れ親しんだ正統性や習慣，伝統に挑戦し，組織や顧客の新しい価値を創造するために，必要に応じて信念や行動を変えることを厭わないということである。

　私が教える革新実現行動のメソッドを採用した多くの企業では，CEOと役員全員が，私たちの完全なトレーニング・プロセスを受ける最初のグループとなることで，道を切り開いてきた。経営陣はまた，利用可能なあらゆる会社の通信手段を使って，業務遂行活動と革新実現活動の区別を説明し，正当化し，すべての従業員がイノベーションを実現する場で時間を過ごすことを奨励すべきである。

　トップ・リーダーシップによる象徴的な行動は，組織全体に大きな影響を与えることがある。BASFの取締役会は，イノベーションを指導・促進する「パースペクティブズ」プロジェクトを立ち上げる際，1,500人の従業員を前にした公開会議で発表した。これは，BASFのすべての主要な管理職の注目を集めただけでなく，取締役会がビジネスのすべての階層でイノベーションの概念に個人的にコミットしていることを示すものだった。

　イノベーション実現の推進企画を立ち上げようとしている企業が，その運営を人事の専門家に任せることがある。これは重大な失策となりうる。人事部やその他のスタッフ部門（コーポレート・コミュニケーションなど）のマネージャーは，同僚から，損益の結果で評価される事業構築の責任者であるマネージャーに比べ，力も知識も影響力も劣っていると見なされることが多い。そのようなスタッフ・マネージャーは，研修の役割では重要視されるかもしれないが，同僚の態度や行動を変革する能力は限られている。イノベーション文化の醸成に豊富な経験を持つ，あるコンサルタントは「CEOや執行委員会のメンバーがその取り組みに参加しなくなると，すぐにそれは単なるトレーニングに

第8章　解決すべき課題を設定する　163

なり，いつの間にか風化してしまう」と語っている[注7]。

　BASFはこの失敗を避けた。イノベーションのメッセージを組織全体に伝えるコーチやアンバサダーのチームを率い，組織する役割を担ったのは，BASFで長年の業務経験を持ち，高い評価を得ているマネージャーだった。マーケティングの専門家であり，企業調達の責任者でもあったアンドレス・ジャッフェは，BASFの多くの部門・部署のマネージャーと密接に仕事をしてきた社内顧客だった。彼の業務上の専門知識やBASFとそのビジネスに対する深い理解は疑う余地がなかった。この役割にジャッフェを選んだことで，BASFはイノベーションへのコミットメントの真剣さを示したのである。

　取締役会のメンバーであるジョン・フェルドマンは，パースペクティブズ・イニシアティブの公式の支援者に指名された。その役割を通じて，彼はプロジェクトに信頼性と正当性を与えたのである。彼はまた，取締役会の中だけでなく，企業全体にわたってこのプロジェクトを守り，擁護し，その重要性を伝え，このプロジェクトに費やされる時間，資金，その他のリソースがBASFの将来にとって極めて重要である理由を説明した。

　そして，革新実現の行動を組織の各層に根付かせる数年にわたるプロセスを通じて，BASFの全部門の従業員がパースペクティブズ・アプローチを習得するためのワークショップやミーティングへの出席を求められた時，少なくとも1人の取締役がすべてのセッションに出席するよう要請された。これもまた，この取り組みに対する真剣さの表れである。組織のトップリーダーが言動で一貫してイノベーションの緊急性を示すことで，革新実現の行動を生み出す文化が生まれ，やがて組織全体が活性化する。

第8章のキーポイント

✓ 企業の革新実現エンジンを構築する上で，上級経営幹部は企業の「チーフ・リフレーミング（視点の再構築）・オフィサー」の任務に就き，変化への寛容さと，慣れ親しんだ前提を疑う姿勢の模範となる必要がある。

✓ 上級経営幹部は，イノベーションの精神を組織全体に浸透させることに専念しなければならない。特に，組織構造，組織プロセス，組織文化という3つの最も強力な影響力を梃子として，自由に活用しなければならない。

✓ 革新実現行動に対する組織のコミットメントの真剣さをさらに示すには，上級経営幹部自らが，革新実現につながるシステムや新たな慣行をいち早く導入すべきである。

✓ 上級経営幹部はまた，広く尊敬され業務に精通したハイレベルのリーダーを組織のイノベーションの先頭に立たせることで，イノベーション実現の緊急性を強調しなければならない。

第 **4** 部

イノベーションを実現する
ガバナンスと調整のための基盤

第9章 エンジンに点火する

──革新実現エンジンのためのガバナンスと調整構造を構築する

　もしあなたが連想ゲームをしているとしたら，「バイエル」と聞いて一番に思いうかぶのは必然的に「アスピリン」だろう。150年の歴史を持つバイエルは，1890年代に同社の化学者たちによって開発され，アスピリンとして世界的に商標登録された奇跡の薬，アセチルサリチル酸の開発と販売で最もよく知られている。

　400億ドル規模の事業を誇るバイエルは，アスピリンを依然として事業の柱に据えながら，薬理学やライフサイエンスにおける着実なイノベーションからも利益を得ている。例えば，発展途上国の零細農家が持続可能な方法で農作物の生産を増やすのを支援する技術，高血圧などの慢性疾患に関する臨床的な意思決定を改善するために設計された人工知能（AI）ソフトウェア，血友病から前立腺がんに至る病状の画期的な治療法などである。これらの例は，バイエルの最近のわずか数カ月の研究を反映したものである。

　このようなブレークスルーは，バイエルが将来の成功に対するイノベーションの重要性をどの程度認識しているかを反映している。バイエルは，ある信念（マントラ）に従って経営されている。バイエルの革新的リーダーの１人で，コーポレート・イノベーションの責任者であるヘニング・トリル博士がそれを次のように説明してくれた。「持続可能なビジネスを営むには，イノベーションとマーケティングが重要だ。これらは外注することはできないし，他人に任せることもできない。革新実現のプロセスには，ビジネスパートナー，学術研究機関，バイオテクノロジー企業，医療機関，多種多様な顧客など，外部のス

テークホルダーとの協力やパートナーシップが必要な場合が多い。そうでなければ，企業は自らの運命をコントロールできなくなる危険性があるからだ」。

　もちろん，バイエルのビジネスを構築するイノベーションの流れは，基本的には，世界中にある何十ものバイエルの研究所に所属する科学者，エンジニア，研究者，そして提携先企業の技術専門家によって生み出されるアイデアに依存している。しかし，アイデアは始まりに過ぎない。バイエルのコーポレート・イノベーション，研究開発，ソーシャル・イノベーションの責任者であり，同社のイノベーションを牽引しているモニカ・レッスル博士は，次のように述べている。「アイデアはチープだ！　私たちは創造だけでは十分ではないことを学んだ。アイデアは重要だが，それを実現するための翻訳作業と，根本的な問題に対する理解にしばしば失敗してしまう。私たちは往々にして，自分たちの解決策や技術が大好きで，顧客や患者の真のニーズを見極めるのに十分な時間とエネルギーを投資しない。だからこそ，イノベーション実現のために必要となるリーダーシップは，他のリーダーシップとは異なる。それは，目的を持って意図的に作られた環境の産物であり，アイデアを生み出す要因でもある」。

　バイエルが「アイデアを実現」し続けるために開発した「意図的に作られた環境」は，強力で，考え抜かれた革新実現エンジンの一部となっている[注1]。

バイエルはいかにイノベーターを奨励するか
—WeSolveとその先へ

　バイエルの150年にわたる実績が示すように，同社は長い間イノベーションの実現に向けて活動を続けてきた。しかし，世界の進化にともない，ビジネスの手法や戦略も進化しなければならず，革新実現の活動も例外ではない。レッスル博士が「白い紙」と呼ぶ2014年に，バイエルの革新の旅は始まった。同社は，世界中に広く分散している多くの従業員に対して，より速く，より機敏に，より社会に開かれた形で革新を実現するためのより良い方法を提供する必要があることに気づいたのだ。「世界中に10万人の従業員がいて，彼らは皆各々，どうすればイノベーションの実現に貢献できるのだろう？と考えていた」と，レッスル博士は話す。「これらの自社の経営資源は計り知れない可能性を秘め

ている。そして私たちは自らにこう問いかけた。どうすればそれを活用できるのかと」。

その決定的な答えの1つは，バイエルの企業構造に関するものだ。バイエルは巨大企業であり，3つの主要事業部門（医薬品，コンシューマーヘルス，作物栽培科学）の従業員が，世界36カ国のグループに散らばっている。必然的に，そのような企業は階層的に組織化され，何十万もの別々の活動に従事しながら，統制と戦略的焦点を維持するために必要な官僚的なシステムと手順を持たなければならない。しかし，官僚主義はイノベーション実現を阻害する致命的な要因となりやすい。

レッスル博士と彼女のチームは，有名な経営理論家ジョン・コッターの組織モデルにインスパイアされた。彼は，自由奔放な相互作用，コミュニケーション，コラボレーションを促進するために，伝統的な垂直階層と，より柔軟で水平に構造化されたネットワークを組み合わせた二重システムを組織が開発する方法について，幅広く講演や執筆を行っている。レッスル博士たちは，従業員の革新的な努力をサポートするために，そのような二重構造を作り出す方法を見つける必要があると考えた。

コッターやその他の人々が推奨しているこの二元性という考え方が，私が本書で紹介した2つのエンジンの概念と深く関連していることに注目してほしい。ほとんどの大企業が歴史的に受け継いできた階層構造は，日々の重要な機能を実行する業務遂行エンジンと強く結びついている。さまざまな機能や部門の人々の間に新たなコミュニケーション経路を構築するためには水平ネットワークが必要で，このネットワークは，創造性を育む革新実現エンジンと不可分に結びついている。問題は，いかにして2つの異なるエンジンを同時に稼働させるか，しかも別々の人員が別々のユニットとして稼働するのではなく，組織全員の関与と支援によって両者を稼働させることが可能か，ということである。

2015年の戦略プロジェクトで，レッスル博士率いるイノベーション・チームは，社内全員の創造的な参加を促すイノベーション実現専用の水平ネットワークを開発することを決定した。そうすれば会社は，このネットワークによってアイデアを育み，階層的な業務遂行システムにフィードバックする方法を模索していくだろう。

170 第4部 イノベーションを実現するガバナンスと調整のための基盤

　そのようなネットワークを構築する上で，マネージャーが重要な役割を果たすことになる。トリル博士はその理由をこう説明する。

　　「社内プロジェクトである『イノベーション・アジェンダ』を始めた時，私は会社の経営幹部達に3大問題を挙げてもらえば，革新実現に拍車がかかると考えた。そして，解決策を見つけるためにあらゆるレベルのバイエル関係者に相談した。しかし，それはうまくいかなかった。問題はあまりに大きく，解決可能なものにするためには，さらなる分解が必要だった。私たちは，部門や部署を横断する水平的なイノベーション実現に向けたネットワークを通じて組織的に働きかけ，新しい解決策やビジネスモデルさえも生み出すような，適切なタイプの課題をさらに絞り込んで特定しなければならなかった。

　　本社ではなく各国の拠点組織に所属する人々は，顧客の課題にずっと近いところにいる。彼らは，次のような問題発見のために不可欠な存在である。例えば，スペインの農家は，収穫時に農作物の農薬レベルをモニターする方法を求めている。さらに，そのレベルを予測し，それに応じて栽培手法を調整する方法を望んでいる。現地のマネージャーや従業員は，顧客と接し，顧客のニーズ，問題，懸念，要望を把握している人々である。そして彼らは，創造的な問題解決ツールの使用を厭わないだけでなく，顧客にとって本当に付加価値があり，顧客が喜んでお金を払うものを見つけるまで，その解決策を実際に試してみようとするのだ」。

　もともと，バイエル社員が取り組むべき無数の課題を掘り起こすプロセスは，WeSolveと呼ばれるオンライン・アイデア・フォーラムの立ち上げから始まった。このデジタル・プラットフォームでは，世界中のバイエル社員が，地域のビジネスから得た課題や問題，機会を投稿することができる。フォーラムを訪れた他の社員は，解決策を提案することができる。これは社内のクラウドソーシング・ツールのようなもので，あらゆる場所にいるバイエルの社員が仮想空間で互いに顔を合わせ，普段は聞くこともないような遠く離れた場所の問題に

ついて，彼らのユニークな経験や知識，見識を持ち寄ることができるのである。

WeSolveはすぐに，バイエルの社員にとって人気の訪問先となった。創設から1年以内に，バイエルの10万人以上のチームメンバーのうち2万3,000人以上がこのフォーラムを訪れ，約1,650人が課題や可能な解決策を投稿した。時が経つにつれ，魅力的で価値ある新しい用途が開発されていった。技術的，科学的な解決策だけが求められたわけではない。人事部門が新しい業績評価システムを開発する際，WeSolveは，社内で最も熱心に業務に従事し，思考を深く巡らす社員の多くからフィードバックを得るためのプラットフォームとして利用された。

新製品や新サービスの初期テスターとしてボランティアが必要になった際にも，WeSolveは効果的な募集方法であることが判明した。製品のマーケティング担当者が，潜在的な顧客層（例えば関節炎の患者など）を代表する人々から計画に関するフィードバックを必要としていた時，WeSolveを利用すれば，世界中の社員の中からそのような人々を見つけることができることを発見した。新しいプロジェクトを支援するために必要な専門的スキルやツールを提供する外部パートナー（他の企業，非営利団体，学術機関）を探している場合には，WeSolveの参加者は自身の提案や彼らが持つ人的コネクションの紹介を求められる。

また，専門的な任務を持つイノベーション・フォーラムも追加的に設立された。これらの中には，課題ではなく，アイデアや解決策を投稿するようユーザーに呼びかけるものもある。その1つが，WeSolveのサブフォーラムであるWeIdeateだ。このフォーラムは，特定の活動分野や地域の問題に焦点を当てている。これは意図的な戦略でもある。バイエルは，アイデアの投稿が，共通の問題や懸念を持つ人々の小さな世界の中で，最も効果的に機能することを発見した。逆に，このような限られた環境以外では，あまり役に立たない。トリル博士の観察によれば，「広範なオンライン・フォーラムにアイデアを投稿しても，その問題の当事者である人物がそのアイデアを見て採用する可能性は低いため，通常はどこにも繋がらない。むしろ一般的なフォーラムでは，アイデアや解決策ではなく，課題を投稿する方がはるかに効果的だ。というのも，投稿される課題に対する潜在的な解決策の提案自体が，同じ課題を抱え結果的に

172　第4部　イノベーションを実現するガバナンスと調整のための基盤

顧客となる人々の獲得につながるからである」。

　革新実現に特化したバイエルのフォーラムの中でも，WeSolveは最大の影響力と継続的効果を有するフォーラムであることが証明された。2020年秋現在，4万人以上のバイエル社員がWeSolveに参加している。WeSolveがすべて英語であること，バイエルの従業員のうち英語を話せるのは5万人程度であることを考えると，これは非常に素晴らしいエンゲージメント率である。

　現在，毎年200以上の問題解決チャレンジがWeSolveフォーラムに投稿されている。2020年半ばにフォーラムを訪れた時，私はその問題の数と種類の多さに感銘を受けた。それらの問題はバイエルの社員によって提起され，他の社員によって解決される可能性があるのだ。なかには，かなり技術的な問題もあった。「ダストフリーの大袋充填工程を改善するために，さらなる安全対策を探しています」「様々な雑草種子の発芽率と安定性を向上させるためのアイデアを探している」「農作物に適したゲノムグラフを用いた新規解析アルゴリズムを探している」といった具合だ。また，ほとんど哲学的，あるいは遊び心にあふれたものもあった。例えば，「あなたが食べるものの透明性はあなたにとって重要ですか？」というテーマのアンケートや，インド市場向けの新商品のブランド名のクリエイティブな提案を求めるものなどである。提示された数十の課題に目を通すと，WeSolveフォーラムへの貢献はバイエルの社員にとって実際に楽しいものであるような気がした。これが，参加率が高い主な理由の1つだろう。

　おそらく最も印象的なのは，フォーラムに登場するチャレンジやリクエストの平均訪問者数が約200人であることだ。WeSolveに問題を投稿すれば，賢明な解決策を引き寄せられる確率はかなり高い。トリル博士の推定によると，WeSolveに投稿された問題の約50パーセントは無条件に解決され，残りの30パーセントは「回避策」を示す新鮮なアイデアや洞察が生み出されるという。そして最高のアイデアの多くは，思いがけないところから生まれる。トリル博士の報告によれば，最良の解決策の3分の2は，問題を提起した人が働いている部署とは異なる部署や機能領域の人からもたらされたものであり，それが全社的な情報共有のためのツールとしてのWeSolveの価値を高めている。

　バイエルのユリア・ヒッツブレック博士は言う。「私たちが投稿する課題は，

その部門や機能の誰かが解決するのではなく，まったく別の部門の誰かが解決することがよくある。それは，知識プールを活用し，専門家が自分の専門分野に固執するのではなく，協力し合う精神を身につけるのに役立っている」[注2]。

トリル博士は，WeSolveの幅広い訴求力のもう1つの利点を指摘している。「社員が新たにバイエルに入社すると，その経緯が個人としての入社であれ，企業買収の一環として自社の社員になる場合であれ，WeSolveが事業全体で何が起きているかを知るための素晴らしい方法であることが分かる。世界中のバイエル社員が直面している課題を読み，さらにはその解決に参加することは，組織を結束させるのに役立つ」。バイエルという組織が革新実現を中心に結束しているという事実は，すべてを二重に強力で有益なものにしている。

企業の i（イノベーション実現）チーム
─革新実現の起爆剤

WeSolveフォーラムの成功に勇気づけられ，レッスル博士と彼女のチームは，バイエルの社員全体に新しい革新実現の方法を広めることにした。このために，彼らは重要な役割を果たすコーチ達のネットワークを構築し始めた。

本書を通じて，私は組織の全社員が革新を実現する役割を担っているということを強調してきた。イノベーションの実現は，特別な才能を持ち，組織の中で独自の役割を担っているひと握りのクリエイティブな天才だけのものだ，という従来の考えから脱却することが重要なのだ。WeSolveフォーラムが盛況であることは，バイエル社員に，誰もが会社の未来づくりに貢献することを奨励されているという明確なメッセージを送っていることに他ならない。

しかし，3つのプロセス（創造，統合，視点の再構築）を通じて革新実現に向けた一連の流れを促進し，維持する特別な役割を果たす社員を束ねる幹部がいることも，組織にとって非常に有益である。特に，組織チームの特定のメンバーに，フルタイムまたはパートタイムで割り当てられる3つの新しい仕事，すなわち，イノベーション実現コーチ（iコーチ），イノベーション実現コーディネーター（iコーディネーター），イノベーション実現委員会（i委員会）を作ることをお勧めする。これら3種類の人材は，組織内の革新文化を強化す

174　第4部　イノベーションを実現するガバナンスと調整のための基盤

る上で重要な役割を果たす。これらの仕事をこなすすべての人々を合わせて，私はイノベーション実現チーム，略してiチームと呼んでいる。

　iチームのほとんどのメンバーは，組織の他のメンバーと同様，業務遂行エンジンの一部として活動しているのか，それとも革新実現エンジンの一部として活動しているのかによって，役割が異なることに留意して欲しい。

　図9.1は，2つのエンジンとその組織構造の類似点と相違点を示している。図9.1Aは，ほとんどの組織が，業務遂行エンジンを管理するために使用しているような，典型的な階層構造を簡略化して描いている。図中の個人間のつながりは，水平線と垂直線で描かれている。

　図9.1Bでは，組織の革新実現エンジンの公式的な構造が描かれている。この図では，図表の右上に新しいボックスがある以外は，図9.1Aと同じ個人が示されている。この右上のボックスはiトレーナーという特別なユニットで，i委員会と協力し，組織全体を通じて革新的な手法，特にiコーチを育成する。iトレーナーはまた，外部市場に出現する斬新なイノベーション実現の方法論や技術を調査し，評価し，選択する中心的な情報機関としての役割も果たす。また，イノベーションを実現しようとする組織内の人間が使用できるように，カスタマイズしたプロセスを独自に開発することもある。

　iチームの他のメンバー（i委員会のメンバー，iコーディネーター，iコーチを含む）は，さまざまなレベルで組織全体に組み込まれており，濃淡の異なるボックスで表されている。また，iチームのメンバー同士を対角線で結んでいる点にも注目してほしい。これは，革新実現エンジンを動かす活動の特徴である，部門を超えたマルチレベルのチームワークを反映している。図が示唆するように，これらの部門を越えたつながりは，一般的に業務遂行エンジンを特徴づける従来の階層構造の中に存在するつながりとは，かなり異なる可能性がある。

　もちろん，どの企業も自社の文化，規模，部門構成，その他の特徴に合わせてiチームの設計を変えていくだろう。例えばバイエルは，執行役員会（すなわち取締役会）のあるメンバーに，革新実現を奨励し支援する特別な責任を与えることから始めた。その役員とは，ケマル・マリクである。彼はレッスル博士の指導の下，イノベーション戦略を策定し，実行するための方策を定義する

第9章 エンジンに点火する 175

[図9.1A] 業務遂行エンジン内における階層的な役割

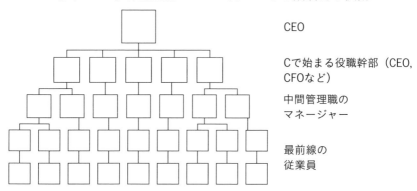

[図9.1B] 革新実現エンジンにおける非階層的な役割と関係

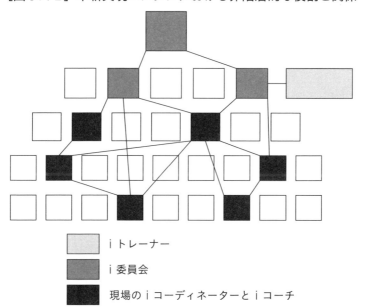

176　第4部　イノベーションを実現するガバナンスと調整のための基盤

グループを立ち上げた。

　戦略の重要な要素は，上級幹部による部門横断的なイノベーション委員会の設置だった。さらに，すべての国別グループとグローバル部門をカバーする80人の上級管理職が，バイエル固有の呼称である「イノベーション・アンバサダー」を冠したｉコーディネーターの役割に抜擢された。

　そして，ついに，最初の2つよりもさらに大きな，第3のスペシャリスト集団が誕生した。バイエルでは，彼らはｉコーチと呼ばれている。2016年から2020年にかけて，1,000人以上のｉコーチが養成され，そのうち約600人が現在も世界中のバイエルの施設で活躍している。さらに約200人の従業員がチームへの参加を熱望し，ウェイティングリストに名前を載せている。

　ｉコーチとは，物理的なクラス，仮想トレーニング・セッション，またはその両方を組み合わせた，企業全体に特化したトレーニング・プログラムに参加した後，ｉトレーナーによってトレーニングされ，認定される個人である。トレーニングを通じて，彼らは本書で紹介したような創造的な手法やツールの使用法を学ぶ（第10章で少し詳しく説明する）。ｉトレーナーが開発した，あるいは採用したその他の革新的手法も，カリキュラムに含まれている場合がある。例えば，バイエルでは，ｉコーチは3日間の新人研修に参加し，システマティック・インヴェンティブ・シンキングと呼ばれる独自のテクニックを詳しく学ぶ。この技法は，同僚とともに革新的な活動を刺激し，組織化する方法としてよく使われる。

　ｉコーチはまた，革新実現に向けたプロジェクトチームや組織内の特定の部署に所属する個々のイノベーターと協力し，彼らが最も効果的にツールを活用する方法を理解し，イノベーション実現への取り組みの問題点を解決し，革新実現のための活動を定期的かつ生産的に行うことができるよう，バイエルにおけるその他のイノベーション関連の支援メカニズムにつなげる手助けをする。

　バイエルのｉコーチが主催する最も効果的な活動の1つは，同社がファストセッションと呼ぶもので，参加者4〜6人のチームで，複雑すぎるプロセスを簡素化する必要性や競合他社の課題に対応する必要性など，特定の問題に取り組むために企画された短いワークショップを行うものだ。このようなワークショップは，セットアップが簡単で楽しいため，非常に人気がある。

ファストセッションに加え，iコーチは1時間から3時間の共創ワークショップを企画・指導している。このワークショップには，ビジネスパートナーやバイエルの顧客など，外部組織からの参加者もしばしば含まれる。iコーチはまた，非公式な「ランチ・アンド・ラーニング」の集まりも開いており，そこではさまざまな企業や業界から革新的なアイデアが発表され，議論される。このような部門横断的，時には組織横断的な会議を通じて，iコーチは第5章で述べた統合プロセスや，他の方法では決して出会うことも一緒に仕事をすることもないような個々のイノベーター同士のつながり作りをサポートしている。アンバサダー・ネットワークを立ち上げたジュリア・ヒッツブレックは言う。「経理，調達，営業……それぞれに異なるニーズがあるが，共通の言語を持たせたいのだ」。iコーチのリーダーシップの下，「彼らはロードマップを作り，イノベーション・ワークショップを開催し，現地の同僚を巻き込み，現実に起こっていることを確認する」(注3)。

バイエルは21世紀に入ってから，社内のあらゆる階層でイノベーションの実現を奨励するために，創造的思考を促進し，それを広く知らしめるための活動を展開している。社内での「イノベーション・デイ」やコワーキング・イベントでは，上海，東京，ボストン，ベルリンなど，バイエルの各施設で新しいビジネスコンセプトが発表されている。しかし，日常的には，iコーチの活動がバイエルの隅々にまで革新実現の文化を浸透させる上で最大の役割を果たしている。

どんな企業も，それぞれの企業文化，ニーズ，革新目標に合わせて，iチームの構造と活動を設計する。例えば，サバンジュ・ホールディングの戦略・事業開発部門責任者であるブラク・トゥルグット・オルフンは，Xチームと呼ばれる社員募集システムを構築した。このチームは，グループ全体の革新実現のための特別プロジェクトのリーダーを担当する。各Xチームには，グループ内のさまざまな会社から人材スペシャリストの助けを借りて選ばれた社員が所属している。Xチームには通常，有望な革新実現のアイデアが1つ割り当てられ，「イノベーション・ファネル」と呼ばれる開発プロセスを通じて，そのアイデアを監督する。この作業は3カ月ほど続く。オルフンは，Xチームに最適な候補者は，柔軟性が高く，オープンマインドを持つ社員であることを発見した。

彼らはオルフンが好んで表現する「不適合者」あるいは「海賊」と呼ばれるような人材である。サバンジュ・グループの中でも，この仕事は非常に重要視されている。実際，Xチームのメンバーだったことのある社員は，新しい同僚に会うとすぐにそのことを誇らしげに口にすることが多い[注4]。

　第5章でその革新実現の手法を探ったフィンランドのフィスカースは，2019年にブルック（1649年にフィスカース社が設立された村の当時の名前）という集中革新部門を新設した。「フィスカースのR&Dチームが現物製品のイノベーション・ハブだとすれば，ブルックは他の種類の破壊的イノベーション，特にデジタル・サービスやビジネスモデルのイノベーション・ハブだ」とブルックのリーダーであるトーマス・グランルンドは言う[注5]。ブルックでは，社外のパートナーとフィスカース社員の両方からアイデアを募集している。定期的に「ビジネスチャレンジ」を立ち上げ，持続可能性など特定のテーマについて，テストとさらなる開発のためのプロトタイプを迅速に設計することを目的としている。つまり，ブルックはフィスカースの革新的エンジンの中で，特定のニーズを満たすために作られた，専門的なⅰチームユニットなのである。

トレーナーおよび教師としてのⅰコーチ

　バイエルでは，ⅰコーチが革新的な手法やツールの使い方を同僚に教える手助けをしている。2016年以来バイエルは1,000人以上の従業員に対して，体系的発明思考，デザイン思考，リーンスタートアップといったイノベーション手法のトレーニングを行ってきた。

　リーンスタートアップの方法論は，起業家，ベンチャーアドバイザー，作家であるエリック・リースの仕事に関連しており，特に価値があることが明らかにされてきた。「解決策ではなく，問題に恋しなさい」という賢明な真言は，どんな革新的なアイデアに対しても，常にオープンマインドで再考することを促している。リーンスタートアップはまた，新しいアイデアが広く採用される準備が整ったと判断される前に，客観的な実験とテストを行うことの重要性を強調している。

　バイエルはリーンスタートアップという哲学を大切にしている。レッスル博

士は，今のバイエルにおいて，製品やサービスのアイデアをテストし改良するために，いかに迅速なプロトタイピングや繰り返し実験が行われているかを示す典型的な例について話してくれた。バイエルがインドで展開しようとしている重要な市場セグメントの1つは，膨大な数の零細農家である。零細農家は小さな土地を管理しているが，全体としては，この広大な国土を支える食料の大部分を生産している。インドの食糧安全保障を支える重要な役割を担っている零細農家は，バイエルの作物科学部門が提供できる製品，ツール，情報から大きな恩恵を受けることができる。しかし，こうした商品を何千とある遠隔地の村に住む，何百万人もの農家に届けることは，大きな挑戦である。

　そこで，バイエルの現地チームは，同社のカタリスト・プログラムの一環として，今やインドの農民のほぼ全員が所有する携帯電話を通じてインド農民とつながるチャットボットのアイデアを思いついた。しかし，単にそのようなボットを設計して市場に投入するのではなく，バイエルのチームは賢明にも，テストと実験を繰り返すリーンスタートアップの手法を適用することから始めることを選択した。まず零細農家を対象に，個人またはグループでインタビューを行い，彼らが利用したいサービスや情報について話し合った。この意見をもとに，バイエルのチームはチャットボットサービスについて，提供するコンテンツの種類やコストなどをまとめた10種類の提案を作成した。彼らはこれらの選択肢を農家の人々に提示し，これらのサービスのうちどれを購入するか，そしてその理由を尋ねた。彼らは，農家がチャットボットの選択肢のなかから気に入ったものを選び，登録フォームに記入して興味を示すことができる臨時のウェブサイトも開設した。

　予備テストを経て，バイエルのチームは，調査対象の農家が最も魅力的で価値があると感じた機能をすべて具現化した製品のプロトタイプを完成させた。プロトタイプをWhatsAppアプリで公開し，最終テストのために70人の農家にリンクを送ったところ，これまでの実験が功を奏したことが分かった。彼らのテストグループはプロトタイプに熱狂的な反応を示しただけでなく，友人や関係者にもこのプロトタイプの評判を伝えた。バイエルチームが送った70件のオファーに対して，150件の申し込みがあったのである。

　このような成功物語は，バイエルのｉコーチが組織全体に広めるイノベー

ション実現のノウハウが，よく設計された開発プロセスを通じて，優れたアイデアがさらに優れたものになるという形で，いかに大きな便益をもたらしているかを示している。

　バイエルの創造プロセスで新しいアイデアが浮上し始めると，iチームのさまざまなメンバーがそのプロセスに参加する。iコーチは，革新的なアイデアについて，簡単な説明と分析を1ページの提案書にまとめるよう同僚に勧める。提案書が適切な場合，そのアイデアは直ちにイノベーションを実現しようとする者またはチームの直属のマネージャーに提出される。しかし，それが適切でない場合，例えば，そのアイデアを実施するために複数の部門や部署からの賛同が必要な場合，そのアイデアを地域のiコーディネーターに別途提出することができる。iコーディネーターの仕事は，イノベーションのアイデアを体系的に検討し，迅速なフィードバックを提供することである。そのアイデアが有望であれば，現地のiコーディネーターはそのアイデアを選び，審査・選考プロセスの次のステップに進めることができる。したがって，iコーディネーターの最大の仕事は，組織内に散在するさまざまなイノベーション実現のチーム，能力，新しいアイデアをつなぎ，結びつけることである。彼らは，顧客に関する単独の洞察から生まれた現地のアイデアが新たな解決策提案へと移行する際の経路調整，抽出，選択のプロセスに関与しているのである。

バイエルのカタリスト・ファンド
―より大きなイノベーションを構築する

　iコーチからiコーディネーターに至るまで，バイエルのiチームのメンバーが幅広い革新的な活動に深く関与し，世界中のバイエルの業務や製品を改善するための絶え間ないアイデアの創造と普及を促進していることは容易に理解できる。しかし，彼らの革新実現に向けた活動はそれだけにとどまらない。WeSolveフォーラムへの投稿，iコーチによるファストセッション，その他の活動が，バイエルとその顧客にとって大きな利益を生み出す可能性のある，本当に大きなアイデアを顕在化させる時，別の革新実現のシステムに命が吹き込まれる。これはバイエルのカタリスト・ファンドであり，企業内起業家支援プ

ログラムである。このプログラムは，このような非常に有望なアイデアを選択し，最良のコンセプトとして育成し，現実のものとするために設計された資金調達・開発プロセスを通じて支援するものである。

カタリスト・ファンドは2017年に発足した。i コーディネーターの協力を得て，革新的なプロジェクトを生み出す可能性のある120の課題が特定された。最終的に，ユニークな価値創造が期待できる28のトピックが，幹部ビジネスリーダーとの緊密な協力のもと，i チームによって選ばれた。そして，リーンスタートアップのコーチが率いる分野横断的な小規模チームが，コンセプトの厳格な実験と反復テスト，迅速なプロトタイピングに取り組んだ。これらのプロジェクトは，総額5万ユーロ（約800万円に相当）の資金を受け取り，3カ月間で解決策を検討し，上級役員やイノベーション・アンバサダーからなるベンチャー委員会に売り込みを行った。最も説得力のあるデータを提示した11のプロジェクトについては，さらなる開発とテストが行われた。時間の経過とともに，より多くのチャレンジがカタリスト・ファンド・システムを通じて提供されるようになり，さらなる発展のために資金が提供される受賞者の選定には，同じ絞り込みプロセスが用いられた。

カタリスト・ファンドについて考える1つの方法は，バイエルの水平的な革新実現エンジンと垂直的な業務遂行エンジンとをつなぐ機関として考えることだ。イノベーターから生まれた生のアイデアをテストし，洗練させるためにファンド運営で使用される業務ツールは，会社の日常業務に吸収される準備が整ったコンセプトだけが選ばれるように設計されている。2018年からカタリスト・ファンドを運営しているオイリッド・オイダー博士は言う。

　「2020年現在，5つのカタリスト・ファンド・プロジェクトがバイエルの新規事業として成功裏に立ち上げられている。フランスに本社を置くバイエルの事業部門が獣医師に提供している犬猫の病気予防プログラムから，ペルーのバイエルの事業部門が発案した放射線科医向けの研修プログラムまで，多岐にわたる。さらに多くのパイロット・プロジェクトが準備中であり，今後数年のうちに，カタリスト・ファンドから派生したバイエルのビジネスがさらに誕生することが見込ま

182 第4部　イノベーションを実現するガバナンスと調整のための基盤

れる」。

「イノベーションは伝染する」バイエルの経験からの教訓

　近年，バイエルの革新実現エンジンは成熟を続け，進化も遂げている。2020年にはコロナ感染症の世界的流行に対応するため，同社の革新実現に向けた活動は実質的にすべてオンラインに移行した。他の多くの企業でも見られるパターンだ。社会と環境の両面で定義される持続可能性は，バイエルの革新実現のプログラムにとってますます重要な要素となっている。現在，提案された新規プロジェクトが評価される要素には，予想される財務結果やマーケティングの可能性に加え，生み出される可能性のあるポジティブな社会的インパクトや，予想される環境的コストと利益が含まれる。「今日の世界では，持続可能でないイノベーションは存在せず，持続可能性にはイノベーションが必要だ。この2つは自然に，そして完璧にフィットする」と，レッスル博士は述べている。

　会社の経営陣は，革新実現の行動がバイエルの文化的DNAに組み込まれるという着眼点の下で，努力を傾注してきた。現在，バイエルの社員向けの学習プログラムには，イノベーション実現が中心的なトピックとして含まれており，新入社員や既存社員の評価に使用されるコア・コンピテンシーのリストには，必ず革新実現に関連する項目が含まれている。

　最終的に，イノベーション実現をサポートする取締役会の責任は拡大し，かつては1人の取締役が担っていた役割は，現在では取締役会全体に引き継がれ，新しい正式なi委員会として運営されている。これによって，組織の最高レベルからの革新実現への注力が決して失われないようにすることができる。

　バイエルの革新実現に向けた活動の経験から得られた教訓のいくつかは，本書の全体的なテーマと深く関連する身近なものである。例えば，バイエルのレッスル博士は，イノベーションの実現がチームワークに依存し，組織の中層や下層から育まれる傾向があることを指摘している。

　　「イノベーションは社会的活動であり，人のつながりは財産である。

孤高の発明家というイメージは魅力的だが，ほとんどの場合間違っている。イノベーションは，実際にはチームの中で，部門横断的なワークショップの中で，そして多くの人々の参加によって実現される。それはまた，非常に伝染しやすいものでもある。私たちがファスト・セッションのコンセプトを導入した後，毎週ファスト・セッションが開催され，誰もが参加したがるようになった国もある。これは中央からの指示ではなく，数人の個人のエネルギーとスキルのおかげである」[注6]。

バイエルからの他の教訓は，特にｉコーチの役割に関連している。バイエルの革新実現活動に最も積極的に参加している社員，つまり，革新実現に向けたプログラムやワークショップを指導し，画期的なアイデアを新しいプロセスや製品，ビジネスにつながる提案に発展させる手助けをする何百人ものｉコーチやｉコーディネーターは，この仕事の責任を正式に課せられている。彼らは，時間の５〜10％を革新実現のための仕事に割くよう公式に奨励されており，革新実現につながる仕事をするたびに，いわゆるスターポイントを獲得する。バイエルのリーダーたちは，このインセンティブ・システムを「ゲーム化（gamified）」と呼んでいる。ｉコーチが500スターポイントを獲得すると，上級コーチに任命される。上級コーチは，２日間の新しいトレーニング・プログラムを体験する機会を与えられ，そこで革新実現的なスキルをさらに向上させることができる。

しかし，興味深いことに，バイエルのトリル博士は，「虚栄心の指標」，例えば，新たなビジネスチャンスを生み出す画期的なアイデアの数や，改善されたシステムによって生み出されたコスト削減や利益指標を測定することによって，マネージャーにイノベーションの実現を促すインセンティブを与えることに警鐘を鳴らしている。「イノベーションはビジネスの戦略を達成するためのツールであり，それ自体が目的ではない。したがって，イノベーションとはリーダーがビジネスを推進するために自然に活用されるべきものである」とトリル博士は言う。「だからこそ，革新的な行動は奨励または要請されるべきだが，個々に結果を出すことは奨励されるべきではない」。結果は状況によって，出

るかもしれないし，出ないかもしれない。重要なのは，事業がイノベーションを必要としている分野を定義し，創造性と迅速な実験を通じて新たな機会を体系的に探求し，顧客の真のニーズに応えることである。そうすれば，結果が出るための十分な機会を作り出すことができる。

バイエルの革新実現的エコシステムにおいては，iコーチとiコーディネーターのグループ以外に，すべての従業員と管理職が重要な役割を担っている。最も基本的なレベルでは，部門や事業部のリーダーは，従業員が革新実現の活動に時間とエネルギーを割くことを許可し，権限を与えなければならない。たとえそれが，日常の執行業務からリソースを「盗む」ことを意味するとしても，である。一般的にマネージャーは，自らが達成した具体的な業績（売上高，製品，顧客に提供したサービス）に対して評価され，報酬を受けるため，革新実現に向けた活動を軽視したくなる。

トリル博士は，バイエルのようなイノベーション実現を中核に据える企業であっても，これは大きな課題であると認めている。これに対処するため，同社はマネージャーにとって革新実現的な活動が魅力的なものになるよう努力してきた。各拠点に少なくとも1人のiコーチがいることを確認することは，有益なステップの1つである。iコーチは現地で問題解決の手助けをすることができ，それは多くの場合，事業自体，ひいては事業に従事するマネージャーに直接的かつ迅速な利益をもたらす。iコーチはまた，マネージャーが最も重要な実験を最初に開始し，なるべく素早く失敗する（fail fast）のを助けることで，革新実現の行動に関わる経営資源コストを削減することもできる。

企業の広範な支援もまた，管理職が革新の実現に取り組むことを後押しするのに役立っている。バイエルの上級幹部，特にi委員会のメンバーが，革新の実現に取り組んでいる部門や部署を公的に評価し，褒賞を与える努力をすることは，社内からの支持を得るのに役立っている。例えば，WeSolveの普及を促進するために，取締役会メンバーのケマル・マリクは，オンライン・フォーラムに最も優れた課題を投稿した社員をバイエルのトップ・エグゼクティブとの夕食会に招待するコンテストを定期的に主催していた。当然ながら，管理職もまた，現場の社員が革新実現の英雄として称賛されることで，その栄光を享受している。

第9章　エンジンに点火する　185

　さらに，革新実現の活動を支援することが，優秀な社員を惹きつけ，維持するための強力な方法であることを認識するマネージャーが増えてきている。組織全体を通して，人々はイノベーションの実現の機会を求めている。その機会を否定されれば，彼らは他所へ行ってしまいやすい。トリル博士は，バイエルのあるマネージャーが，日常業務があまりにも過酷で重要なため，チームメンバーの1人が革新実現に向けたプロジェクトに参加することに釘をさしたというエピソードを紹介した。「数カ月も経たないうちに，彼女はライバルの製薬会社に転職してしまった」と。このような話が人づてに伝われば，革新実現を支援することは，短期的にも長期的にも賢明なビジネスであるという教訓が広まるはずである。

　バイエルのストーリーから得られる最も重要なポイントは，豊かな業績を誇る巨大な多国籍企業が，非常に効率的な業務遂行エンジンと並行して革新実現エンジンを構築することで，新たな活気に満ちた革新実現の文化を生み出し，両エンジンの回転を維持するために従業員の大半を参加させる方法を見出したことである。

　この2つのエンジンは，その管理スタイルと構造があまりにも異なるため，どの組織にとってもこれは容易なことではない。業務遂行エンジンは，コントロールを重視する。トップマネジメントは，選択した戦略の実行，希少資源の配分，経営目標の設定，結果のモニタリングに関わる活動を厳格に管理する必要があるため，ほとんどの企業が階層構造と高度な管理システムを構築し，革新実現の行動を徐々に抑制していくことが避けられない。

　対照的に，革新実現エンジンは，コントロールよりも，権限委譲，コミュニケーション，協働，透明性，チームビルディングを重視する。これは，有望なアイデアを持つ個々の従業員が，そのアイデアをテストし，開発し，その価値を証明できるようにすることに重点を置くといった，異なる経営姿勢を反映している。革新実現エンジンによって，各部門は個々のイノベーターを自律的に支援することができる。そのイノベーターの優れたアイデアによって，最終的に独立・自立した部門や部署が生まれ，イノベーションと成長の長期的な好循環が生まれる可能性がある。

　業務遂行エンジンと革新実現エンジンの違いは歴然としている。しかし，バ

イエルは，あらゆる部門と機能領域のマネージャーが，両方のマネジメント・スタイルを理解し，その価値を認め，適切なときに適切な場所でそれらを適用できるよう，訓練し，奨励する方法を開発した。これは，繊細かつ複雑でありながら，極めて重要なリーダーシップの課題である。

　バイエルのように，両方のエンジンを効率的に稼働させる方法を発見した企業では，組織の２つの中核エンジンの違い，経営哲学と実践が，時間の経過とともに次第に明確になり，誰もがそれを自分のものとして内面化するようになる。業務遂行モードで活動している時，従業員やマネージャーには，厳格に定義された職務内容，綿密な計画プロセス，資源配分の決定を下すための管理システムがある。同じ社員が革新実現モードで活動する場合，彼らは自分の時間の一部を顧客や会社にとって潜在的価値のある，組織内で正式に保護され，支援された革新実現の活動に自身の時間とエネルギーを捧げる。

　レッスル博士が言うように，「イノベーションは伝染する」。バイエルでは，システム，プロセス，人脈のネットワークを通じて，革新実現の活動という有益な伝染が全社に広がっている。

第9章 エンジンに点火する　187

第9章のキーポイント

✓革新実現は，組織全体で行われる必要がある。ｉチームは，イノベーションを正当化し，提唱し，支援し，革新実現に資する情報，知見，実践を広めることに特化した，正式なガバナンスと調整の仕組みであり，革新を実現する上で重要な役割を果たす。

✓ｉチームは様々な方法で構成することができるが，ほとんどの場合，ｉコーチと地域チームのトレーニングを担当するｉトレーナーからなる中央調整ユニットが含まれる。彼らは画期的なアイデアを生み出し，発展させるために必要なスキルをトレーニングする。

✓ほとんどのｉチームには，組織の幅と奥行きを超えて配置されたｉコーチも含まれており，革新実現的な活動に取り組む地域のチームや個人を指導するのに役立っている。

✓また，組織内に組み込まれた地域のｉコーディネーターは，組織全体のイノベーター同士のつながりを作り，最も有望な画期的アイデアを，さらなる発展のために選ぶ手助けをすることで，重要な役割を果たしている。

✓ｉチーム内では，ｉ委員会が最も有望な画期的アイデアの選定，投資決定，結果のモニタリングを担当し，最も有望なアイデアが相応の支援を受けられるようにする。ｉ委員会は組織のトップから，組織全体の革新実現に向けた活動を積極的に提唱，推進，後援，支援する。

第10章

ポンプでアイデアを吸い上げる

───革新的なアイデアを生み出すための７つのステップ

　マーベル・コミックはアメリカを代表するブランドで，スーパーヒーロー・コミックの黄金期の最中にあった1939年に設立された。

　1960年代までに，スパイダーマン，インクレディブル・ハルク，ファンタスティック・フォー，X-MENを擁するマーベル・コミックは，スーパーマン，バットマン，ワンダーウーマンを生み出したDCコミックスへの有力なライバルとなっていた。

　マーベルは，その風変わりでしばしば問題を抱えたスーパーヒーローのキャラクターと，彼らが経験する現実世界にも通じるような感情的な問題で特別に愛されていた。クモのようなパワーを持ちながら，好きな女の子とデートができない不安定なティーンエイジャーのピーター・パーカーや，カッとなるとインクレディブル・ハルクになる穏やかな性格の科学者ブルース・バナー。トニー・スタークは，ひどく傷ついた心を持つ大富豪の武器商人で，アイアンマンに変身する装甲スーツで，肉体的にも感情的にも自分自身を守っている。

　残念なことに，1990年代には，マーベルは他の多くの企業とともに時代の餌食となり，企業乗っ取り，ジャンク債による資金調達，多額の負債といった困難を抱えることとなった。1996年12月までに，マーベルは経営不振に陥り，従業員のほとんどを解雇せざるを得なくなり，最終的には破産申請をすることになった。1998年のマーベルは，資金繰りに困窮し，多額の負債を抱え，生き残りをかけて右肩下がりのコミック本の売上に依存していた。ハリウッドのエージェントであり，永遠のコミックファンであるデイビッド・メイゼルが，マー

ベルの最もユニークな特徴である，魅力的で親しみやすいキャラクターを中心に据えた映画を製作するという斬新な新戦略を提案するまでは，この会社の勝算は低かった。

マーベルはハリウッドを知らないわけではなかった。例えば，DCコミックスと同様，ソニー，ユニバーサル，20世紀フォックスといった，映画製作で長い経験と実績を持つ企業とライセンス契約を結んでいた。しかし，残念なことに，マーベルを題材にした映画の実績は芳しくなかった。『メン・イン・ブラック』の興行収入は2億5,300万ドルで，当時としては大ヒットだった。しかし，『ハワード・ザ・ダック』（1986年），『パニッシャー』（1991年），『ブレイド』（1998年）といった他のマーベル作品は，期待を大きく裏切った。

2004年にマーベル・スタジオのCOO（最高執行責任者）に任命されたメイゼルは，自らのビジョンの実現に取りかかった。マーベルは以前のように，自社のキャラクターを外部のスタジオにライセンス供与することはなくなった。その代わりマーベルは自主映画を製作し始め，元々別の原作で主人公だったキャラクターがともに新たな同一映画に登場する一連の作品群である「マーベル・シネマティック・ユニバース」（MCU）の作品が次々と制作されていった。MCUの映画の中では，2人以上のスーパーヒーローが一緒に登場することが可能になった。

2007年3月には，メイゼルはケヴィン・フェイジをマーベル・スタジオの制作担当社長に指名した。フェイジは2000年からマーベル映画の製作に携わっており，マーベルのキャラクターと彼らが住む世界についての彼の深い知識は，同社の再構築にとって極めて重要な役割を果たすこととなる。

その後の数年間で，マーベルはハリウッドの常識から根本的に逸脱した映画製作スタイルを確立した。マーベルは，派手なオフィス，印象的なスタジオ，幹部やスターへの高額な給与といった投資を避けた。本社オフィスを自動車ディーラーの上に構え，古い中古のオフィス家具を揃えたのである。マーベルは，バーゲン価格となる特別な状況下でのみ，大物俳優を自社作品に起用した。例えば，オスカー候補だったロバート・ダウニー・Jr.をアイアンマン役に起用したのは，薬物問題で世間を騒がせたため，その他のスタジオの重役たちにとって好まれざる存在になっていた時期だったからである。

第10章　ポンプでアイデアを吸い上げる　191

　マーベルは，スーパーヒーローというジャンルで成功した実績のある監督を
雇うのではなく，スーパーヒーローとは関係のない映画のカテゴリーで成功を
収めた監督を雇った。『アイアンマン』の監督はジョン・ファヴローで，『ス
ウィンガーズ』，『エルフ〜サンタの国からやって来た〜』，『ザスーラ』など，
気の利いた台詞が特徴の低予算インディーズ映画で知られる。ファヴローは映
画の撮影現場に遊び心あふれる実験の姿勢を持ち込み，共演のジェフ・ブリッ
ジスはこのプロジェクトを「２億ドルの学生映画」のように感じたと語ってい
る(注1)。

　おそらく最も重要なのは，マーベル・スタジオが，ファンが最も愛するもの，
つまり，風変わりなマーベルのスーパーヒーローを守り育てるための制作シス
テムを構築したことだろう。中間管理職の階層を排除することで拒否権を持つ
幹部が少なくなり，映画製作者や脚本家がエッジの効いた物議を醸しそうなひ
ねりを加えた複雑なストーリーを，より自由に展開できるようになったのだ。

　マーベルはまた，幹部だけでなくマーベルのトップコミック編集者たちを含
むクリエイティブ委員会を設立し，同社の全映画の製作を監修させた。コミッ
クを原作とする映画は，初めてコミック愛好家たち自身によって形作られるこ
とになり，キャラクターと織り成すストーリーの芸術的一体感が担保されるこ
とになった。

　その結果は驚くべきものだった。新生マーベル・スタジオが最初に公開した
映画『アイアンマン』（2008年）は，全世界で５億8,500万ドルの大ヒットを記
録した。それ以来，映画業界では『アメイジング・スパイダーマン』（2012年）
の興行収入７億5,800万ドル，『シビル・ウォー：キャプテン・アメリカ』（2016
年）の11億ドル，『ブラックパンサー』（2018年）の13億ドル，『アベンジャー
ズ：インフィニティ・ウォー』（2018年）の20億ドルなど，MCUの作品が興行
収入上位の多くを占めている。そして（今のところ）最高収益は『アベン
ジャーズ：エンドゲーム』（2019）の28億ドルである(注2)。この作品は，史上
最速で20億ドルの収益を達成した作品でもある(注3)。歴代スーパーヒーロー
映画の興行収入トップ10のうち，８本がマーベル・スタジオの作品であり，全
カテゴリーの興行収入トップ10のうち４本がマーベル・スタジオの作品である。

優れたアイデアはどこから生まれるのか？

　この章の後半では，メイゼルやフェイジとマーベル・スタジオの仲間たちが，イノベーション実現戦略をどのように展開し，不振にあえいでいた自社のビジネスを世界的なビッグビジネスへと変貌させたかについて，詳しく見ていくことにしよう。

　今にして思えば，マーベルのキャラクターを人気者にした風変わりな個性を軸に，感情的に複雑なストーリーを構築するなど，彼らが行ったいくつかの行動は，当然のことのように見えるかもしれない。しかし，数十億ドル規模のビジネスを大成功させる土台となる創造的なアイデアを事前に認識し実行するのは，事後的に見たときほど決して容易ではない。もし容易であるなら，ビジネスの成功はもっとありふれたものだろう。だから，マーベルの並外れた成功を「明白な」洞察に基づくものだと単純に片付けることはできない。本当の洞察はほとんどの場合，事前には明白ではないのだ。

　まれに，イノベーションの創出が極めて単純な場合もある。常にではないものの，技術開発の方向性が明確で，それゆえに顧客や事業にとって大きな価値を生み出す可能性を伴うような将来の発展が約束されている場合もある。例えば，2010年代になると，化石燃料への依存から解放された自動車が，論理的には輸送技術の次のステップであることは，先見の明のある天才でなくても認識できるようになった。そのため，大手自動車メーカー各社の研究開発部門は，そのような自動車を経済的に実用化するための技術開発に懸命に取り組んでいる。

　ひと握りのケースであるものの，顧客は自分たちが必要とし，欲している新しい製品やサービスの種類を認識しているかもしれないし，それを明確に要求するかもしれない。しかし，多くの場合，顧客は何が必要なのか，何が欲しいのか，ほとんど，あるいは全く分かっていない。1990年代後半のマーベル・コミックのファンがそうだった。コミックの読者や映画ファンが，マーベル映画に何を求めているかを正確に説明できたかどうかは疑わしい。せいぜい，既存の作品に対する漠然とした不満や退屈を感じていた程度だろう。

第10章 ポンプでアイデアを吸い上げる　193

マーベルが直面したような複雑な戦略的状況下で，このような顧客の性質にもかかわらず新しいアイデアを探し出すには，新たなスキルが必要となる。それは，そのスキルなくしては考えもしなかったような選択肢を思い描く助けとなる新しいアイデアである。

ここで，創造的思考を喚起し，創造的思考に集中するための実践的方法論が，価値ある役割を果たす。よく設計されたプロセスは，思考と行動のための構造を提供し，データと情報を体系化し，保存し，共有するための共通言語を作り出し，革新を実現する時にやるべきことと問うべきことのチェックリストを提供する。優れたプロセスは，効果的に革新を実現し，それを日常業務の中で着実に繰り返し実現する手助けとなる。本章の目的は，そのようなプロセスを提供することにある[注4]。INSEADのコンサルティングの試行錯誤の結果生まれたこのシステムは，イノベーションを実現する人たちの思考を再構築し，供給側の思考から顧客側の思考への切り替えを容易にするものとなったのである。

この章では，私が採用した方法論の概要を紹介するが，このエッセンスを集約した短縮版が，どのビジネスの誰にとっても価値ある「創造的思考」を刺激する体系的プロセスを構築する力となるものであって欲しいと願っている。

しかし，前述したように，私はイノベーションを生み出すために，何か1つの方法が優位であると固執しているわけではないことに留意願いたい。その代わりに，革新実現エンジンをいち早く始動させる方法を模索している企業にとって有用な方法論が複数あると，個人的には考えている。

実際，頭のいい人たちは，少なくとも1939年以来，創造的思考への独創的なアプローチを生み出してきた。

例えば，1939年という年は，ジェームズ・ウェッブ・ヤングという画期的な広告経営者が『アイデアのつくり方』を出版した記念すべき年である。この本は，今日でも多くの人々に読み継がれ，イノベーションの発想を呼び起こすために広く利用されている。

イノベーション実現のためのツールキットの最近の例としては，サムスンの経営陣が従業員の創造性を新製品のアイデアに結集させるのに役立った，第2章で述べたTRIZの方法論もその1つである。一部の組織が採用しているTRIZ

194 第4部　イノベーションを実現するガバナンスと調整のための基盤

の分派には，SIT（Systematic Inventive Thinking：系統的発明思考）やUSIT（Unified Structured Inventive Thinking：統一的構造化発明思考）などが挙げられる。デザイン・イノベーション企業で有名なIDEOが実践し，トーマス・ロックウッドやヴィジャール・クマールなどの著書で一般化されたデザイン思考も，よく知られたイノベーション手法である(注6)。

　コンサルタント，トレーナー，講師として長年にわたり，私は企業がアイデアを生み出す過程でさまざまなツールを活用するのを見てきた。時には，あるアプローチの要素と，他の理論や思想家から借用したテクニックを組み合わせることもあった。従業員の想像力をリフレッシュさせ，既成概念にとらわれない新たな発想を刺激する方法として，ある方法論から別の方法論に移行することが有効だと組織は考えることもある。

　ほとんどのツールキットには，暗黙の基礎理論や世界観があることに注意しなければならない。マイケル・ポーターのファイブフォースモデルや，ボストンコンサルティンググループのプロダクト・ポートフォリオ・マトリックスのように，供給者サイドの世界観を前提としたツールキットもあれば，デザイン思考ツールキットや，クレイトン・クリステンセンのジョブ理論のように，顧客サイドの視点を前提としたツールキットもある。

　特定のツールキットを採用するということは，暗黙のうちにビジネスの根底にある特定の理論を受け入れるということでもある。

　しかし，効果的だと思うお気に入りのイノベーション手法があるのなら，あるいは，適切で役に立つと考えるアプローチを提唱する外部のコンサルタントと仕事をしているのなら，それでも構わない。私がINSEADの同僚とともにブルー・オーシャン思考に触発された独自のツールキットを提供するのは，それが私のクライアント企業，ビジネススクールの学生，経営幹部が有用だと感じた選択肢の1つだからである。

　特に，ビジネスパーソンが供給者サイドの視点から顧客サイドの視点へと思考を転換し，業務遂行の場から革新実現の場へとステップアップする際に役立つはずである。

ビルト・トゥ・イノベート（BTI）
―イノベーション実現プロセスの７段階

　私が企業のクライアントに教えている７段階のイノベーション実現プロセスは，シンプルで汎用的，体系的で反復可能，柔軟で適応可能，そして拡張可能で可視化できるように設計されている。誰でもイノベーションのために利用できるよう設計されており，さまざまな業界，事業部門，製品，サービス，職能で活用できる。2004年にINSEADの主要なエグゼクティブ教育プログラムの１つで初めて設計・使用されて以来，継続的に修正，更新，改良が加えられてきた。企業ポータルに掲載されたり，新入社員に提供される標準的な研修・能力開発プログラムの一部として提供されるなど，組織内の誰もが目にすることができる場合に，最も効果的に機能するように設計されている。

　イノベーション実現プロセスの７段階が組織にとって最高の結果をもたらすことを望むのであれば，全員がこのプロセスについて耳にし，その使い方を知っているようにすることが望まれる。図10.1は，イノベーション・プロセスにおける７つの実践的なステップを要約したものである。それらは以下の通りである。

1. 革新実現のための対象を選択する
2. プロジェクトチームを編成する
3. 供給者側の見解を成文化する
4. 顧客体験を理解する
5. 非顧客の領域を探索する
6. 最良のアイデアを選択し，迅速に試作を始める
7. 最良のアイデアを提案し，売り込む

それぞれのステップで何が行われるのか，順番に説明していこう。

[図10.1] BTIフレームワーク―イノベーション実現プロセスの7段階

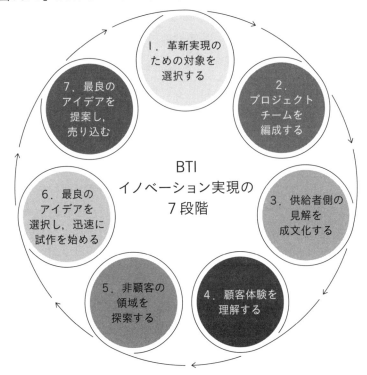

ステップ1．革新を実現する対象を選ぶ

イノベーションの旅を始めるためにまず必要なのは，方向性，目標，あるいは全体的な目的である。これは，あなたがイノベーションを実現したい対象である。それは製品，サービス，技術，社内外のプロセス，組織機能，ビジネスモデル，あるいは改善の必要性を感じている他の何かであるかもしれない。

イノベーションを実現する対象の設定において唯一中核となる要件は，ターゲット・カスタマー，つまりイノベーションの実現で貢献しようとする相手が存在することであり，これが組織の外部の人であろうと内部の人であろうと関係ない。イノベーション実現プロセスの目標は，顧客の体験をよりよいものとすることである。だからこそ，イノベーション・プロセスの最初の段階でターゲット・カスタマーを特定することが不可欠なのだ。ただし，重要な注意点が

１つある。対象選びを窮屈なものにしてはいけない。イノベーションの実現プロセスは発見の旅であり，決められた結論がある堅苦しいエクササイズではない。

　チームが協働する過程で，最初の対象と同じように，あるいはそれ以上に，イノベーションを実現するのにうってつけの対象に出くわすかもしれない。そのような場合には，遠慮なく，それらに関心を移すことが大切である。重要なのは，組織と顧客のために新しい形の価値を創造する方法を見つけることであり，それにはしばしば，予期せぬ発見につながる予定外の回り道が伴う。このような発見を拒絶するのではなく，受け入れるのだ！

ステップ２．プロジェクトチームを編成する

　イノベーション実現プロセスの第２段階は，イノベーション・プロジェクトに参加する人々のチームを組織することである。これには，主に２つの作業が含まれる。チームメンバーの選定と，メンバーが果たすべき共通の目標，ルール，役割，プロセス，そしてその他の要件の定義だ。

　チームメンバーの人選に関しては，多様性が極めて重要である。これには，年齢，性別，民族的背景，経験レベルなどが異なるメンバーを選ぶという，人口統計学的な意味での多様性も含まれる。

　また，考え方や職務経験，ビジネスに対する見解の多様性も含まれる。技術，市場力学，顧客ニーズなど，イノベーションのプロセスに関連しうるテーマについて特別な知識を持つ専門家を参加させる必要があるかもしれない。業界での経験がほとんどない，あるいは全くない人も，チームに加えるべき重要な人材かもしれない。というのも，深く根付いている既存の前提，規範，信念に関する彼らの「素朴な」質問が，その他の方法よりもはるかに革新的な行動をとるために，重要な役割を果たすかもしれないからである。

　最後に，チームが思いついた革新的なアイデアを実行に移す役割を担う人を，少なくとも２，３人は必ず含めることが必要だ。オペレーション，生産，ロジスティクス，財務などの部門に所属するこれらの人材は，現実的に発生する可能性の高い課題について重要な知識を持っており，チームが作成する計画を可能な限り現実的なものとするのに役立つ。

198 第4部 イノベーションを実現するガバナンスと調整のための基盤

　チームメンバーが決まったら，プロジェクトチームがどのように協力していくかを明確にする必要がある。以下の前提条件について時間をかけて話し合い，合意する(注7)。

▶　仕事の指針となる，共有された集団的目標
▶　尊重することに同意する価値観（例えば透明性，信頼性，相互尊重を含む）
▶　どのように意思決定を行うか，どのように意見の相違を処理するかなどの事項に関して従うべき職務上の規則
▶　各自が引き受けることに同意した役割，例えばリーダー，書記係，コーディネーター，悪魔の代弁者（訳注：多数派の意見に敢えて反論を述べる人）など。これらはすべて，その時々で交代することもありうる。
▶　コミュニケーションと情報共有のために使用するプロセス
▶　各チームメンバーが，チームの活動に貢献する時間，エネルギー，その他のリソースについて，グループに対して約束すること

　イノベーション推進チームは，一般的な組織的グループとは異なる動きをする。何をすべきかを指示するボスは存在しないし，会社の幹部によって事前に選択された特定の目標も存在しない。その代わり，このチームは価値あることを成し遂げるために，信頼，開放性，相互支援によって自己編成されている。これらの基本原則を話し合うことは，イノベーション推進チームの仕事が創造的かつ生産的であることを確保するのに役立つ。

ステップ3．供給者側の見解を成文化する

　イノベーションを実現するプロセスにおける次のステップは，イノベーションの対象が今どのように見えているかを明確にすることである。これは，組織のメンバーが日常業務を支配している業務遂行エンジンを操作する際に現在とっている，供給者側からの対象の見方を定義することを意味する。目標は，基本的な問いに答えることである。顧客は誰だと思うか？　私たちは，顧客と組織のためにどのように価値を創造していると考えているのか？　例えば，対

象が製品であれば，供給者側の視点で次のような問いに焦点を当てる。対象とする顧客の支払い意欲を高める推進力は何だと思うか？　製品の品質と価格について，顧客はどのように感じていると思うか？

　この時点でチームメンバーは，これらの問いに答えるために，社外に情報を探しに行くわけではないことに注意してほしい。むしろ，すぐに入手可能なデータに基づいて，問題に対する供給者側の見解を定義しているだけである。例えば，イノベーション実現の対象が製品であれば，販売データ，収益動向，市場シェア統計，フォーカスグループの報告書，品質問題に関する情報などを参照することができるはずである。イノベーション実現の対象がプロセスや機能であれば，インプットとアウトプット，手順と管理，コスト，能力，その他活動のさまざまな段階から収集した情報についてのデータを調査することができるはずである。関連するすべてのデータを利用し，そのデータから対象の重要な側面について何が分かるかを調べ，たどり着いた結論をすべて書き留める。その結果書き留めたものは，あなたの信念，仮定，偏見に基づく，現在の供給者側のマインドセット，あるいは対象についての暗黙の認識枠組み（mental model）を捉えた記述となるはずである。

　この見解は完全に正しいのだろうか？　おそらくそうではないだろう。その弱点や誤りはすぐに発見されるはずだ。これからの「イノベーション実現プロセスの7段階」のステップでは，既成概念にとらわれない新鮮な発想をする機会が与えられるだろう。ステップ3の目的は，まず現在の自身が立脚する認識枠組みの輪郭とその大きさを定義することにある。

ステップ4．顧客体験を理解する

　次は，チームが供給者サイドから顧客サイドの視点に軸足を移し，既成概念にとらわれず，外の世界が教えてくれることを発見し始める段階だ。そのためには，イノベーション・プロジェクトのチームメンバーは，顧客体験に関する新たな情報源を見つけなければならない。社内の報告書や分析にとどまらず，チームメンバーはオフィスや職場から一歩外に出て，実際の顧客や対象顧客の経験について詳しい情報提供者に会って話を聞く必要がある。顧客の視点から，購買や消費に至る一連の過程のすべての段階をカバーするような綿密な会話を

開始すべきである。

　もしあなたがそのようなチームの一員であれば，顧客体験に関する考察や検証が，明らかに対象に関連した活動以外にも広がっていることに気づくかもしれない。例えば，幼い子どもを連れた夫婦が近所の家具店に買い物に行ったとする。この経験はすぐに最悪なものになる。ランプを壊さないように，ベッドに飛び乗らないように，親たちは興奮した子どもたちを店内で追いかけ回さなければならないからだ。当然のことながら，次に親が家具を買いに行く必要がある時，子供を連れて行くのは避けたいと思うだろう。

　しかし，彼らは解決すべき新たな問題を抱えることとなる。誰が子供の面倒を見るのか？　その顧客が家具店を訪れる前に，家族，友人，ベビーシッターを探すことが，（訳注：クリステンセンの言う）顧客の「やるべき仕事（Job-To-Be-Done）」に含まれるようになったのだ。

　もしあなたが家具メーカーで働くイノベーション・チームの一員だったとしたら，顧客体験を考える際にこの課題について考えることはなかったかもしれない。このベビーシッターの問題を，訪れようとする家具店の誰かに伝える客はいないだろう。しかし，スウェーデンの家具店チェーン，イケアはこの問題を認識しており，親が買い物をしている子どもたちのために監視付きの店内用遊び場を提供することで解決している。同様の方法で，イケアは店舗にコーヒーショップやレストランを併設し，顧客体験の一部である他の問題（例えば，長時間の家具ショッピング中の栄養補給やリフレッシュの必要性など）を解決している。ほとんどの顧客は，家具店がこうした問題を解決してくれるとは思ってもいなかっただろう。

　では，他業界のイノベーション・チームは，どのようにすれば「顧客のベビーシッター問題」を確実に発見できるのだろうか？　イノベーション・チームが，顧客の声（顧客が多かれ少なかれ率直に表現している感情，考え，アイデア）と顧客の沈黙（顧客が気づいていないこと，供給側と共有しようと思わないこと）の両方を聞くことに成功するための簡単なプロセスを紹介しよう。このプロセスには3つのステップがある。

　▶　チームは，顧客を視覚的に観察し，インタビューし，顧客の経験や彼ら

の「やるべき仕事」に詳しい他の情報提供者にもインタビューする。

▶ チームメンバーは，自分の思い込み，信念，偏見，嗜好を顧客に押し付けることは避けるべきである。

▶ チームメンバーは，単に質問に対する自由な回答を求め，積極的かつ共感深く耳を傾け，学ぶためにそこにいるのであって，決して"伝える"モードや"売る"モードに陥ってはならない。

▶ チームメンバーは，見聞きしたことをもとに，顧客が体験している間や「やるべき仕事」を成し遂げようとしている間に経験するであろう好きなこと，嫌なこと，望んでいそうなことを書き出す。

▶ これらのコメントは，言い換えたり，サプライヤー側の専門用語に翻訳したりするのではなく，顧客の言語で書き起こすことが重要である。

▶ 収集されたコメントは，テーマやアイデアが浮かびやすいようにカテゴリー別に整理される。

　チームが収集したコメントを整理する最善の方法は，私が呼ぶところの「カスタマー・ユーティリティ・テーブル（CUT）」を使うことだ。CUTの表では，縦列が顧客体験のさまざまな段階を表す。例えば，問題解決策を探す，選択肢から選ぶ，製品を買う，家に持ち帰る，使用する，といった具合である。イノベーション・チームは，供給側の視点に基づいて，これらのステージで自らが行う作業のリストを作成することができる。その後，顧客を観察し，インタビューを開始し，顧客が供給者の製品やプロセスとふれあう前後に起こる段階や活動も完全に把握することで，そこから得られる深い知識に基づいてリストを調整，拡大，改善することができる。

　CUTの横の列は，顧客が必要とする，あるいは欲するであろう様々な形のユーティリティ（効用）を表している。イノベーション実現チームは，キムとモボルニュが「バイヤー・ユーティリティ・マップ」と呼ぶ図に挙げた6つの一般的なユーティリティ，すなわち「顧客の生産性」「簡便性」「利便性」「リスク削減」「楽しさ」「環境への配慮」から始めることをお勧めする。チームは，これらの顧客体験を革新するための梃子要因（utility levers）となるリストを，特定の対象や業界やビジネスの状況に基づいて修正することができる。

縦の列と横の行を組み合わせると，顧客経験の世界を有限のセルに細分化したCUT表が出来上がり，各セルは，顧客体験のある段階と特定のユーティリティ・レバーとの交点を表す。これによって，イノベーションを実現するチームのメンバーは，価値を創造するための新しい，より良い方法を生み出す可能性のある場所を求めて，その顧客経験の世界全体を調査することが容易になる。CUT表は，視覚的探索の過程で集められたコメントを整理するシンプルな方法である。

　チームメンバーが現場に出かけ，見聞きしたことをメモして持ち帰ると，CUTはコメントで埋め尽くされ，それぞれが表を構成するいずれかの適切なセルに割り当てられる。収集したコメントごとに付箋を使い，青は顧客の好きなもの，赤は顧客の嫌いなもの，緑は顧客の望むもの，と色分けすることを提案する。後日，印刷した表やスプレッドシートにコメントを記録し，セルごとに整理すると便利だろう。

　進化版CUTは，シンプルで，直感的で，拡張可能で，きめ細かく「やるべき仕事」を達成しようとする顧客の体験を可視化する3色のコメントで埋め尽くされる。同時にこれは，顧客の視点に立ち，顧客の言葉で表現されたものである。コメントが追加されるにつれ，CUTは成長し，変化し続ける。その様子は，チームメンバーが，次回の観察や面談でどのセルをより詳細に調査したいかを特定するのに役立つ。コメントがほとんどない，あるいはまったくないセルは，より詳細な調査が必要なセルである。

　CUTがもたらす価値を理解するのに役立つ比喩がある。貴重なダイヤモンドが，刈り取られていない長い草や絡みついた雑草に覆われた野原のどこかに隠されていたとしよう。チームがダイヤモンドを見つける機会を与えられたとする。指定された時間内（例えば1時間）にダイヤモンドを発見した場合，彼らはそれを保管し，その価値を共有することができる。チームメンバーがダイヤモンドを見つける確率を最大化する最善の方法は何か？　答えは，グリッドを使ってフィールドを比較的限られた大きさの区間に分けることだ。そして，各セクションを捜索するチームメンバーを割り当てるのだ。この方法によれば，フィールドの隅々まで調査を行き届かせることができる。

　CUTテーブルは，イノベーション・チームのメンバーにとっても同じ役割

第10章　ポンプでアイデアを吸い上げる　203

を果たす。探索のためのスペースを明確で小さな単位に分割することで，素晴らしいイノベーションのアイデアという貴重なダイヤモンドが発見される可能性が大幅に高まる。それがたとえ顧客体験空間のどこに隠れていようとである。CUT表に収集したコメントをイノベーション実現のアイデアに変えるのは，かなり分かりやすいプロセスである。顧客が好きなものを反映した青いコメントは，その価値の源泉を増加，強化，拡大する方法についてのアイデアを示唆する。赤のコメントでは，顧客が嫌がることを説明し，その問題を解決する方法についてのアイデアを提案することができる。また，顧客が望んでいることを示す緑のコメントは，その望みを満たす方法についてのアイデアを提案する。

　有用なイノベーション実現のアイデアを生み出そうとするチームにとって，顧客を徹底的に観察し，インタビューすることの価値は，いくら強調してもしすぎることはない。これがどのように機能するかを示すために，いくつかの実例を思い出してみよう。

　その1つは，第6章に登場する，スターウッドのマネージャーたちが，ホスピタリティ・ビジネスを活性化させるための新しいアイデアのインスピレーションを求めて，パリの町々を一日中歩き回った話である。シェラトンホテルのイノベーション・チームが，ホテルのベッドをビジネスとして販売するというアイデアを思いついたのは，そんな視覚的な探求の最中だった。イノベーションを起こそうとしているチームを，美しいフランスの首都に旅行に連れて行くほど恵まれている組織はそうないだろう。しかし，同じように刺激的な環境にアクセスすることは誰にでも可能である。そこでは，顧客が普段過ごしている状況を観察することが可能であり，それによって他の方法では観察されることのない反応やコメントを得ることができる。

　2つ目の例は，トルコに本社を置く補強材メーカー，コルドサの話である。

　第4章で述べたように，コルドサはイノベーション・チームを取引先企業が運営する工場に送り込み，何日も寝泊まりしながら，何が起きているかを観察し，目にしたことについて従業員と話し合う，文字通りのキャンピングを行った。あるタイヤ工場で，作業員がトラックに積まれた補強布のロールを安全に扱うのに苦労していることに気づいた。イノベーション・チームのメンバーは，コルドサが全く気づいていなかった顧客の問題を垣間見たのだ。

204 第4部 イノベーションを実現するガバナンスと調整のための基盤

　コルドサはその後，シンプルで改良されたロール生地の取り扱い方法を開発
し，それを使用するよう顧客にトレーニングすることで，この問題を改善する
ことができた。90分と3人の従業員から12分と1人の従業員へと必要なリソー
スを削減することができた。

ステップ5．非顧客の領域を探る

　ステップ4で，イノベーション・チームは供給者側の視点から顧客側の視点
に転換した。それに対してステップ5では，さらに既成概念に囚われず，イノ
ベーションの可能性を求めて顧客以外の空間を探索する。INSEADのコンサル
ティングチームの試行錯誤から生まれたツールである「6つの経路分析」は，
そのための具体的なツールを提供している。これは，企業が現在立脚する思
考・認識枠組みから脱却するために検討できる，6つの新たな発展の経路を挙
げている。

▶　経路1：他の産業やソリューションを横断する。ターゲットとなる顧客
　　と，ターゲットとなる顧客が行う「やるべき仕事」の2つの次元から，
　　既存の顧客空間を定義してみよう。その結果，非顧客のスペースには，
　　これら2つの次元のいずれかにおいて自社の現在の境界線の外にあるス
　　ペースが含まれることになる。例えば，フィスカースは，ターゲット顧
　　客（家庭菜園家）に焦点を絞ったまま，他にどのような「やるべき仕
　　事」を支援できるかを探った。
　　こうしてフィスカースは，新しい産業である散水・灌漑事業に参入する
　　ことを決めた。

▶　経路2：顧客グループまたはセグメントをまたぐ。別のケースでは，企
　　業は，同じ「やるべき仕事」でサービスを提供できる新たな顧客層を探
　　し求める。例えば，任天堂は，少年だけでなく，孤独なハードコアゲー
　　マーもターゲットにした，大ヒット商品であるゲームボーイ・ビデオシ
　　ステムで事業を成功させた。これらのターゲットは，ゲーム界の重要な
　　セグメントであるが，任天堂は他の多くの潜在顧客を取り残していた。
　　やがて，任天堂は市場を拡大させる革新的方法を見出した。まず，女の

第10章　ポンプでアイデアを吸い上げる　205

子にアピールするようデザインされた新しいゲームボーイ版を作り，次に，時々ゲームをする人，友人や家族で一緒に遊ぶグループ，老人ホームの高齢者までターゲットにしたWiiゲームシステムを発売した。

▶ 経路３：企業のビジネス・エコシステムにおけるアクターを横断する。企業のエコシステムには，対象となる顧客だけでなく，供給業者や仲介業者から，影響力を与える主体，何らかの課題に対する処方箋を提供する主体，規制当局，補完業者，政府機関に至るまで，製品やサービスを顧客に提供することに関与する組織のネットワーク全体が含まれる。

企業は，エコシステム内の１つ以上の組織と共働することで，顧客のために新たな価値を創造する方法を見出すことができる。例えば，中古車情報を提供するB to Cメディア事業を行っていたリクルートのカーセンサー事業部が，中古車を供給する川上企業と中古車を購入する川下企業をマッチングさせるB to Bプラットフォームを構築することで，全く新しいビジネスを生み出したことを思い出して欲しい。

▶ 経路４：顧客経験における活動の領域を超える。CUT表の列は，顧客経験における活動の範囲を示す。しかし，これまで見てきたように，観察やインタビューは，顧客が企業の製品やプロセスに直接関与する前や後に続く活動を明らかにするのに役立つ。例えばイケアは，家具店に行く前に直面していた問題を解決することで，顧客に新たな価値を創造した。

▶ 経路５：機能的もしくは情緒的といった，訴求の源泉を横断する。CUT表は，ターゲット顧客にどのようにアピールしようとしているかを，イノベーション・チームが判断するのに役立つ。表中の収集されたコメントから，機能的訴求か情緒的訴求のどちらかが支配的であることが明らかとなるかもしれない。その場合，チームはその逆の訴求源や，異なるタイプの機能性や感情を追求することを選ぶかもしれない。例えばエコセムは，従来のセメントよりも二酸化炭素排出量がはるかに少ない高炉水砕スラグ（GGBS）という，あまり利用されていない技術革新を利用し，従来の機能的な魅力に加え，環境への配慮という情緒的な魅力を付加した。

206 第4部 イノベーションを実現するガバナンスと調整のための基盤

▶ 経路6：時間とトレンドを超える（「バック・トゥ・ザ・フューチャー」
分析）。イノベーション推進チームは，想像力を働かせてデロリアンの
タイムマシンに乗り込み，3年，5年，10年先の未来を旅することで，
顧客以外の空間を探索することができる。環境，技術，政治，文化，社
会，経済，人口動態など，どのようなトレンドや変化が顧客の世界を変
えたのか。これらの諸力を検証した後，チームは現在に戻り，これらの
傾向を予測し，対応する方法を検討することができる。
　私が指導したアラブ首長国連邦の銀行のイノベーション推進チームは，
富裕層の顧客の子供たちの将来のニーズから逆算して動いていた。この
ような将来の顧客に対して価値を創造し，ロイヤルティを獲得するため
に，チームメンバーは，米国の有名大学への大学ツアーを企画し，学生
たちの大学入学願書の準備を手伝い，さらには彼らが楽しめるように
サッカーの国際試合への団体旅行を手配することを提案した。

　ステップ5の可能性探索のための「6つの経路分析」は，ステップ4で生み
出されたアイデアを補完するイノベーション実現に必要となる新たなアイデア
を開発するのに最適な方法である。

ステップ6．最良のアイデアを選択し，迅速に試作を始める

　あなたは今，顧客と非顧客領域の徹底的な研究によって生み出された，イノ
ベーション実現のアイデアの膨大なコレクションを手にしている。あとは，こ
れらのアイデアの中から，実施可能な最良のものを選ぶだけだ。
　まず，チームは一歩引いて，生み出したアイデアをすべて見直し，それらを
ひとまとめにする必要がある。似たようなアイデア，言い換えるとつながって
いる，もしくは相互に依存していると思われるアイデアは，1つのかたまりの
下に集めることができ，チームはそのために魅力的なキャッチフレーズを作成
する。
　これらのかたまりの中から1つ，あるいはほんのひと握りを選び，さらなる
発展の可能性を探るために経営幹部に提示しなければならない。チームが簡単
に最良のアイデアを選択できる場合もあれば，最も有望な選択肢を特定するの

が難しい場合もある。この決定を容易にするために，チームはアイデア群を３つの次元で評価することができる。

▶ 顧客と企業にとって，そのアイデアが生み出す潜在的な価値（すなわち，第２章の価値テスト）
▶ アイデアの潜在的な戦略的インパクト
▶ アイデア実行の容易さ

これら３つの要素の複合的な影響において最高の評価を得たアイデアが，次の段階に進むことになるが，私はこれをファスト・プロトタイピングと呼んでいる。これは，チームの上位アイデアの成功の可能性を「クラッシュテスト（破壊実験）」し，大まかに検証するのに役立つプロセスだ。IDEOのトム・ケリーとデヴィッド・ケリーはこう説明する。「プロトタイピングを行う理由は実験である。実験とは創造する行為であり，あなたに質問と選択を強いる。また，実験の結果を他の人に見せたり，話したりすることも可能としてくれる」（注8）。

試作品の多くは失敗するが，これは実は良いことである。アイデアの弱点が早期に明らかになれば，時間とお金の無駄だけでなく，経営陣の前で恥をかくことも防げるからだ。最高のアイデアグループのプロトタイプを作るのに，手の込んだプロセスを踏む必要はない。紙芝居，ポスター，グループでの役作りのためのスキット，実際の生活でどのようにそのアイデアが機能するかを説明するための自作の小道具などを開発するといった簡単なものでよい。プロトタイプは，見た目の良さを追求するのではなく，単にその新しいアイデアが顧客にもたらすであろう際立った価値を強調するためにデザインされるべきである。

ステップ７．最良のアイデアを提示し，売り込む

多くの組織では，「イノベーション実現プロセスの７段階」は，さまざまな事業部門や機能からなる複数のチームによって並行して実施される。その結果，実施可能なイノベーション・アイデアが大量に集まり，その中から組織の幹部が１つまたは数個の勝者を選ばなければならない。

208　第4部　イノベーションを実現するガバナンスと調整のための基盤

　選考プロセスを実施するための非常に効果的な方法の１つが，ビジュアル・フェアと呼ばれる活動である。ビジュアル・フェアとは，プロジェクトチームによって生み出されたアイデアの中から１つまたは複数の受賞アイデアを選ぶことができる，一種の人気投票である。決められた日に，シンプルで標準的なフォーマットを使って，各チームは，経営委員会メンバー，経営部門の幹部，関連する中堅コーチ，ｉチームのメンバーなど，選りすぐりのパネルにトップアイデアを発表する。

　プレゼンテーションは，新しいアイデアの本質の簡潔な説明，ターゲットとなる顧客に対して創出される新しい価値，企業にとって創出される新しい価値，アイデアの源泉（例えば，CUTや６つの経路分析で収集した引用や洞察を含む）など，いくつかの重要なポイントだけに焦点が絞られるべきである。組織内で誰もが知っている標準的なプレゼンテーションの形式があると非常に便利である。一連の短い集中的プレゼンテーションの後，ビジュアル・フェアはギャラリー・ウォークに移行することもあり，そこでは新しいアイデアを描いた画像やテキストが展示され，誰もが勉強することができる。スナックや飲み物が振る舞われることもあり，祝祭的な雰囲気と期待感が高まる。

　パネリストが個人的に協議する機会を得た後，彼らはこのビジュアル・フェアの勝者を発表する。選ばれたアイデアは，組織による最終的なテストと実施のために業務遂行エンジンにその役割が引き継がれる。

７段階のイノベーション実現プロセス活用法

　「イノベーション実現プロセスの７段階」は，簡単に再現できるように設計されている。多くの組織は，このプロセスを定期的に，例えば年に１回か２回実施することを希望する。その結果として，企業と顧客の双方にとって重要な新しい価値の源泉となりうる革新のアイデアが定期的に生み出される。イノベーション・チームによって開発されたCUTテーブルをデジタル・プラットフォーム上で利用可能にし，組織で学習するための特別な手段と，顧客体験に関する豊富な知識ベースを作り出している組織もある。さらに重要なことは，従業員がイノベーション実現プロセスの活動やその基本原則を徐々に理解して

いくことである。革新実現は，正式なプロセスそのものが進行中でなくても，組織全体を通して第2の天性となる。

「イノベーション実現プロセスの7段階」の柔軟性とは，さまざまな目的に利用できるという意味である。例えば，組織全体が革新の実現を強く必要としている場合がある。技術の変化，市場のシフト，破壊的行動をとる主体による攻撃的な動き，あるいは単なる惰性によって，組織が競争上不利な状況に置かれている可能性がある。

このような場合，経営幹部は，全く新しい市場分野，破壊的な大ヒット商品，あるいは組織の新しいビジネスモデルを探すために，イノベーション・チームの結成を決断するかもしれない。この目的のためには，これまで説明した7つの段階が効果的に機能する。このプロセスの使い方を，オリンピックに出場するアスリートチームに例えることができるかもしれない。つまり，世界レベルの野心的な目標を掲げた大規模な取り組みである。

一方で，組織のどの部門の中堅コーチでも，イノベーション精神を飛躍させるために有用と思われるときには，いつでも7段階の一連のプロセスを実施することができる。この場合，特定の製品を改善する方法を見つけたり，顧客サービスを向上させたり，1つまたは複数の社内活動を合理化するなど，重要ではあるがそれほど高くない目標を追求するために，プロセスを調整することができる。

このプロセスは，企業内の部署で定期的に（たとえば年に1回），革新を実現するためのさまざまな機会を特定するために使用することもできる。このプロセスの使い方は，健康志向の人が健康を維持し筋肉をつけるために毎日あるいは毎週行う運動習慣に例えることができるだろう。従業員が7つの段階を繰り返し使うことで，「革新を実現する筋肉」が鍛えられていく。

日々の事業を改善するためのアイデアは日常的に浮かんでくるものであり，それを開発し実行に移す道筋は，以前よりも簡単で自然なものに思える。これは，「イノベーション実現プロセスの7段階」を企業の習慣の一部として活用し，革新を組織のDNAに組み込むことの基本的なメリットである。

7段階のイノベーション実現プロセスを通して見る
マーベル・スタジオの再構築

　7段階のイノベーション実現プロセスは，組織全体に革新実現行動を浸透させる強力な方法となる。例として挙げたイケア，スターウッド，エコセム，フィスカース，コルドサ，リクルート，任天堂といった企業の経験は，それがどのように起こるかを示している。

　しかし，7つの段階とその関連ツールの根底にある考え方は，正式なプロセスを明確に採用しない場合でも，価値ある革新を生み出すことができる。7つの各段階における革新的なツールのいくつかが，マーベル・スタジオでイノベーションを実現するためにメイゼルとフェイジが使ったステップにどのように反映されるかを見てみよう(注9)。

　第1に，マーベル・スタジオのチームは，映画ファンに対してより大きな知覚価値をもたらす方法について一連の決定を下すことで，ターゲット顧客と企業にとって優れた価値を創造した。それらはすべて，マーベルのスーパーヒーローたちの個性あふれる人間的な資質を中心に映画を作るという基本戦略から発展したものである。

　チームメンバーは，マーベル・コミックの魅力の核心である，感情を盛り込んだストーリーテリングに焦点を当てた。彼らはマーベル・クリエイティブ委員会を含むプロセスを構築し，1つの映画から次の映画に至るまで，マーベル・キャラクターの統一性を守ることで，マーベル映画における不統一なシーンやキャラクター設定によってファンが裏切られたと感じることがないようにしている。それと同時に，彼らはコスト構造を削減する重大な決断を下した。派手な制作オフィスも，ストーリーラインの豊かさやマーベル・キャラクターの独自性に何の足しにもならない冗長な中間管理職の監督層も必要ない。

　実際，マーベル映画の製作者たちが直面する金銭的リスクのレベルを上げることは，彼らの創造性をそぐことになりかねない。チームはまた，高コストの大物俳優ではなく，スーパーヒーローそのものが観客を惹きつける真の魅力であるため，過度に高価な興行実績のあるタレントに頼らないことを選択した。

このように，マーベル・チームのメンバーは，既存の顧客を研究し，その顧客に提供する価値のレベルを向上させる選択をすることで，彼らが学んだことに対応したのである。「6つの経路分析」は，マーベルの成功の背後にある創造的思考をさらに浮き彫りにしている。マーベル・スタジオは，他のスタジオが軽視していたステップ5（非顧客の領域を探る）のための市場に至る2つの経路を活用することで，従来のスーパーヒーロー映画製作の常識を打ち破った。チームメンバーは，従来のスーパーヒーロー映画の中心的な観客層である思春期のコミックファン（ほとんどが男性）よりも，はるかに幅広い層の顧客にアピールする映画を開発することで，顧客セグメントを超えた旅をすることに成功したのである。

チームは，映画の特徴を特殊効果を駆使した機能的な訴求と，微妙なキャラクター同士の感情的な訴求を行き来させることでこれを達成した。一般的なスーパーヒーロー映画で提供されるような，ハイスピードで暴力的なアクションや目を見張るような特殊効果に頼るのではなく，チームのメンバーは複雑なキャラクター・アークや微妙な感情の葛藤，政治的・社会的な含みを持つストーリーを作り上げた。

マーベルは「6つの経路分析」からこの2つの経路を選んだため，女性や年配者を含め，普段はコミックに関心のない映画ファンもマーベル映画に引き込まれた。批評家や映画業界の御意見番たちもこの点を高く評価している。映画批評サイト（Rotten Tomatoes）におけるマーベル映画の平均支持率は84％で，1本あたり平均64の賞にノミネートされている(注10)。マーベル・スタジオは，スーパーヒーロー映画の新たな市場空間を開拓し，同じジャンルの映画を製作する他のスタジオが夢見ることしかできなかった視聴者にまで到達することに成功したのである。

革新の実現を継続する―マーベルの未来

2009年末，マーベルはディズニーに42億ドルで買収された。当時，マーベル・スタジオの映画事業の再構築は始まったばかりだった。しかし，所有権が移ったからといって，そのプロセスが頓挫することはなかった。ウォルト・

212 第4部 イノベーションを実現するガバナンスと調整のための基盤

ディズニー・カンパニーは，商業的に成功した独自のエンターテインメント革新のブランドで有名だ。新生マーベル・スタジオのチームが，驚くべき確率で大ヒット作を生み出す独自の方程式を確立しつつあることを認識していたのは明らかだろう。この点で，マーベルの買収は，ディズニーが2006年に行ったピクサー・アニメーション・スタジオの買収と酷似している。ピクサーは近年，マーベルに匹敵するイノベーションの実績を持つ唯一の映画スタジオだろう。2021年現在，ディズニーはこの2つの強力な資産を，『スター・ウォーズ・サーガ』など他の貴重なフランチャイズの所有権や，もちろん自社の歴史に残る名作カタログとともに，新しいストリーミング・サービス「ディズニープラス」を展開し，ネットフリックスやアマゾンに対抗しようとしている。

　一方，マーベル・スタジオは親会社の経済的成功の柱となっている。2019年，マーベル最大のヒット作『アベンジャーズ：エンドゲーム』は，ディズニーの総収益の15％である690億ドルを稼ぎ出した(注11)。マーベル・スタジオのフェイジ社長は，創造的イノベーションの継続的な流れを提供するさらなるヒットを約束している。「さらに20本の映画が控えている」と彼は自慢げに語る。「これまでの映画とは全く違うものだ―意図的にね」(注12)。

　しかし，ハリウッドのヒット作をコンスタントに世に送り出すことは，たとえ実績のある公式に従っていたとしても，容易なことではない。その仕組みを分析したビジネスの専門家グループは，現実をこう表現している。

　「1つの映画シリーズを維持する程度に1本の映画を成功させるだけでも大変だ。2017年に**最も成績の悪かった8本の大作映画のうち6本は，新しい映画シリーズを始めようとした作品だった**」（太字は筆者による強調）。同社はさらに，マーベルの『アイアンマン』の監督であるジョン・ファブローに勝るとも劣らない専門家の言葉を引用し，アクション映画シリーズの長期的成功の難しさについて語っている。「これらのシリーズが2作でガス欠にならないようにするのは非常に難しい」とファブローは言う。「過去を振り返ると，高得点なのはシリーズ2作目のようだ」(注13)。これまでマーベル・ユニバースから23本の映画が公開されており，このシリーズ化が終わりを迎えつつあると考えるのも無理はないだろう。遅かれ早かれ，映画成功のための輝かしい方程式が息切れし始めていることにマーベル・スタジオも気づくだろう。そうなれば，

リーダーシップ・チームはまた別の革新実現に必要となる視点の再構築を検討する必要がある。

同社は，本章で紹介するようなイノベーションの方法論をとるかもしれない。このような体系的なプロセスは，どの組織のどの従業員チームにとっても，革新実現エンジンに燃料を供給するための価値ある新しいアイデアを生み出し，吟味し，完成させることを容易にするはずである。

第10章のキーポイント

✓革新を実現するための体系的なアプローチは，組織のあらゆるレベルのチームが洞察力に富んだ，顧客中心の考え方を学び，習得するのに役立つ。

✓本章で説明する「イノベーション実現の７段階」と関連ツールは，イノベーション実現の対象を選び，供給サイドから顧客サイドに立脚するビジネス観に軸足を移し，非顧客の領域を探索し，価値創造活動を拡大するための代替経路を検討するのに役立つ。

✓また，革新的なアイデアを生み出し，開発に最適なアイデアを選択し，ライバル企業と差別化する競争戦略を定義することで，忠実で成長し続ける多くの顧客に独自の価値を提供することもできる。

✓これまで説明してきたイノベーション実現プロセスの７段階は，組織が競争上の大きな課題に立ち向かう際に役立つ。また，小さくとも価値のある革新を着実に生み出すための日常的な実践として活用することもできる。このように一連のプロセスを活用すれば，組織全体の「イノベーションを実現する筋肉」が強化されるのだ。

＊イノベーション実現プロセスの７つのステップとその関連ツールについてのより詳細な説明は，ウェブサイトwww.BTIthebook.com参照のこと。

第11章

エンジンのうなりを保つ

──イノベーション実現の習慣を育む

　野心的な大企業が低迷している時，経営幹部はしばしばイノベーションで「大きく行こう」という誘惑に駆られる。彼らは，競争相手を吹き飛ばすような，息をのむような新製品やサービスを生み出すことを目標に，先見性のある野心的で革新的な目標を設定したプログラムに企業の命運を賭けることを選ぶかもしれない。おそらくそのプログラムは，他の事業部門から隔離された秘密のスカンクワークスで，ひと握りの技術的魔術師たちによって開発されるものだろう。それは華やかでエキサイティングな戦略であり，時にはうまくいくことさえある。

　しかし，歴史が示すように，瀕死の状態から立ち直った企業は，創造性の「ビッグバン」によって一発で立ち直ったわけではない。より良い戦略とは，イノベーションを習慣化し，組織に浸透させることである。何十もの小さな改善を生み出し，それが最終的に大きな好転につながるのである。それが2010年に，当時ドミノ・ピザのCEOだったJ.パトリック・ドイルと彼を取り巻くチームが選んだ道だった。その時，企業は窮地に陥っていた。ドミノは，売上高，利益，市場シェアにおいて，ライバルであるピザハットに水をあけられ惨憺たる状況であり，さらに低迷しているだけでなく，ピザ愛好家の間での評判も芳しくなかった。ある企業幹部が残念そうに振り返るように，顧客はドミノを「ファストフード」や「安い食べ物」として見ていたが，決して「おいしい食べ物」ではなかった[注1]。

　それから10年あまりが経った今日，そのすべてが変わった。ドミノがワース

トからファーストになるまでの道のりは，同社の幹部による劇的な公約から始まった。2010年に，彼らは消費者にドミノのピザが劣っていることを告白する広告キャンペーンを開始した。広告には，ドミノのクラストが「段ボールのような味」だと言ったり，「今まで食べたピザの中で最悪の代物」だと言ったりする顧客を映した調査グループの実際の映像まで含まれていた。ひととおり恥をかき，間違いを認めた後，同社はクラスト，ソース，トッピング，チーズの味と食感を改善した新しいレシピを紹介した。

　この過激なほど正直な行為は，顧客の注目を集めただけでなく，ドミノの全従業員にもシグナルを送った。最高デジタル責任者であるデニス・マロニーの言葉を借りれば，「その時点から，いくつかのことが変わり始めた…１つは，顧客に対しても社内に対しても，より正直で透明なブランドになったことだ。２つ目は，自問自答を始めたことだ。それは，顧客に直接向き合って『ドミノが本当にそんなことをしたのか』と言わせるほど真剣に私たちは取り組んでいるのか，と自分自身に問いかけることである(注2)」。言い換えれば，この広告はドミノがイノベーションの時代をスタートさせたことを正式に告げるものだった。

　この章では，革新を実現する，視点を再構築する，そして再発明するという一連のプロセスを繰り返すドミノ・ピザの物語について見ていく。その過程で，ピザの老舗が行ったことから他の企業が学ぶことのできる一連の教訓を導き出そう。

ドミノはいかに革新実現行動をDNAの中心に据えたか？

　ドミノが2010年に行った画期的な広告キャンペーンは，「Oh Yes We Did（訳注：もちろん，私達はやり切った，という意味）」という生意気なキャッチフレーズのもと，改良されたピザのレシピを紹介したものだが，これは事業を変革するための長期にわたるキャンペーンの第一歩に過ぎなかった。それ以来，ドミノは，外部のコンサルタントや集中的な専門家チームではなく，企業内の各部門にいる第一線のイノベーターや中堅のコーチによって，顧客中心のイノベーションを次々と生み出してきた。

ドミノを経営不振から脱却させるためには，企業全体での取り組みが必要だと考えた経営陣は，組織横断的なコラボレーションの重要性を説いた。その結果，社内で思いがけない提携が生まれた。例えば，ピザの配達をより迅速かつ簡単にするためにデジタル技術を活用することが，サービス改善の中心的な分野の１つになると考えた企業幹部は，IT部門とマーケティング部門の間で隔週に１回，定期的に作業会議を開くことを義務づけた。彼らの目標は，聞こえのいい技術革新が実際には顧客にとってほとんど，あるいはまったく価値をもたらさない，というよくある問題を避けることだった。

それは功を奏した。ドミノのマーケティングチームは，顧客の行動や嗜好に関する知見を掘り起こし，デジタル技術を使って実現可能な新サービスのアイデアを次々と生み出し始めたのだ。IT担当者は，単にコーディングの課題を渡されて実行するのではなく，自分たちの仕事がドミノの顧客にどのような影響を与えるかを正確に学び，同僚とともに創造的なプロセスに参加する機会を得たことを喜んだ。その結果，異例のパートナーシップが生まれた。

マロニーCDOが説明するように，「IT組織とマーケティング組織のつながりは，おそらく全社内で最も良好な関係にある…こんなことを言うのは本当にめずらしいことだが，この２つのグループは完全に歩調を合わせて仕事をしている」(注3)。

このパートナーシップによって，ピザ業界を揺るがすような，革新的な一連の動きが生まれた。それらには次のようなものがある。

▶ 顧客が注文の進捗状況をモニターできる初のピザ購入アプリ（2010年）
▶ 初の音声操作によるピザ配達アシスタント，愛称「ドム」アプリ（2013年）
▶ 初のツイッターを利用したピザ注文システム（2015年）
▶ 最大80枚のピザを熱々で新鮮に保てるよう設計された保温ステーションを備えた，専用設計のピザ・デリバリー・カー初導入（2015年）
▶ 初の実験的ピザ配達ドローン（2016年）
▶ 自律走行する無人運転車両をピザ配達に使用する最初の実験（フォードと提携）（2018年）

218　第4部　イノベーションを実現するガバナンスと調整のための基盤

▶ 20万箇所以上の屋外ロケーション（地元の公園など）に，住所を必要とせずにピザを配達することを可能にしたデジタル食品注文用の初の「ジオフェンシング」プログラム（2018年）（訳注：GPSやWi-Fiなどを使用し，特定の場所やその周辺に仮想的な境界であるジオフェンスを設け，アプリやソフトウェアで所定のアクションを実行すること）

▶ 顧客と店長がピザの配達の進捗状況をリアルタイムで把握できる初のGPS追跡システム（2019年）

　2010年代は，多くのビジネスがデジタル技術によって変革された時代だった。しかし，ドミノほどデジタル・イノベーションに積極的な企業は，特に外食産業のような伝統的なローテク産業には，ほとんどなかった。2019年までに，ドミノの1,000人の従業員の半数以上がIT部門で働くようになり，同社のデジタル技術を通じた視点の再構築は，日常業務に大きな影響を与えるようになっていた(注4)。お腹を空かせた顧客は，コンピューター，電話，スマートウォッチ，タブレット，デジタルアシスタント，さらにはサムスンのテレビリモコンなど，あらゆるデバイスを使って，クリック，文字，ツイート，フェイスブックのメッセージ，音声コマンドを用いながらドミノ・ピザを注文することができる。ドミノは，#AnyWareというハッシュタグをつけた別の広告キャンペーンで，この多用途性を誇示していた。

　現在，ドミノが処理するピザ注文の75%はオンライン注文であり，その半分はモバイル機器からの注文である。この数字を，平均的なクイックサービス・レストランの5～10%と比較してみてほしい。ドミノはまた，利用可能な注文方法を継続的に改良し，合理化することで，顧客のeコマース取引意欲を減退させる摩擦要因を着実に減らしてきた。2021年現在での究極のソリューションとは「ゼロクリック注文」である。顧客はドミノのアプリを開くだけでよい。ソフトウェアが好みのピザスタイルを記憶し，10秒間の確認カウントダウンの後に注文を送信する(注5)。

　ドミノが自らをeコマース企業，あるいは「ピザを配達するテクノロジー企業」と表現したがるのも無理はない(注6)。もっとも，ドミノのイノベーションのすべてがテクノロジーをベースにしているわけではない。ドミノ企業の改革

は，主力商品をよりおいしくするために考案された新しいピザのレシピから始まった。ドミノは，このようなフードサービスの基本を改善する努力を続けている。

例えば，米国における最近の出店の波は，ストリップモール（訳注：米国で伝統的な小規模な店舗が連なった商業施設）ではなく，高級住宅街に集中しており，最新のフランチャイズ加盟店には，新鮮で健康的な食品調理のイメージを促進するために，オープンキッチンの設置が奨励されている(注7)。ドミノは，他のファストフード・チェーンのように新商品を次々とメニューに加えることを意図的に避けているが，時の試練に耐えられると思われる，入念に事前テストされた新商品を選別して発表している。最近では，2020年8月にチキン・タコス・ピザとチーズバーガー・ピザの新メニューを発表した。

このように，ドミノはデジタル技術がいかに顧客サービスを向上させるかを重要視しているが，同時に，おいしく調理された料理という基本的な価値も尊重している。企業幹部のための教室も含め，すべての従業員がピザ予備校で伝統的なピザ作りの基本を学ぶ。企業トップのリチャード・E・アリソン・ジュニアは「私がここのCEOである限り，ピザは常に手作りする」と誓っている(注8)。

ドミノ本社に勤務していない現場のイノベーターたちからのクリエイティブなアイデアも歓迎され，受け入れられている。そのなかには，アメリカ国内だけでなく世界中に何千とあるレストランを運営するフランチャイズ・オーナーから発せられるものもある。例えば，シアトル地域のあるFC加盟店は，自動車や手動の自転車よりも速く，安全で，環境に優しい電動自転車を配送員に提供することを思いついた。この電動自転車は，自動車や手動の自転車に代わる，より速く，より安全で環境に優しいものである。現在，電動自転車は全米の加盟店に提供されている(注9)。

過去10年間，ドミノは一連のイノベーションのたびに話題を集め，世界中の何千人もの従業員だけでなく，一般の人々からも注目を集めた。主要メディアだけでなく，業界に特化したチャンネルを通じても，最新の素晴らしいアイデアを見事に広めている。そのため，これらの躍進のいくつかは，純粋に顧客主導のものではなく，単なる「売名行為」だと切り捨てたくなるかもしれない。

しかし，事実はその逆でその証拠に，ドミノのイノベーションは，ピザ愛好

220 第4部 イノベーションを実現するガバナンスと調整のための基盤

家にとって同社の製品をより魅力的なものにしている。個々の消費者は，個人的に次のようなことを証明している。それはドミノのイノベーションが，ピザ愛好家のことを気にもかけないオタクが考えたクールなアイデアなどではない，という事実である。それどころか，ドミノのイノベーションは愛好家にとって，ピザを手に入れるプロセスをより簡単に，より早く，より楽しくしてくれたものなのだ。デトロイト・フリー・プレスの記者と話した顧客のローラ・カリルは，ドミノについて，他の多くのピザ愛好家の気持ちを代弁した。「ドミノは，欲しい時に，欲しい方法で，使いたいルートで手に入れたいという人々の欲求をよく理解している。天才的だ」[注10]。

　ドミノのイノベーションは，（幻想ではなく）現実の顧客価値を生み出すものであるため，できる限り広く公表することは理にかなっている。無料メディアは，ドミノの大規模な有料広告を補完し，顧客の間で話題を呼び，まだドミノ製品を試したことのない人々の好奇心を刺激する。また，フランチャイズ加盟店や従業員の士気を高め，ドミノが「どこにでもある古いファストフード店」ではなく，『ファスト・カンパニー』誌が選ぶ「世界で最も革新的な企業」の1つであり，創造的な卓越性の拠点であることを再認識させている[注11]。

　真にそれに値するものであれば，イノベーションに対する評判が広く知れ渡ることは，さらに創造的な才能を惹きつけ，革新実現エンジンの回転を維持するよう従業員を勇気づける強力な方法となる。

卓越性は習慣である
―良い時も悪い時もイノベーションを続ける

　ドミノが過去10年間に開拓した数多くのイノベーションの中に，それ単体で革命的だったものは1つもない。しかし，それらが組み合わさったインパクトは驚くべきものだった。ドミノは，インパクトのある小さなイノベーションを着実に積み重ねてきたおかげで，8年間で市場シェアを9％から18％へと倍増させた。その過程で，同社は世界で最も急成長したクイックサービス・レストラン・ビジネスとなった。そして2018年初頭には，ドミノはドイルCEOの長年の夢であった，ピザハットを抜いて世界最大のピザ会社になるという夢を果

第11章　エンジンのうなりを保つ　221

たし，年間売上高は120億ドルを超えた。そのわずか数カ月後，ドイルはリチャード・アリソンにバトンを渡した。現在，ドミノは16,000以上の店舗を誇り，そのうち約6,000店舗は米国内に，残りは世界80カ国にある。

　ドミノはイノベーションの栄光に安住しているわけではない。それどころか，今後数年間，顧客により良いサービスを提供するために，さらに新しい方法を開発する体制を整えている。2019年8月，同社はミシガン州アナーバーの本社にイノベーション・ガレージを開設した。この33,000平方フィートの施設では，新しい店舗内技術やデリバリー技術の開発・テストが行われている。ロボット会社Nuroが開発中の自律型ピザ配達装置「ドミノR2ローバー」のようなプロジェクトに従事する従業員を最大150人収容できるスペースもある[注12]。

　ドミノ・ピザのように，イノベーションの実現を「いつでも，どこでも，誰でも」行えるようにすれば，さまざまな形で画期的な業績を上げる可能性が高まる。ドミノは，この控えめだが継続的なイノベーションという考え方を，かなり意図的に取り入れた。マロニーは次のように説明している。「(イノベーション) プロジェクトを，長時間に及ぶプロセスとして考えてほしくない。物事を本当に小さな，進化の早いステップやプロセスに (分割) することを考えなければならない」[注13]。言い換えれば，一気に月面着陸のような跳躍を考えるのではなく，小さな良いことをたくさん，できるだけ早く，しかも上手くやるのだ。その積み重ねの結果，イノベーションの流れはさらに強力なものとなる。

　どの業界の企業も，ドミノの継続的なイノベーションの姿勢を見習うべきだろう。イノベーションは習慣となるべきものであり，健康志向の人々が日常生活にエクササイズを取り入れるように，誰もが定期的に，自然なルーティンの一部として取り組む活動であるべきだ。イノベーションの実現は結果ではなくプロセスである。イノベーションの絶え間ない実践は，時間の経過とともに一種の筋肉記憶を生み出し，イノベーションを実現する習慣が，突発的な創造性に頼るのではなく，継続的かつ本能的なものになる。

　多くの組織は，利益が減少し，コストが制御不能になり，顧客から品質に関するクレームが出たり，競合他社に市場シェアを奪われたりといった危機的状況に陥った時，突然革新実現エンジンを始動させたいという衝動に駆られる。

222 第4部　イノベーションを実現するガバナンスと調整のための基盤

しかし，最も有能なリーダーは，会社の革新実現のための筋肉を鍛えるために
パニック状況を待ったりはしない。その代わり，全従業員が革新を実現する筋
肉を定期的に鍛えるようにしている。例えば，各従業員は，顧客および非顧客
と話をし，同僚と発見を共有するといった定期的な業務の実践に参加すべきで
ある。第10章で紹介した「7段階のイノベーション・プロセス」とは，このよ
うな活動を組織化するための実践的な手段を提供するものである。

　イノベーションを実現する習慣が組織に浸透していれば，たとえすべてが順
調に進み，事業が緊急に改革を必要としていないように見える時でも，社員は
大小さまざまな方法で，毎日業務を改善する方法を見つける。それと同時に，
危機が訪れた時に，迅速かつ創造的に対応する準備もできている。

　2020年には，新型コロナウイルス感染症の大流行により，ドミノのような
ファストフード店を含むあらゆるレストランが壊滅的な打撃を受けた。世界中
の都市，州，国において，多くの場合，事前の通告はほとんどなく，予測不可
能で恣意的とも思える手順によって，公共の飲食店に完全な営業停止や厳しい
制限が課せられた。何千ものレストランが廃業し，さらに何千ものレストラン
が生き残りをかけて奮闘した。ドミノの主要競合企業であるカリフォルニア・
ピザ・キッチンとピザハットの親会社であるNPCインターナショナルの2社は，
破産申請を余儀なくされた。

　ドミノはこのパターンとは大きく異なっていた。その10年にわたるイノベー
ション・キャンペーンは，もはや慣れ親しんだ自由と柔軟さをもってピザを注
文し楽しむことができなくなった顧客の，途方に暮れるような新しい要求に対
応する準備をすでに整えていた。ドミノは商品を注文する15種類の方法を開発
していたため，新型コロナウイルス感染症の流行という未知の新しい世界で，
顧客にどのようなオーダー方法を通じても，自社の製品を提供する準備ができ
ていた。

　同社はまた，パンデミックによって生じた特有の課題に対応する新たなイノ
ベーションを提供する態勢を整えていた。例えば，コロナ感染症を敬遠する顧
客が求めていた「非接触型デリバリー」という新しい習慣を促進し，それを強
化するために，ドミノの米国6,000店舗の多くで，現場のイノベーション担当
者がカーサイドデリバリーの提供を開始した。これにより，顧客は車から離れ

ることなくピザを受け取ることができるようになった。非接触型宅配ピザを
もっと身近なものにするために，ある現場のイノベーション担当者は，熱々の
ピザが入った箱を地面から離すための厚紙製のピザ台座を作った。顧客は，ピ
ザの箱が捨てられた新聞紙のように玄関の段差に転がっているのを見つけるの
を嫌うからである。ドミノのドライバーは，顧客が配達を受け取るために玄関
から出てきたときに，6フィート（約1.5メートル）離れた場所にいながら，
このようにピザを置くことができる。数週間のうちに，ピザの台座は全国のド
ミノの店舗で使われるようになった。

　パンデミックはまた，ドミノの継続的イノベーションへのコミットメントか
ら派生した，より繊細な別の強みも浮き彫りにした。2015年当時，グラブハブ
やドアダッシュのようなサードパーティのフードデリバリー事業者が台頭し始
めており，自社でデリバリーシステムを構築するリソースを持たないレストラン
にサービスを提供していた。ピザハットやパパ・ジョンズといったドミノの
競合他社は，こうしたサードパーティのサービスを利用し始めたが，ドミノは
その必要がなかった。なぜなら，ドミノはサードパーティのどの事業よりも迅
速かつ有益に商品を提供することができたからだ。これは，パンデミックに
よって食品配送システムにさらなる負荷がかかった時でも変わらなかった。独
自の配送サービスを提供することで，ドミノは同チェーンの推定8,500万人の
アクティブ顧客と2,300万人のロイヤルティプログラム会員から発生するすべ
ての情報を管理することができるようになったのである。

　アリソンCEOは言う。「我々は膨大な顧客ベースのデータセットを持ってい
る。なぜそれを競合他社に渡したいと思うのか，私には理解できない」[注14]。
ドミノのイノベーションは市場の数歩先を行くものであるため，情報をコント
ロールし続けることができ，自社の運命をコントロールすることもできるのだ。

　このように，ドミノ社員が長年にわたる絶え間ないイノベーションで培った
柔軟性と創造性が，実を結んでいるのだ。パンデミックの間，消費パターンが
変化しても，同社のビジネスは好調だった。週末や深夜のピザの注文は減少し
たが，これは大きなスポーツイベントの前後に催されるパーティーや集まりが
減少したためでもある。家に閉じこもっている家族からのランチやディナーの
注文は爆発的に増えた。平均注文サイズも大きくなり，調理に疲れた在宅の

224 第4部 イノベーションを実現するガバナンスと調整のための基盤

人々が冷蔵庫にストックするためにピザやその他の商品を買い足すようになった。

会社のデータは，会社にとって望ましい傾向を反映している。例えば，2020年第1四半期は世界的な不況に見舞われたが，ドミノの世界売上高は4.4％増加し，米国の既存店売上高は前年比で1.6％増加した。ドミノは米国国内で36四半期連続で既存店売上高を伸ばしている(注15)。パンデミック発生から3カ月後の2020年6月までに，ドミノは最大1万人のデリバリー・ドライバーの増員を予定していると発表した。これは，他の外食企業が閉店し，世界的な大失業問題の一因となっている時期だった(注16)。

ギリシャの哲学者アリストテレスはこう書いた。「習慣は人を作る。それゆえ，卓越性とは行為ではなく習慣である」。ドミノの物語が鮮やかに物語っているように，イノベーションにも同じことが言える。イノベーションもまた，単なる行為ではなく，習慣にならなければならない。組織全体が革新的なエンジンの回転を維持する役割を果たせば，イノベーションは日常的な活動となり，急速に変化する世界の中で企業が常に時代の先端を走り続けることができるのだ。

第11章のキーポイント

✓成功している企業の多くは，競争上の危機が訪れるまで，イノベーションの必要性を過小評価している。イノベーションを習慣化することで，競合他社よりも数歩先を行くことができる。

✓市場を動かすような大きなイノベーションはめったに起きないが，小さく漸進的なイノベーションの継続的な積み重ねは，さらに大きな累積的インパクトを持つことがある。

✓イノベーションの実現にたゆまず時間とエネルギーを費やすだけで，その業界で最も革新的な組織となり，最も成功した組織の1つとなる可能性は急上昇する。

[付録] 拡張版BTIフレームワーク

	現場のイノベーター	中間管理職	上級経営幹部
視点の再構築	・新しい、非伝統的なアイデアの源泉を探す（例えば非顧客において） ・より広範なエコシステムを探索し、新たな関係を構築する	・現場のイノベーターに革新を実現する許可を与える ・公正なプロセスを組織に根付かせることで信頼と心理的安全性を担保する	・大局的な企業の目的と志を創り上げる ・顧客と組織についての埋め込まれた信念と前提をゼロから見直す ・イノベーションの実現を企業戦略の中核に据える
統合	・革新実現の活動に参加する ・自分自身の革新的な社会的関係性を管理し、拡張する ・顧客の観察を文字にする ・共有の知識基盤の構築に努める ・他の現場のイノベーターをコーチする	・組織横断的に多様なアイデアとイノベーターを結びつける ・知識とスキルと経営資源を結びつける ・新たなアイデアを集め、導き、検証する過程を構築する ・業務実行エンジンと革新実現エンジンを結びつける	・革新実現のための経営構造を創り上げる ・革新実現のための規範と価値を制度化する ・革新実現のための共通言語を創造し、正当化する
創造	・顧客と自社の双方に価値をもたらす新しいアイデアを常に探し求める ・顧客の声、顧客の沈黙に耳を傾け、そして非顧客から学ぶ	・現場のイノベーターをコーチし、同期づける ・革新実現のための空間を作り上げ、運用する ・革新実現を習慣化する ・提案された新しいアイデアをレビューする	・新しいアイデアのための時間と成果に関する評価基準を設定する ・現場のイノベーターと中間管理職のコーチの革新に向けた行動や成果を促すインセンティブを設定する

謝　辞

　著者なら誰でも言うだろうが，本を作るのは1人の努力ではなし得ない。むしろ，友人，アドバイザー，インフルエンサーなど，著者の功績を可能にした人々のネットワークからの惜しみない援助とサポートが反映されているのだ。本書も例外ではない。この本がその人たちの協力や支援なしには日の目を見ることはなかったであろう。以下の個人と組織への感謝を申し上げたい。もちろん，本書に含まれる欠陥，間違い，欠点は，私1人の責任であることをご理解いただきたい。

　まず最初に，INSEADのイリアン・ミホフ学部長の個人的な支援と信頼，そして私がINSEADから受けた組織的・財政的支援を可能にしてくれた彼の役割に感謝申し上げる。特に，シリコンバレーの中心にあるカリフォルニア大学バークレー校でのサバティカル休暇を与えてくれた前学部長としてのイリアンに感謝している。

　また，INSEADユーロ・アジア・センターに対するルーセント・テクノロジーズの研究助成金による初期の財政支援にも感謝している。さらに，INSEADの副学部長兼イノベーション学部長であるピーター・ゼムスキー教授の励ましと信頼，そして彼のリーダーシップ，エネルギー，イノベーションに対する非常に伝染しやすい熱意を認識し，感謝申し上げたい。

　次に，私にとって重要な知的影響と支援をして下さった方々に感謝の意を表したい。本書で述べられている考え方や洞察は，フランスでのエンジニアとしての修行時代から，日本やアメリカでの大学院での研究生活，そしてINSEADでの教育者・研究者としての日々，刺激的で刺激的な同僚たちとともに歩んできた，私個人の知的な旅と成長の結果である。

　次に，故スマントラ・ゴシャール教授には，彼の個人的な「オープン・ドア・ポリシー」と，アイデア，興奮，エネルギーを惜しみなく分かち合ってくれたことに深く感謝している。1992年から1997年に私が最初に授業を受け持ったのは，ネットワーク組織に関する新しい講義であり，それはゴシャール教授とク

リストファー・A・バートレット教授とが1997年に共著で出版した書籍『The Individualized Corporation』（1997年）で触れられることとなる重要な概念や事例をふんだんに先取りしたもので，ゴシャール教授は私のメンターとして多くの示唆を与えてくれた。

1981年からの日本での経験は，日本のビジネス・マネジメント・スタイル，特にビジネス・プロセスのマネジメントに対する日本人の見解に直接関わり，直接観察する機会となった。一橋大学大学院在学中，宮川公男教授には指導を受け，多くの洞察を頂戴し，個人的にも世話をしていただいた。また，その後に私を研究者として育て，マサチューセッツ工科大学で日米の自動車メーカーによるサプライヤー関係の管理に関する博士論文を指導してくださったN.ヴェンカトラマン教授と，マイケル・スコット・モートン教授にも感謝の意を表したい。さらに，私が日本の自動車企業会社とその経営陣に直接接触できるよう便宜を図ってくださった鵜木有子に深く感謝申し上げる。

また，バリュー・イノベーションとブルー・オーシャン戦略のコンサルタントや専門家たちの人的ネットワークによって，私の思考と実践は大いに豊かになった。彼らは，自身の経験，専門知識，スキルを互いに分かち合い，エグゼクティブに対するコンサルティングとコーチングの技術と科学について多くのことを教えてくれた。特に，NTTドコモのiモードに関するリサーチで私のパートナーとして，またシンガポール政府省庁とのコンサルティング・プロジェクトで私のコーチとして活躍してくれたマーク・ボーヴォワ・コラドン，2004年にインターナショナル・エグゼクティブ・プログラム（IEP）のバリュー・イノベーション・エクスプロレーション・ワークショップ（VIEW），そしてマイケル・ピッヒ教授兼プログラム・ディレクターのトランジション・トゥ・ジェネラル・マネジメント（TGM）プログラムを共にデザインし，多くのことを教えてくれたイェンス・マイヤー教授とジョージ・イアポン教授そして，コルドサを含むサバンジュグループとのコンサルティングで私をサポートしてくれたキーヒアン・タン，日本のリクルートホールディングスでのティーチングとコーチング・プログラムで私をサポートしてくれたラルフ・トロンベッタ，ジェイソン・ハンター，マイケル・オレニック，ホルガー・トラウトマン，ナナ・フォン・ベルヌートにも感謝を申し上げたい。特に安部義彦

からは，本研究の最初から多大な支援をいただいた。

知的刺激と充実感を与えてくれた同僚と，彼らから受けた絶え間ない指導，そして本書を創作する長い道のりの過程で多くの方からいただいたフィードバックに感謝する。それらの方々とは，ファレス・ブーロス教授，ジョン・チリンジェリアン教授，ジェームズ・コスタンティーニ教授，ヴァンサン・ドミネ教授，イヴ・ドーズ教授，ジョージ・イアポン教授，ネイサン・ファー教授，チャールズ・ガルニック教授，スペンサー・ハリソン教授，クイ・フイ教授，マイケル・ジャレット教授，ニール・ジョーンズ教授，ケビン・カイザー教授，ジュブ（ジェイ）・キム教授，ジャン＝クロード・ラレシェ教授，マルク・ルメネストレル教授，チェンイー・リン教授，エリン・メイヤー教授，イェンス・メイヤー教授，フィル・パーカー教授，ロイック・サドゥーレ教授，ホセ・サントス教授，マイケル・シール教授，ジェームズ・テブール教授，ルード・ヴァン・デル・ヘイデン教授，N・ヴェンカトラマン教授，デビッド・ヤング教授，ピーター・ゼムスキー教授の方々である。特に，ジョン・チリンジェリアン教授，チャールズ・ガルニック教授，そしてクイ・フイ教授は，原稿の異なるバージョンについて洞察に満ちた示唆を下さった。

本書の執筆において重要な役割を果たしたのは，調査に協力し，時間を割いて彼らの実践を説明し，私が彼らのチームを観察したりインタビューしたりするためにオフィスや施設を開放してくれた何百社もの企業幹部たちである。また，その多くは，本書で取り上げたいという私の求めにも応じてくれた。特にお礼を申し上げたいのは以下の方々である。

- チェンク・アルペル（コルドサ＆サバンジュ・グループ）
- クリスチャン・バッハラー，ミカ・ソッカ（フィスカース）
- ヤン・カレンディ，トニー・ベニテス，ヴァイト・シュトゥッツ，プラモド・アリカル（アリアンツ）
- 岩下直司（リクルートホールディングス）
- アンドレス・ジャッフェ，ウーヴェ・ハートヴィッヒ博士（BASF）
- モニカ・レッスル博士，ヘニング・トリル博士（バイエル）
- ドーナル・オライアイン，マリア・ベローゾ・ホール（エコセム）

謝　辞　229

・ロビン・プラットおよびルノー・ラムルー（スターウッド）
・ジュディス・ヴェルクマン＝ローネンおよびクラース・クルイトホフ（アクゾノーベル）

　また，この20年間にMBA，EMBA，そしてエグゼクティブプログラムを通じて多くの方々を指導する機会を提供してくださった数千人の方々にも感謝申し上げたい。これらのエグゼクティブの多くが，私がクラスやトレーニング・セッションで共有したアイデアやプロセス，ツールを追求し，実行に移し，私と連絡を取り合い，刺激的なフィードバックを寄せてくれるのを目の当たりにしてきたことは，私にとって深い喜びである。

　これは，エグゼクティブ教育が長期的に有意義な影響を与え，クライアントに大きな投資効果をもたらすことを確認するものでもある。私が教鞭を執っていた初期の頃，IEPやTGMプログラムでイノベーションに焦点を当てたVIEWワークショップを実施した最初のエグゼクティブ達について特に言及したい。

　また，IEPとTGMプログラムの一環としてVIEWワークショップを提供するよう最初に私を招いた故マイケル・ピッヒ教授にも感謝したい。また，それぞれフィスカースとスターウッドのプログラムに私を招待してくれたマイケル・ジャレット教授とジェームズ・テブール教授にも感謝したい。

　文芸エージェントであるライザ・ドーソン・アソシエイツのトム・ミラーと，素晴らしいプロ意識で私をサポートしてくれたマグロウ・ヒルのチームのメンバー，特に編集者のスティーブン・アイザックスに感謝する。

　著者のパートナーであるカール・ウェーバーは，本文の執筆や編集という当たり前の仕事にとどまらず，さまざまな面で私を助けてくれた。彼はまた，アイデアやケーススタディーを提案してくれたり，調査作業をサポートしてくれたり，近年は私と共にいくつかの企業を訪問し，その経営陣にインタビューを行ったりしてくれた。本書をより良いものにするためのカールの協力に感謝している。知的にも感情的にも，カールの貢献は本書に不可欠なものとして特筆に値する。ありがとう，カール！

　最後に，そして最も重要なこととして，私の人生で最も身近な存在である妻

方子と 3 人の息子たち，Sophian（兆生），Alexis（光基），そしてLennon（旬示）に感謝しなければならない。私たちが分かち合う愛は，思想家として，専門家として，そして人間として学び，成長しようとする私の努力のすべてを鼓舞してくれる。

フランス，フォンテーヌブロー

ベン・M・ベンサウ

注

イントロダクション

1. 図 I.1に描かれている3 × 3 のBTIフレームワークは，Sumantra GhoshalとChristopher A. Bartlettが著書「The Individualized Corporation」（ロンドン：Heinemann 1998年）の中で提示した同様のモデルから転用したものである（The Individualized Corporation: A Fundamentally New Approach to Management, London: Heinemann, 1998）。BTIフレームワークの拡大版は付録に掲載されている。

2. 「集合天才」という言葉は，ハーバード・ビジネス・スクールのリンダ・A・ヒル教授とグレッグ・ブランドー，エミリー・トゥルーラブ，ケント・ラインバックとの共著（The Art and Practice of Leading Innovation, Harvard Business Review Press, 2014年）に最も関連している。

第1章　イノベーションを生み出す習慣

1. ハーバーボッシュ法については次の文献を参照されたい。Claudia Flavell-While, "Fritz Haber and Carl Bosch—Feed the World," The Chemical Engineer, March 2, 2010 (https://www.thechemicalengineer.com/features/cewctw-fritz-haber-and-carl-bosch-feed-the-world/.)

2. 本章におけるBASFの革新的手法に関する洞察の一部は，筆者による代表アンドレス・ジャッフェとパースペクティブズ・チームメンバーへのインタビュー（2009年3月17日，2009年4月22～24日，2010年5月5日），パースペクティブズ上級副社長ウーヴェ・ハートヴィッヒ博士へのインタビュー（2016年5月20日），およびパースペクティブズ取締役ミヒャエル・ゲオルク・シュミット（2016年10月11日，2021年2月9日）へのインタビューに依拠している。

3. Roland Deiser (2009) "Designing Customer Centricity for Multiple Market Segments: The *Perspectives* Project," in *Designing the Smart Organization: How Breakthrough Corporate Learning Initiatives Drive Strategic Change and Innovation* by Roland Deiser (Pfeiffer, 2009).

4. "Total silence at the Guggenheim Museum through BASF's foam Basotect," BASF news release, April 5, 2017, https://www.basf.com/global/en/media/news-releases/2017/04/p-17-180.html.

5. 次の論文における引用。Christian Huber (2015) "Business model innovation—the sky is the limit!" Set of business model cards (March 2015).

第2章　業務遂行と革新実現

1. Charles A. O'Reilly III and Michael L. Tushman, "The Ambidextrous Organization," Harvard Business Review, April 2004.（入山章栄監訳　渡部典子訳（2019）『両利きの経営』東洋経済新報社）

2. Vijay Govindarajan and Srikanth Srinavas, "The Innovative Mindset in Action: 3M Corporation," Harvard Business Review, August 6, 2013.

3. ビルとヴィエーブ・ゴア夫妻が最初に掲げた基本的価値観と指導原理が，どのように今日の同社の革新実現エンジンの形成と維持に寄与しているかについて，その理解の手助けをしてくれた同社のフレデリック・アマリウテイに感謝する。

4. Gary Hamel, "Innovation Democracy: W.L. Gore's Original Management Model," Management Innovation eXchange, September 23, 2010.

5. Simon Caulkin, "W.L. Gore: the company others try and fail to imi-tate," Financial Times, August 2, 2019.

6. Adam M. Brandenburger and Harborne W. Stuart, Jr., "Value-Based Business Strategy," MIT Journal of Economics & Management Strategy, Spring, 1996, pages 5–24.

7. Moon Ihlwan, "Camp Samsung," Bloomberg Businessweek, July 2, 2006.

8. Jeremy Horwitz, "Apple's By Innovation Only event established Samsung as the trailblazer," Beat, September 11, 2019.

9. Haydn Shaughnessey, "What Makes Samsung Such an Innovative Company?," Forbes, March 7, 2013.

10. SeHo Cheong, "TRIZ experiences at SMD," slide presentation, March 21, 2011, https://www.osaka-gu.ac.jp/php/nakagawa/TRIZ/eTRIZ/epapers/e2011Papers/eSHCheong TRIZSymp2010/eSHCheong-TRIZSymp2010-110917.htm.

11. 以下の資料に基づく。Son Wook, "Value Innovation and Goal-Oriented Management Made Samsung TV 'The Global No. 1,'" Hankyung Business, December 21, 2011.

12. Moon Ihlwan, "Camp Samsung."

13. Daniel Saunders, "How Samsung stays one step ahead in the innovation race," Qualtrics website, February 26, 2020.

14. ここの議論は，シージン・チャン博士（シンガポール国立大学）との議論に負っている。同博士は次の書籍の著者でもある（Sony vs. Samsung: The Inside Story of the Electronics Giants' Battle for Global Supremacy, Wiley, 2008）。

15. 次の文献も参照。Asad Zaidi, "Brainstorming Using the Walt Disney Method," Management Insights, October 10, 2019, http://mdi.com.pk/management/2019/10/brainstorming-using-the-walt-disney-method/.

第3章 イノベーションを実現する視点

1. Whitney Wetsig, "Scientists and engineers train like warfighters during annual Operation Tech Warrior event," Wright-Patterson AFB website, October 18, 2018.

2. "Small Businesses Participate in Air Force SBIR/STTR Tech Warrior Enterprise Event," Federal Laboratory Consortium for Technology Transfer website, May 16, 2018, https://federallabs.org/news/small-businesses-participate-in-air-force-sbirsttr-tech-warrior-enterprise-event.

3. 本章におけるエコセムの革新的手法に関する洞察の一部は，エコセム・マテリアル・リミテッドの創業者兼マネージング・ディレクターであるドーナル・オライアイン（2020年

11月11日および2020年11月24日），および行動変革・チェンジマネジメント・コーチのマ
リア・ベローゾ・ホール（2021年3月11日）への筆者インタビューから得られたものであ
る。

4．Kraig Becker, "Gore's Innovation Center Is a Powerful Ally for Silicon Valley Startups," DigitalTrends, April 6, 2019.

5．ペイント・ザ・フューチャープログラムについては，筆者によるアクゾノーベルのCTO
クラース・クルイトホフと同社イノベーション・エクセレンス＆サステナビリティ担当
ディレクターのジュディス・ヴェルクマン・ローネンに対するインタビュー（2021年1月
28日，2021年3月1日），および2009年，2010年，2012年，2013年に筆者が主導したアク
ゾノーベルのイノベーション・トレーニング・プログラムに基づく。

6．David Gelles, "A Charity Accepts Uber Stock as Donations. Then Uses It to Pay Staff Bonuses. Is That O.K.?" New York Times, April 13, 2019.

第4章 イノベーション実現の3つの主要プロセス

1．本章におけるコルドサとサバンジュ・グループのイノベーションに関する洞察は，サバ
ンジュ・グループの執行委員会メンバーであるメフメット・ペカルンへの筆者インタ
ビュー（2016年10月31日），コルドサ前CTO兼CEOで現在はサバンジュ・ホールディング
のCEO兼取締役であるチェンク・アルペルへの一連のインタビュー，コルドサの最高技術
責任者であるイブラフム・ユルディリムへのインタビューから一部抜粋したものである。
また，コルドサR&D研究所リーダーであるエメル・エレン（2016年10月27日），サバン
ジュ・ホールディング戦略・事業開発部長，ブラク・トゥルグット・オルフンおよびサバ
ンジュ・ホールディングベンチャー投資アソシエイトであるカン・オルネコル（2021年3
月4日），コルドサ市場開発グループマネージャーであるミュゲ・イェンメズ（2021年3月
2日），Aksigorta社ジェネラルマネージャーであるウール・ギュレンおよびAksigorta社
戦略・変革担当アシスタントジェネラルマネージャーであるエスラ・エゲ（2021年3月2
日）へのインタビュー，さらに，筆者による2006年，2007年，2008年，2010年の工場訪問，
イノベーション・トレーニング・プログラム，そしてプロジェクト・コーチング活動から
も洞察を得た。

2．Aaron E. Carroll, "The Quiet Research That Led to a Resounding Success in Diabetes Prevention," New York Times, March 30, 2016.

3．Paul Barr, "Taking on diabetes: Proven prevention methods get payers' attention," Modern Healthcare, December 15, 2012.

4．"Spotlight on Innovation: YMCA's Efforts to Fight Chronic Disease," Better Medicare Alliance website, December 3, 2015, https://www.bettermedicarealliance.org/publication/spotlight-on-innovation-ymcas-efforts-to-fight-chronic-disease/.

5．"After 20-year increase, New Diabetes Cases Decline," CDC press release, May 18, 2019, https://www.cdc.gov/media/releases/2019/p0529-diabetes-cases-decline.html.

第5章 誰でも，いつでも，どこでも

1．本章におけるフィスカースの革新に関する洞察は，欧州フィスカース社長トーマス・エ

ンケル（2016年１月12日），フィスカース社CEOカリ・カウニスカンガス（2016年５月17日），フィスカース・ブランド・フィンランド新規事業マネージャーヤリ・スキッタ（2016年５月17日），欧州・アジア太平洋プラントケア事業ラインマネージャーヤリ・イカヘイモネンへの著者インタビューから一部抜粋したものである（2016年５月17日）。キッチン担当ビジネスディレクターのクリスチャン・バッハラー（2016年５月17日および2021年２月10日），ガーデンヨーロッパ・アジアパシフィック担当ビジネスディレクターのパシ・エングブロム（2016年５月16日），フィスカース新製品開発担当ディレクターのミカ・ソッカ（2016年５月18日，2016年６月30日，2020年３月13日および2021年２月17日），デザイン機能製品担当副社長のマサリン（ペペ）・ペッテリ（2016年５月18日および2021年３月２日），Go-To-Marketヨーロッパ担当ディレクターのオリバー・ゼーメ（2016年６月28日）に依拠している。その他の洞察は，2011年と2012年に筆者が主導したフィスカースでのイノベーション研修プログラムから得られたものである。

2．ブルー・オーシャン戦略は，フィスカースのリーダーを含め，私を含めたINSEADのチームがクライアントに指導しているイノベーション・システムの１つであった。

3．"Red Dot: Design Team of the Year 2020," Red Dot website, https://www.red-dot.org/about-red-dot/magazine/fiskars-red-dot-design-team-of-the-year-2020-creates-the-extraordinary-through-tradition-innovation-and-curiosity.

4．Sarah Kessler, "48 Years Later, This Is How Fiskars Keeps Improving On Its Classic Orange-Handled Scissors," Fast Company, January 26, 2015, https://www.fastcompany.com/3040816/48-years-later-this-is-how-fiskars-keeps-improving-on-its-classic-orang.

5．クリスチャン・バッハラーがこの印象的なコメントを残したインタビュー以来，彼はフィスカースのグループ・リーダーシップ・チームの一員となり，同社の３つの主要事業部門のひとつであるヴィータのエグゼクティブ・バイス・プレジデントにまで出世した。

6．"Fiskars Group sets its sights on circular economy," Fiskars press release, March 18, 2019, https://www.fiskarsgroup.com/media/press-releases/fiskars-group-sets-its-sights-circular-economy-vintage-buy-and-sell-previously.

7．"The Vintage service expands to all Iittala stores in Finland and extends recycling to other manufacturers' broken tableware," Fiskars press release, July 30, 2019, https://news.cision.com/fiskars-release-archive/r/the-vintage-service-expands-to-all-iittala-stores-in-finland-and-extends-recycling-to-other-manufact,c2861483.

第６章　実践的に創造性を授ける

1．ステファノス・ジョージ・イアポンへのインタビュー（2021年２月26日）。

2．Caroline Baldwin, "How Starwood Hotels is using technology to innovate hospitality," Essential Retail, April 14, 2016.

3．Mark R. Vondrasek, "Redefining service innovation at Starwood," McKinsey Quarterly, February 1, 2015.

4．Debbie Carson, "Marriott International Commits to Continued Innovation in Hotel Guest-facing Technologies," Hotel Business Week, July 9, 2019.

5．Joy, Inc.: How We Built a Workplace People Love (Porfolio, 2015).

注 235

6．Quoted in "Valve's Way," by Phanish Puranam and Dorthe DØjbak Häkonsson, Journal of Organization Design, June 23, 2015.

7．"A Lesson from Valve on The Importance of Innovation," by Sudarshan Gopaladesikan, Gamification.co, May 10, 2013.

8．Valve Handbook for New Employees: A fearless adventure in knowing what to do when there's no one there telling you what to do (Valve Press, 2012). Online at https://cdn.cloudflare.steamstatic.com/apps/valve/Valve_NewEmployeeHandbook.pdf.

9．Ryan Cooper, "How capitalism killed one of the best video game studios," The Week, June 4, 2019.

10．Reed Hastings and Erin Meyer, No Rules Rules: Netflix and the Culture of Reinvention (Penguin Press, 2020).

第7章　イノベーションの実現をコーチングする

1．アリアンツにおけるイノベーションに関する洞察とi2sプログラムに関するいくつかの詳細は，アリアンツ・オブ・アメリカズCEO，NAFTA地域／ラテンアメリカ担当責任者，取締役会メンバーであるヤン・カレンディ（2007年3月26日），成長市場担当責任者で取締役会メンバーであるヴェルナー・ツェデリウス博士（2008年11月11日），モンディアル・アシスタンス成長イノベーション＆マーケティング担当ジェネラル・マネージャーであるキャメロン・ピアソンへのインタビュー（2009年1月26日に行われた）から得られた。シンシエル（B2B2Xインシュアテック・アリアンツの子会社）国際事業部長プラモド・アリカルへのインタビュー（2021年2月16日），そしてアリアンツi2s部長（現ビジネス・トランスフォーメーション・グローバル部長）のヴァイト・シュトゥッツへのインタビュー（2021年3月12日）に基づく。さらなる情報は，2009年3月19日から2010年5月17日にかけて行われたAGOユニット（アリアンツ・グループOPEX）の16名のメンバーおよびグループ経済調査・企業開発部のメンバーへのインタビューとアリアンツの組織変更・能力構築責任者であるヘレン・ウィリアムズとのコミュニケーション（2021年3月21日付の電子メール交換）により提供された。

2．Hind Benbya and Dorothy Leidner, "Harnessing Employee Innovation in Idea Management Platforms: Lessons from Allianz UK," MIS Quarterly Executive, October 2017.

3．Ibid.

4．Kenny MacIver, "Allianz: Enriching customer experience through digitalization," Global Intelligence for Digital Leaders, June 2016.

5．Adlina A. Rahim, "How Allianz is digitizing to keep up with today's insurtech players," Techwire Asia, March 13, 2020.

6．Caroline Poser, "Allianz created an AI-powered virtual assistant," IBM Case Studies, https://www.ibm.com/case-studies/allianz-taiwan-life-insurance/.

7．2021年2月16日，アリアンツをはじめとする保険顧客にデジタル・サービス・ソリューションを提供するシンシアの国際事業責任者プラモド・アリカルへのインタビューに基づく。

8．Jeff John Roberts, "IBM received the most patents in 2020. Here's the rest of the top 20," Fortune, January 21, 2021, https://fortune.com/2021/01/12/ibm-most-patents-2020-full-rankings/.

9．Greg Satell, "How IBM Innovates," Forbes, January 19, 2016, https://www.forbes.com/sites/gregsatell/2016/01/19/how-ibm-innovates/?sh=743f8a897f60.

10．Kristof Kloeckner, "Building an Enterprise Culture of Continuous Innovation," Forbes Technology Council, April 9, 2019, https://www.forbes.com/sites/forbestechcouncil/2018/04/09/building-an-enterprise-culture-of-continuous-innovation/?sh=102a588d6824/.

11．次の文献を参照されたい。Charles A. O'Reilly III and Michael L. Tushman, Lead and Disrupt: How to Solve the Innovator's Dilemma, Chapter 5（Stanford, 2016）。

12．本章におけるリクルートのイノベーションに関する洞察の一部は，2002年8月から2021年4月までの間にリクルートビジネスコンピタンス研究所と筆者がメッセージを交換した際の筆者インタビューと訪問調査から得られたものである。また，2002年11月18日に行われたカーセンサー岩下直司エグゼクティブマネージャー（当時）へのインタビューと自動車販売店訪問，2002年8月と11月に行われた筆者主導のイノベーション研修プログラムから得られた知見も追加している。

13．Sandra J. Sucher and Shalene Gupta, "Globalizing Japan's Dream Machine: Recruit Holdings Co., Ltd." Harvard Business School case, April 25, 2018.

14．Howard Yu, "My views on Recruit," Recruit Holdings website, https://recruit-holdings.com/who/value/post_36.html.

15．MATCHの事例は，リクルートビジネスコンピタンス研究所が「リクルートグループのイノベーション」と題したメモ（2020年8月18日付），および室政美と前田亮から提供された最新情報を記載したメールメッセージ（2021年4月19日付）で筆者と共有された情報に基づいている。

第8章　解決すべき課題を設定する

1．"Jonathan Becher, Chief Digital Officer, SAP," Conversations with Top Innovators, June 28, 2013, https://www.cxotalk.com/episode/jonathan-becher-chief-digital-officer-sap.

2．Erik Charles, "Sales Disruptors: How San Jose Sharks President Jonathan Becher Is Innovating the Fan Experience Despite the COVID-19 Pandemic," podcast on MarketScale website, June 19, 2020, https://marketscale.com/industries/software-and-technology/how-san-jose-sharks-president-jonathan-becher-is-innovating-the-fan-experience-despite-the-covid-19-pandemic/.

3．Michael Krigsman, "San Jose Sharks: Fan experience, community, and technology（but don't call it digital transformation），" Beyond IT Failure, ZDNet.com, October 22, 2018.

4．Paul Greenberg, "Engaging fans during a pandemic: How the San Jose Sharks simulate hockey games," Social CRM: The Conversation, August 24, 2020.

5．Ibid.

6．本章におけるエコセムの革新的手法に関する洞察の一部は，エコセム・マテリアル・リミテッドの創業者兼マネージング・ディレクターであるドーナル・オライアイン（2020年

11月11日および2020年11月24日），および行動変革・チェンジマネジメント・コーチのマリア・ベローゾ・ホール（2021年3月11日）への筆者インタビューから得られたものである。

7．イノマントラ・コンサルティングのステファノス・ジョージ・イアポンとのインタビュー（2021年2月26日）。

第9章　エンジンに点火する

1．本章におけるバイエルのイノベーション手法に関する洞察の一部は，バイエルAGの上級副社長兼コーポレートイノベーション，研究開発，ソーシャルイノベーションの責任者であるモニカ・レッスル博士，およびバイエルAGのイノベーション戦略担当副社長であるヘニング・トリル博士への著者インタビュー（2020年5月11日，2020年6月30日，2020年8月21日）から得られたものである。

2．"Big Pharma, Big Changes: How Bayer and Johnson & Johnson Innovate," Innov8ers News, March 12, 2018, https://innov8rs.co/news/big-pharma-big-changes-bayer-johnson-johnson-innovate/.

3．Ibid.

4．サバンジュ・ホールディング戦略・事業開発部長であるブラク・トゥルグット・オルフンへのインタビュー（2021年3月6日）。

5．フィスカース・グループ新規事業開発担当副社長であるトーマス・グランルンドへのインタビュー（2021年3月2日）。

6．Monika Lessl, Henning Trill, and Julian Birkinshaw, "Fostering Employee Innovation at a 150-Year-Old Company," Harvard Business Review, December 17, 2018.

第10章　ポンプでアイデアを吸い上げる

1．Spencer Harrison, Arne Carlsen, and Miha Skerlavaj, "Marvel's Blockbuster Machine," Harvard Business Review, July–August 2019.

2．"List of highest-grossing superhero films," Wikipedia, accessed January 30, 2021.

3．Amit Agnihotri, "Why Innovate? 3 Lessons from Avengers: Endgame," Why Innovation website, December 2020, https://www.why-innovation.com/why-innovate-3-lessons-from-avengers:-endgame.

4．1998年，私はW.チャン・キムとレネ・モボルニュの指導と協力の下で，バリュー・イノベーションを実践し始めた。彼らはINSEADの同僚で，ブルー・オーシャン戦略研究所の共同ディレクターを務めている。彼らはまた，2005年に出版された名著『ブルー・オーシャン戦略』の著者でもあり，彼らの考えをアップデートし，さらに多くの実例が掲載された貴重な続編も出版している[注5]。長年にわたり，私はこの2人の優れた戦略思想家から多くのことを学び，彼らの支援を受けて，ブルー・オーシャン戦略のツールを使用しながら，イノベーションのアイデアを生み出すことに特化して多くの企業を指導してきた。その過程で，私はブルー・オーシャン戦略の考え方やツールの最も強力な要素を取り入れてきた。さらに，探索のためのツールやテクニックも追加して，ブルー・オーシャン思考をイノベーションの具体的な課題に適用する7段階のイノベーション実現プロセスの方法論に統合したのである。

5．W. Chan Kim and Renée Mauborgne, Blue Ocean Strategy: How to Create Uncontested Market Space and Make the Competition Irrelevant (Harvard Business Review Press, 2005); Blue Ocean Shift: Beyond Competing—Proven Steps to Inspire Confidence and Seize New Growth (Hachette, 2017).

6．Thomas Lockwood, Design Thinking: Integrating Innovation, Customer Experience and Brand Value (Allworth, 2010); Vijay Kumar, 101 Design Methods: A Structured Approach for Driving Innovation in Your Organization (Wiley, 2012).

7．ここに挙げた6つの前提条件は，INSEADのテクノロジー・オペレーションズ・マネジメントの教授であり，INSEADのコーポレート・ガバナンスのチェアード・プロフェッサーであるルード・ヴァン・デル・ヘイデン教授による，公正なプロセス・リーダーシップとハイパフォーマンス・チームに関する研究に触発されたアイデアである。

8．Tom Kelley and David Kelley, "Why Designers Should Never Go to a Meeting Without a Prototype," Slate, October 23, 2013, https://slate.com/human-interest/2013/10/the-importance-of-prototyping-creative-confidence-by-tom-and-david-kelley.html.

9．マーベル・スタジオのビジネス変革に関する詳細な考察は，"The Marvel Way：W. Chan KimとRenée Mauborgneの監修の下，Michael Olenickによって執筆されたビジネスケース「Restoring a Blue Ocean」(INSEAD Blue Ocean Strategy Institute, 2016) を参照されたい。https://store.hbr.org/product/the-marvel-way-restoring-a-blue-ocean/IN1182。

10．Spencer Harrison, "Marvel's Blockbuster Machine."

11．Ibid.

12．"Most Innovative Companies: Marvel Studios," Fast Company, https://www.fastcompany.com/company/marvel-studios.

13．Spencer Harrison, "Marvel's Blockbuster Machine."

第11章　エンジンのうなりを保つ

1．Giselle Abramovich, "Domino's CDO Shares His Secret Sauce For Innovation," CMO.com, April 18, 2018.

2．Ibid.

3．Ibid.

4．Nancy Luna, "Domino's tech leaders reveal 3 big innovations coming soon," Nation's Restaurant News, October 23, 2019.

5．Trung T. Phan, "Domino's has been working on pizza delivery innovation for years. During quarantine, its efforts have paid off," The Hustle, September 21, 2020.

6．Brian Solis, "Domino's Pizza Serves Up Innovations In Customer Experience (CX) To Drive Business Growth," CMO Network, August 15, 2018.

7．Fast Company, "Most Innovative Companies: Top 50, Branding," 2019, https://www.fastcompany.com/company/dominos.

8．Jonathan Maze, "Domino's Works to Keep Its Technology Edge," Restaurant Business, October 25, 2019.

9．Ibid.

10. Frank Witsil, "How Domino's used technology to woo millennials and beat rival Pizza Hut," Detroit Free Press, March 6, 2018.

11. Fast Company, "Most Innovative Companies."

12. Isabelle Gustafson, "Domino's Opens 'Innovation Garage' to Test New Technology," CStore Decisions, September 3, 2019.

13. Giselle Abramovich, "Domino's CDO."

14. Jonathan Maze, "Domino's Works to Keep Its Technology Edge."

15. Anna Wolfe, "Is Contactless Delivery Here to Stay?," Hospitality Technology, May 11, 2020.

16. Seth Stevenson, "What It's Like to Deliver Pizza in a Pandemic," Slate, June 30, 2020.

日本の読者へのメッセージ

　本書を通じて，私は，イノベーションに関する新しい物語を紹介し，どのように企業が自社のDNAに革新を実現する力を実装するかについて紹介したいと思う。

　過去20年以上にわたり，私はブルー・オーシャン戦略やデザイン思考などの方法論を含むイノベーションを実現する過程に関する研究や教育に従事し，コンサルティング活動を行ってきた。私の調査対象は，新興企業から中小企業，大企業に至るまで，さまざまな業種の世界中の100近い組織に及んでいる。その経験の中でも驚くべきことは，最も革新的な企業の多くが，私たちが一般的に革新と結びつけて考えるような新興企業やハイテク企業ではなく，伝統的な産業で事業を営む老舗企業であったということである。これらの企業は，継続的かつ体系的な努力によって，自らの手によって，イノベーション実現の強豪企業へと変貌を遂げることに成功したのである。

　私は，彼らの成功物語を伝え，彼らの重要な洞察を書き記し，そして最も重要なこととして，私が学んだことを新しいコンセプト，分析フレームワーク，道具箱という方法論として体系化し，より多くの読者と共有できるようにするために，この本を書いた。

　本書の邦訳版を今回出版するにあたって，これらのコンセプトとツールを日本の読者に紹介できることを嬉しく思う。これらのツールは，日本企業が固有の課題を克服し，イノベーションの実現能力を高めるのに役立つと信じている。

　日本の組織には，継続的改善（カイゼン），細部へのこだわり，集団的労働倫理といった優れた伝統がある。特に製造業（トヨタ，ホンダ，パナソニックなど）は，こうした慣行の恩恵を受けており，世界トップクラスの品質管理と生産効率を実現してきた。

　しかし，このような強みにもかかわらず，日本企業が画期的で戦略的なイノベーションを実現するには，しばしば課題に直面する。リスク回避，伝統的な企業内部の階層構造，そして組織の外から多様な視点を求めるよりも内向きに

集中する傾向など，いくつかの要因がその原因となっている。

　グローバル市場で競争力を維持するためには，日本企業は強固な基盤を築き，革新的な行動や姿勢を積極的に育む習慣を取り入れなければならない。リクルート，楽天，任天堂，清水建設のように自社の強みと新しいアプローチのバランスを取り，継続的に実験を行う文化を促進することで，日本企業は革新的な潜在能力を最大限に引き出し，グローバル経済のリーダーであり続けることができるはずである。

　私が本書の中で指摘する重要な区別の1つは，「イノベーション（innovation）」という名詞と，「革新する（innovating）」という動詞との違いである。私は，「イノベーション」という言葉が名詞として使われると，特に画期的な製品を考え出したり，新しい市場空間を発見したりすることをプレッシャーに感じている現場の従業員にとっては，威圧的で不安やストレスの引き金になりかねないことに気づいた。それとは対照的に，「革新する」という動詞形は，特定の結果や成果を意味しない。その代わりに，その動詞は，誰もが学び実践できる活動，継続的なプロセス，一連の行動を意味することとなる。私が定義する「革新する（innovating）」とは新しいアイデアを探し，開発し，テストすることであり，何が見つかるかは保証されていない活動である。このアプローチは，次の成功や全くの新市場を創り出さなければならないというプレッシャーからすべての従業員を解放し，奇跡的な結果を期待することなく，組織内の従業員全員が何らかの形で革新的な活動に従事することを可能とするものである。結局のところ，命令されたとおりに画期的な洞察を生み出せるような天才はほとんどいない。しかし，革新を実現する活動に従事するのに，特別な才能は必要ない。その活動は，ツールやテクニック，構造化されたプロセスによって教え，導き，支援することができるのである。

　仮に，イノベーションを目に見える氷山の一角，水面上に見える光り輝く頂上であると見立てると，革新を実現する活動とは水面下の活動，つまり活性化されるのを待っている組織内の全員の集合的能力を表している。本書は，この集合的能力をいかに活用するかについて書かれたものであり，私はこれを企業の集合的天才と呼んでいる。

　「イノベーション（innovation）」と，「革新する（innovating）」との区別は，

本書が，ビジネス研究に寄与する新たな貢献の1つである。例えば，キムとモボルニュによる名著『ブルー・オーシャン戦略』は，イノベーションを成果あるいは氷山の一角として捉え，トップマネジメントがいかに競合のいない市場空間を特定し開発するかについて議論している。これに対して，本書は，革新を実現する一連の過程を重視し，継続的かつ体系的に革新を実現する組織を構築することを目指して書かれたものである。そこでは，トップマネジメントだけでなく，あらゆる従業員が革新を実現する担い手となり，仕事の正当な一部として，定期的に何らかの形で革新を実現する活動に従事するよう訓練され，また奨励もされるのである。

　それでは，私が調査した革新性の高い企業の共通点とは一体何だろうか？彼らは次の破壊的イノベーションを探し続ける一方で，組織の総合的な革新実現能力を構築し，維持し，強化するために体系的かつ持続的に投資している。一連の活動を実現するために，彼らは1つではなく，ジェット機がそうであるように，2つの組織エンジンを使って活動しているのである。この2つのエンジンは，今日の企業戦略を実行する「業務遂行エンジン」と，明日の戦略を構築し，未来の製品，サービス，プロセスを想像し，テストすることに集中する「革新実現エンジン」から構成されている。

　この2つのエンジンは，同時並行的に働くものである。すべての従業員は，革新実現エンジンの下で運営・調整される革新活動に定期的に従事することが奨励される。具体的に言えば，「革新実現エンジン」とは，従業員に革新を実現する許可を与え，新たなビジネスアイデアを探し続けるよう奨励し，訓練し，支援する，組織内の完全に保護され，また正当化された専用の空間および時間であると考えることができる。

　私の仕事に影響を与えたもう1つのモデルが，タッシュマンとオライリーによる「The Ambidextrous Organization（両利きの組織）」の議論である。本書の議論と同様に，彼らもまた業務効率と革新実現の両立の問題に取り組んでいる。しかし，彼らの議論は，構造的な分離を提唱しており，深化（実行）と探索（革新）のためのそれぞれ別個の組織単位を設定し，上級管理職がその調整と統合を管理することを想定している。本書では，その代わりに，革新実現エンジンと業務実行エンジンとが同時並行的に作動し，革新実現プロセスに全

従業員が参加する統合アプローチを推進することを提案している。このような革新実現の民主化により，革新実現活動を特定のユニット内に孤立させるのではなく，組織全体の集合的な洞察力を活用することができるはずである。このように本書は，従業員1人ひとりのレベルにおいて，両利き性を組み込み，イノベーションを習慣として企業文化に統合し，すべての階層でその実現活動を共有して負うものとしている。

私が研究した高度に革新的な組織では，革新実現エンジンは，創造，統合，視点の再構築（Reframing）という3つの重要なプロセスによって推進されていることが明らかとなっている。創造プロセスには，組織全体で新しいアイデアを継続的かつ体系的に生み出すことが含まれる。本書の第10章では，最前線で働く従業員を含むあらゆるレベルの従業員が新しいアイデアを生み出せるようにする，構造化された7つのステップからなる方法論について詳しく述べている。最近私は，人工知能（AI）ベースのエージェントやアドバイザーのサポートを統合することで，この方法論をさらに強化したものにしている。AIは，革新的な取り組みを後押しする大きな機会を提供する。AIは，新たなアシスタントや専門家として，個人やチームが新たなアイデアを生み出し，顧客と非顧客の両方に対する理解を深めることに挑戦し，サポートすることを可能とする。膨大なデータセットを分析するAIの能力が，他の方法では隠されてしまうかもしれない洞察を明らかにし，組織が市場のトレンドや顧客のニーズを先取りすることを可能にするのである。さらに，AIツールは，グループ・イノベーション・セッションの有効性を向上させ，新しいアイデアの潜在的な結果をシミュレーションし，イノベーションの実現プロセスを通じて貴重なフィードバックを提供することができる。

統合プロセスとは，これらの新しいアイデアをその他のアイデアと結びつけ，他の革新実現主体や，組織内外の経営資源と結びつけるプロセスである。このプロセスには，振り返り活動，新しい経路や関係性の構築活動，そして試作活動や新しいアイデアの選択活動も含まれる。

第3のプロセスである視点の再構築プロセスとは，組織が自らを問い直し，自らのビジネス，アイデンティティ，顧客，そしてそのニーズについて，共有されている前提や信念に挑戦するプロセスである。このプロセスには，新たな

課題の設定，組織のストレッチ・ゴールの設定，目的意識，野心，未来へのコミットメントの創出活動などが含まれる。

　それでは，どうすれば上手く革新を実現できるのだろうか？それをより良く実現するには，革新の実現に関する従来のストーリーとは異なる物語が必要である。すべての企業がテスラやアップル，アマゾンのようになれるわけではない。多くの人は，革新の実現とはイーロン・マスク，スティーブ・ジョブズ，ジェフ・ベゾスのようなスーパーヒーローのことだと思い込んでいる。しかし，それは真実ではない。革新の実現は誰にでもできるし，革新を興すスキルは誰にでも学べるものである。

　私が払拭したい2つ目の神話は，イノベーションとはビッグバンやブレークスルー，あるいは破壊的イノベーションがすべてであるというものだ。私が調査したように，破壊的イノベーションだけがイノベーションではない。私が調査した企業の多くは，破壊的なビッグバンがなくても，継続的かつ体系的な革新実現のアプローチ方法によって，まったく新しい産業に参入することが可能となった。

　私が払拭したい3つ目の神話は，革新の実現が上級管理職や研究開発に携わる一部の専門家だけの責任だというものだ。それどころか，革新の実現活動は組織全体によって推進されるものであり，イノベーションの真のヒーローの何人かは，最前線に立つ現場の従業員である。

　加えて，私の新しい革新実現の物語は，高度に革新的な企業では，革新の萌芽や契機が組織内部からだけでなく，顧客や非顧客によって組織の外部にある新たなニーズの発見とそれへの対応を通じて推進されることを示している。

　最後に，革新の実現は新興企業やカッコいいハイテク企業だけのものではないことを，本書で紹介する新しい物語は強調している。革新の実現活動は，中小企業から大企業，さらには公共サービスや政府機関まで，あらゆるタイプの組織のためにある。すべての企業が革新を実現できるのだ。

　本書では，革新実現エンジンの構築に成功したさまざまな企業の事例を紹介している。これらの成功物語は，日本の読者の共感を呼び，本書で概説されている原則や実践方法が，さまざまな業界や組織文化でどのように適用できるかを示す実例となるはずである。

日本の読者へのメッセージ　245

　急速に変化する今日のビジネス環境において，革新を実現する能力はもはや贅沢品ではなく，必要不可欠なものとなっている。高齢化やダイナミックなグローバル経済など，日本が21世紀の複雑な時代を乗り切るためには，革新を実現する能力が持続的な成長と競争力にとって極めて重要になる。本書は，革新の実現活動を組織文化と戦略の不可欠な一部とすることで，これを実現するための，シンプルで直感的，かつ非常に視覚的なツール群に基づくフレームワークと方法論を提供するものである。

　私は，日本企業が本書で紹介されているアイデアをどのように自社に適応させ，さらに発展させていくのかについて，とても楽しみにしている。日本における革新実現の可能性は計り知れず，適切なアプローチによって，日本企業は顧客や社会全体に新たな価値を創造する道を切り開くことができると私は信じている。本書が，組織内の革新実現能力を構築，維持，強化するための触媒となることを願ってやまない。チームを鼓舞したいリーダーであれ，業界を破壊しようとする企業家であれ，革新実現能力を高めたい従業員であれ，本書で紹介される一連のツールや洞察は，あなたの革新実現活動の旅路を支援するものである。本書を通読し，自社に適応させ，さらに発展する活動を通じて，読者の新たな変革や成功物語を耳にすることを楽しみにしている。

　　　　　　　　　　　　　　　　　　　ベン・M・ベンサウ

索　引

英数

3M …………………………………… 40
BASF ………………………… 15, 18, 23, 78
BTIフレームワーク ………… 8, 105, 196
IBM ………………………………… 139
Ｉ委員会 ……………………… 184, 187
TRIZ ……………………………… 49, 194
W.L.ゴア …………………… 35, 36, 124
WeSolve ……………………… 171, 173
YMCA …………………………… 91

あ行

アイアンマン …………………… 190
アリアンツ ……………………… 133
イノベーション・センター ………… 67
イノベーション実現委員会 ………… 173
イノベーション実現プロセス ……… 195
イノベーション実現へのコミットメント
…………………………………… 110
イノベーションの梃子 …………… 156
イノベーション文化 …………… 32, 150
内から外 …………………… 17, 77
エコセム …………………… 62, 158
オペレーション・テック・ウォリアー
………………………………… 58

か行

カーセンサー ……………………… 144
革新実現 ………… 158, 216, 221
革新実現エンジン …… 32, 36, 38, 134, 142,
147, 153, 168, 193, 220

革新実現活動 ………………… 162
革新実現チーム ………………… 33
革新実現のアイデア ………… 177
革新実現のための３つの鍵プロセス
………………………………… 78
革新実現の文化 …………… 177, 185
革新を実現する活動（innovating）…… 2
カタリスト・ファンド …………… 180
ギットハブ ……………………… 125
業務遂行エンジン … 36, 38, 119, 124, 153,
174, 175, 198, 208
業務遂行活動 …………………… 162
経営幹部
…… 4, 8, 40, 105, 141, 156, 170, 194, 206
継続的なイノベーション …………… 221
現場のイノベーター
……… 8, 109, 113, 118, 129, 135, 141, 219
ゴアテックス ……………………… 35
コーチング ……… 5, 21, 42, 70, 136, 146
顧客側の視点 …………………… 62
顧客体験 ………………………… 201
顧客中心主義 …………………… 77
顧客の視点 ……………………… 67
顧客へのエンゲージメント ………… 60
コルドサ ………………………… 82

さ行

サバンジュ …………………… 81, 177
サムスン …………… 47, 50, 193, 218
サンノゼ・シャークス …………… 150
視点の再構築 ……… 7, 78, 80, 95, 96, 105
習慣 …………………………… 222, 224

習慣化 ……………………………… 215
集団的天才 ………………………… 10
スターウッド ………………… 117, 120
外から内 ………………… 18, 22, 27

た行

ダブル・タイム …………………… 36
中間管理職 …… 8, 40, 80, 85, 107, 109, 134,
　158, 191, 210
統合プロセス ……………………… 7, 79
ドミノ・ピザ ……………………… 215

な行

ナショナル・ホッケー・リーグ（NHL）
　………………………………… 149
ネットフリックス ………………… 129

は行

パースペクティブズ ……………… 18
パースペクティブズ・チーム ……… 23

パースペクティブズ・プログラム …… 20
バイエル …………………… 54, 167, 177
パスファインダー ……………… 20, 31
バリュー・イノベーション・プログラム
　（VIP）……………………………… 50
バリューテスト（価値検証）………… 45
バルブ・コーポレーション ………… 126
非階層的な経営構造 ……………… 128
ビジネスモデル
　…… 2, 21, 78, 110, 119, 134, 141, 153, 178
ビジネスモデル・イノベーション …… 27
フィスカース ……………… 97, 178
部門横断的なチーム ……………… 43

ま行

マーベル・コミック ……………… 189

ら行

リクルート ………………… 142, 205
両利きの組織 ……………………… 37

著者について（ABOUT THE AUTHOR）

　ベン・M・ベンサウは，INSEAD（フランス，フォンテーヌブロー）技術経営学教授，アジアビジネス・比較経営学教授。2018年から2020年にかけてエグゼクティブ教育学部長（Dean）を務めた。1998〜1999年ハーバード大学ビジネススクール客員准教授，2007〜2008年ウォートン経営大学院シニアフェロー，2013〜2015年カリフォルニア大学バークレー校ハースビジネススクール客員研究員。MITスローン経営大学院（米国ケンブリッジ）で経営学博士号，一橋大学（東京）で経営学修士号，フランス国立リヨン工科大学およびグルノーブル工科大学の2つのグランゼコールで土木工学のDiplôme d'Ingénieur（MS）および機械工学のDiplôme d'Études Approfondies（DEA）を取得。

　同氏の研究・教育活動は，(1)革新的な組織と企業文化を構築する方法として，革新的な能力と革新を実現する人材をどのように創出するか，(2)組織全体にわたるブルー・オーシャン戦略とバリュー・イノベーションの実施と展開プロセス，(3)企業内におけるソーシャル・キャピタルの構築方法，(4)新しい組織形態，特にネットワーク企業，戦略的提携，ジョイント・ベンチャー，付加価値を生み出すパートナーシップのあり方，(5)デジタル技術がイノベーションに与える影響についてなど広範に渡る。特に日本の組織にも焦点を当て，国際比較の観点からこれらの問題に取り組んでいる。

　日米の自動車産業におけるバイヤーとサプライヤーの関係に関する研究では，情報システム分野で最優秀博士論文賞を受賞し，ビジネス政策・戦略分野の優れた論文研究に贈られるフリープレス（Free Press Award）賞のファイナリスト。イノベーションに関する事例研究では，クランフィールド大学ケースセンター（The Case Centre）で複数のベストケース賞を受賞。『Academy of Management Journal』，『Management Science』，『Information Systems Research』，『Organization Science』，『Strategic Management Journal』，『Journal of International Business Studies』，『Harvard Business Review』，『Sloan Management Review』などの有力な国際査読誌をはじめとして多様な媒体で研究成果を発表している。また，『Information Systems Research』誌，『MIS Quarterly』誌，『MISQ Executive』誌の編集委員も務める。

［訳　者］

軽部　　大（かるべ　まさる）

一橋大学大学院経営管理研究科イノベーション研究センター教授・センター長。
京都大学経営管理大学院グリーン・アントレプレナーシップ研究寄附講座客員教授を
兼務。
専門はイノベーション研究，戦略論，組織論。
著書に『イノベーションの理由―資源動員の創造的正当化』（共著，有斐閣，第55回
日経・経済図書文化賞），『関与と越境』（単著，有斐閣）等。組織学会高宮賞（論文
部門），日本経営学会賞（論文部門），Fulbright Visiting Scholar（フルブライト奨学
金）を受賞。

山田仁一郎（やまだ　じんいちろう）

京都大学経営管理大学院教授。
英国クランフィールド大学客員フェロー，仏ボルドー大学客員教授，豪州グリフィス
大学客員教授，組織学会理事，企業家研究フォーラム理事，日本ベンチャー学会副会
長。
専門はアントレプレナーシップ研究，組織論，経営学。
著書に『大学発ベンチャーの組織化と出口戦略』（単著，中央経済社，日本経営学会
賞，日本ベンチャー学会清成忠男賞，企業家研究フォーラム賞，中小企業研究奨励
賞）等。

［翻訳協力］
于　　　雷　　一橋大学大学院経営管理研究科特任講師
橘　　　樹　　一橋大学大学院経営管理研究科博士課程在籍
宮澤優輝　　一橋大学大学院経営管理研究科修士課程在籍
西川結翔　　一橋大学大学院経営管理研究科修士課程修了

［執筆協力］
カール・ウィーバー（Karl Weber）

血肉化するイノベーション
──革新を実現する組織を創る

2025年1月25日　第1版第1刷発行

著 者	ベン・M・ベンサウ
訳 者	軽　部　　　　大
	山　田　仁　一　郎
発行者	山　本　　　　継
発行所	㈱中　央　経　済　社
発売元	㈱中央経済グループ パ ブ リ ッ シ ン グ

〒101-0051　東京都千代田区神田神保町1-35
電話　03 (3293) 3371 (編集代表)
03 (3293) 3381 (営業代表)
https://www.chuokeizai.co.jp
印刷／三英グラフィック・アーツ㈱
製本／㈲井 上 製 本 所

© 2025
Printed in Japan

＊頁の「欠落」や「順序違い」などがありましたらお取り替えいた
しますので発売元までご送付ください。(送料小社負担)
ISBN978-4-502-52531-5　C3034

JCOPY〈出版者著作権管理機構委託出版物〉本書を無断で複写複製 (コピー) することは,
著作権法上の例外を除き,禁じられています。本書をコピーされる場合は事前に出版者著
作権管理機構 (JCOPY) の許諾を受けてください。
JCOPY〈https://www.jcopy.or.jp　eメール：info@jcopy.or.jp〉

好 評 既 刊

あなたの会社に足りないリソースをどうやって手に入れる？
「自前」「借用」「購買」のシンプルな３つの方法で
選択を間違えないフレームワークを解説

リソース獲得の
意思決定
―いかに成長を実現するか―

ローレンス・キャプロン/ウィル・ミッチェル［著］

兒玉公一郎［訳］

Ａ５判・ソフトカバー・280頁

目次

第1章　リソース入手経路のフレームワーク

第2章　〈構築〉する場合―内部開発か，外部調達か―

第3章　契約による〈借用〉の場合―基本契約か，提携か―

第4章　提携による〈借用〉の場合―提携か，買収か―

第5章　〈購買〉の場合―買収か，それとも代替的方法か―

第6章　リソース・ポートフォリオの再編

第7章　全社的選択能力を育む

中央経済社